学前游戏论

XUEQIAN YOUXILUN

郑 名 龙红芝 编著

蘭州大學出版社
LANZHOU UNIVERSITY PRESS

图书在版编目（CIP）数据

学前游戏论 / 郑名，龙红芝编著. -- 兰州 : 兰州大学出版社，2014.9（2021.2重印）
ISBN 978-7-311-04569-2

Ⅰ. ①学… Ⅱ. ①郑… ②龙… Ⅲ. ①游戏课一教学研究一学前教育 Ⅳ. ①G613.7

中国版本图书馆CIP数据核字(2014)第213625号

策划编辑 田小梅
责任编辑 马继萌 武素珍
封面设计 雷们起

书　　名 学前游戏论
作　　者 郑 名 龙红芝 编著
出版发行 兰州大学出版社 (地址:兰州市天水南路222号 730000)
电　　话 0931-8912613(总编办公室) 0931-8617156(营销中心)
0931-8914298(读者服务部)
网　　址 http://press.lzu.edu.cn
电子信箱 press@lzu.edu.cn
印　　刷 兰州新华印刷厂
开　　本 710 mm×1020 mm 1/16
印　　张 15.5(插页2)
字　　数 266千
版　　次 2014年9月第1版
印　　次 2021年2月第5次印刷
书　　号 ISBN 978-7-311-04569-2
定　　价 32.00元

前 言

游戏是学前儿童的基本活动。《幼儿园工作规程》明确规定了"以游戏为基本活动,寓教育于各项活动之中"的教育原则,提出了"游戏是对幼儿进行全面发展教育的重要形式",确立了游戏在学前教育与幼儿发展中的价值和地位。近年来,随着幼儿教育改革的深入,科学的教育观、儿童观逐步确立,广大的幼教工作者充分认识到了游戏价值,对儿童游戏的研究也在迅猛发展,成果令人瞩目。如何将新的研究系统化并及时反映在学前教育专业的教学中,引领学生走在本学科前沿,以满足教学的需要,不仅成为学前教育界普遍关注的课题,也是我们撰写本书的目的。

本书是在广泛参阅学前教育领域的前辈和同行的研究成果及资料的基础上,本着有利于理论发展和指导实践的意愿,力图反映学前儿童游戏的理论及教育实践研究的概貌。本书内容分为上、下二篇,由十章组成。上编是关于学前儿童游戏的基本原理。该部分明确了学前儿童游戏研究的对象与内容,回顾了学前儿童游戏研究的历史与主要的理论流派,阐述了游戏的特征与类型,阐明了游戏与学前儿童发展、游戏与学前教育的关系。下编是关于幼儿园游戏的实施与指导。该部分论述了在幼儿园游戏教育活动的实施中,游戏环境与条件的创设、游戏方案的制定、游戏的组织与指导,以及游戏活动质量的评估等,并且对游戏的物质载体——玩具与游戏材料的类型与功能、玩具的选择与配置等进行了分析。

为了突出教材的特点，本书在编写中注意了理论与实践的结合，兼顾了学习者的特点。在体例的确立、材料的组织、内容的安排上，充分反映本学科研究状况与幼儿园教育实践，尽可能方便学生的学习。本书每一章的编写体例由本章导航、学习目标、正文内容、小结、思考与练习、拓展阅读等部分组成。“本章导航”旨在让学生对本章内容有概括了解，并与之前所学内容相衔接。“学习目标”旨在说明本章学习所要达到的目的和基本指标。“正文”是本章所要阐述的重点内容。在行文中，我们兼顾了内容的科学性与语言的通俗性、学科发展与学生发展的统一，注意理论与实践相结合、基本理论与案例相呼应。“专栏”列出了与本章内容相关的研究，以拓展学习者的视野。“小结”则概括了本章的重点内容，强化学生对重点内容的掌握，并学会学以致用。“思考与练习”与“学习目标”“小结”呼应，提示读者对各章内容进行进一步的反思，帮助学生消化理解本章的主要内容，明确不同教学目标的教学重点。“拓展阅读”旨在帮助学生在学习内容的基础上，通过阅读推荐材料，加深与拓宽对各章知识的理解。

本书的框架由郑名、龙红芝设计。郑名（西北师大教育学院）撰写了第一章、第三章第二节、第八章，张东红（兰州城市学院教育学院）撰写了第四章，龙红芝（西北师大教育学院）撰写了第五章、第六章、第七章，郭敏（海南师大教科院）撰写了第三章第一节、第十章，马娥（宁夏大学教科院）撰写了第二章、第十章第一节。全书由郑名、龙红芝统稿。

本书在编写的过程中，参考和引用了许多有关的论著和文献资料，吸收了国内外许多同行的研究成果，在此一并致谢。本书的编写与出版得到了西北师范大学教育学院和兰州大学出版社的高度重视与大力支持，特此致谢。

由于我们的水平和视野有限，本书肯定存在着不足、偏颇之处，我们真诚地欢迎专家、同行和广大读者指正与批评，以便以后修订完善。

作 者

二〇一四年八月于西北师范大学

目 录

理论篇：儿童游戏的基本理论

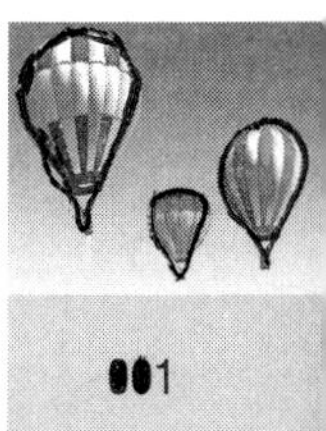

实践篇：幼儿园游戏实践

理论篇：
儿童游戏的基本理论

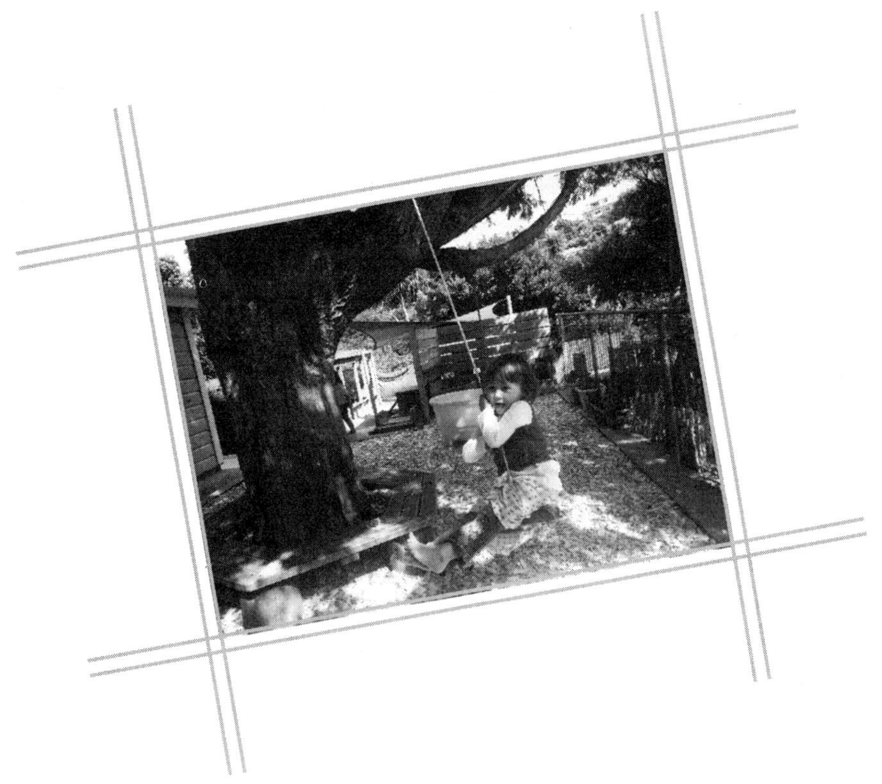

游戏是儿童发展的最高阶段，因为它是内在本质的自发表现。游戏给人以欢乐、自由、满足、内部和外部的平静，以及同周围世界的和平相处。

——福禄贝尔

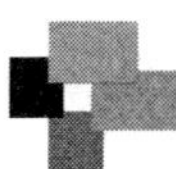

第一章　学前儿童游戏概论

【本章导航】

本章为本门学科的开篇,主要从整体上概述了学前游戏论的研究对象、内容与意义,介绍了国内外学前儿童游戏研究的发展概况及其有代表性的游戏理论,分析了儿童游戏研究面临的问题及其发展趋势。为学习者了解学前游戏论勾画了一个初步轮廓,也为以下各章建立了一个总体框架。学前游戏论作为一门新兴的学科,有其自身的研究对象与内容、学科性质与作用,也有其自身的发展轨迹。这是本章重点介绍的内容。

【学习目标】

1.明确学前儿童游戏的研究对象。
2.掌握学前儿童游戏研究的内容。
3.理解研究学前儿童游戏的理论意义。
4.能举例说明研究儿童游戏的实践价值。
5.了解学前儿童游戏研究发展的历史线索。
6.掌握在儿童游戏研究发展的历史中出现的理论观点。
7.正确理解与掌握陈鹤琴儿童游戏的思想。
8.了解我国学前儿童游戏研究的现状与问题。

游戏是学前儿童的基本活动。所谓基本活动是指在其全部生活中，占据时间最多、作用最大的活动。

在人类历史上，从古到今，任何地区、任何民族的儿童都喜欢游戏。无论是在城镇，还是在乡村，到处都可以看到孩子们兴致勃勃地游戏情景。游戏作为一种广泛存在的社会现象，它的历史几乎与人类历史一样悠久。

尽管，儿童游戏是人类早已有之的社会现象，但对儿童游戏的科学研究和理论才刚刚开始发展，迄今只有一百多年的历史。因此，了解学前儿童游戏的研究对象与内容，透视国内外儿童游戏研究的历史轨迹，认识儿童游戏理论的形成与发展，对于我们深入理解游戏对学前儿童发展的价值，进而更好地指导学前儿童游戏具有重要意义。

第一节　学前儿童游戏研究的对象与任务

一、学前儿童游戏研究的对象

每一门学科都是以自己的研究对象来和其他学科进行区分的，都是在研究对象的范围内寻找该事物发展的规律，并用这个规律为社会服务。“科学研究的区分，就是根据科学对象所具有的特殊矛盾性。因此，对于某一现象的领域所特有的某一种矛盾的研究，就构成某一门学科的对象。”[1] 那么，学前儿童游戏研究的对象是什么呢？学前儿童游戏论研究的是游戏的基本原理，以及幼儿园以游戏为基本活动的教育学原理与游戏教育实践。

具体地说，它涉及三个方面的问题：一是阐明游戏的基本原理，即从理论层面上，阐明什么是游戏、儿童为什么游戏等问题；二是探明幼儿园以游戏为基本活动的教育学原理，说明游戏与学前儿童发展、游戏与学前教育的关系等；三是在实践层面上，揭示“以游戏为基本”的实践模式，为教师组织与指导幼儿的不同类型的游戏提出具体建议。这三个方面是相互联系的、不可分割的。前二者，让我们明确科学的游戏观与要素，厘清游戏与学前儿童发展、学前教育的关系，后者为游戏价值的实现提供实践路径。只有“知其所以然”，才能根据学前儿童游戏发展的需要与规律，有意识地创设条件，更有效地促进学前儿童游戏的发展。

---

〔1〕《毛泽东选集》第1卷，人民教育出版社1968年，第284页。

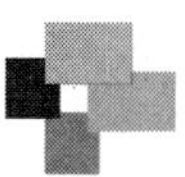

二、研究内容

学前儿童游戏的研究可以概括为三个W:What? Why? How? 一问“游戏是什么”,阐明什么是游戏,揭示游戏的本质属性,描述儿童游戏的发生、发展过程及其特征;二问“为什么游戏”,从“游戏与学前儿童发展的关系”“游戏与幼儿园教育的关系”等方面,说明游戏的价值所在;三问“如何开展游戏”,说明在幼儿园教育场景下,如何通过教师的组织与指导促进学前儿童游戏水平的提高,进而促进其身心的全面发展。

具体地说,学前儿童游戏论研究的内容包括以下几个方面:

(一)阐明学前儿童游戏的本质

游戏是人类社会广泛存在的现象,不仅活跃在儿童的世界,也存在于成人的生活中。但是,什么是游戏?游戏的本质属性与基本特征是什么?儿童为什么游戏,即游戏的动因是什么?对这些问题的回答,反映着人们对游戏的基本认识,即游戏观的问题。学前游戏论的首要任务就是要厘清这些问题。对这些问题的研究既是儿童游戏研究的逻辑起点,而且也影响着对儿童游戏的指导与实施。

(二)揭示学前儿童游戏发展的特征与规律

游戏在不断成长的学前儿童个体身上处于不断发展变化的动态过程,这种发展是循序渐进的量变和质变的过程,既有连续性又有阶段性。学前游戏论还要揭示儿童游戏发展的客观规律,掌握儿童游戏随年龄而发生的变化,如从出生到学前晚期,学前儿童的游戏发展经历了哪些阶段,各阶段的本质特征是什么,某种类型的游戏从什么时候开始出现,什么时候达到高峰,发展是否有快有慢等。这些研究属于描述性的,通过真实、确切的描述,揭示游戏发展的客观规律。

(三)探明学前儿童游戏的机制与因素

儿童是如何获得游戏的能力的?为什么在不同的社会文化背景下儿童在游戏中的认知水平或交往能力呈现出按阶段向前发展的态势?游戏阶段不变地向前推移的原因或条件是什么?环境因素(如空间、时间、材料、成人等)是如何影响着儿童的游戏行为?游戏的个体差异是什么因素造成的?对上述问题的研究和回答是分析性或解释性的。许多心理学家、教育学家及其他领域的研究者根据收集到的资料,然后提出自己种种的理论假设,通过进一步的观察、实验验证等,构建种种儿童游戏发展的理论。对这些问题的深入研究,可以进一步揭示儿童游戏发展的原因和机制,也为如何正确地指导游戏,进而促进儿童的全面身心发展创造条件。

(四)说明学前儿童游戏的价值

游戏是学前儿童的基本活动。所谓基本活动,不仅是指在幼儿的生活中占据时间与发生频率最多,更是指对其身心发展产生重要影响的活动。那么,游戏是如何实现促进学前儿童身心发展的价值的?这是学前游戏论需要回答的问题。游戏是学前儿童喜爱的活动,是与其年龄特点相适应的学习方式,在游戏活动中发生着大量的学习活动。因此探讨幼儿园以游戏为基本活动的理论基础及游戏与幼儿园课程、教学的关系,也是学前游戏论需要厘清的基本问题。

(五)提出指导儿童游戏的策略或具体方法

阐明学前儿童游戏的本质,描述儿童游戏发展的共同模式与规律,揭示学前儿童游戏的价值所在,探明学前儿童游戏发展的机制与影响学前儿童游戏的因素,目的只有一个,就是帮助学前儿童提高其游戏水平,进而促进其身心的全面和谐发展。苏联心理学家认为,孩子不是生来就会游戏的,游戏也不会自然而然地得到发展,没有成人的指导,游戏就不会产生,或者就会停滞不前。为了促进儿童游戏的发展,成人的干预是必要的。游戏的教育价值和游戏本身的发展,取决于成人对游戏的指导。正因为如此,维果斯基说:“注意游戏,研究这一丰富的源泉,组织游戏并使游戏成为最好的和强有力的教育手段——这就是未来教育学的任务。”[1]

三、研究意义

研究学前儿童的游戏,既有理论意义,又有实践价值。

(一)改善教育实践

1.为学前教育机构开展游戏活动提供科学指导

游戏是幼儿最喜爱的活动形式,也是学前教育的基本组织形式。但是幼儿游戏的需要是否得到满足,游戏能否在实际上成为幼儿的基本活动,不取决于幼儿自身,而取决于成人,特别是幼儿教师对待游戏的态度,以及是否为幼儿游戏创造必要的条件和提供正确的指导。因为,幼儿园游戏不同于自然状态下的游戏,它是在教育目标的关照下,由教师组织开展的,它已成为幼儿园教育的基本活动和重要的组织形式。但是,在幼儿园教育实践中,许多教师虽然从认识上已肯定了游戏的作用,但在具体的操作与实施中存在着诸多问题,如在组织幼儿游戏时,缺乏科学的指导策略,在游戏中老师“大包大揽”,游戏主题的确定、游戏角色的分配、游戏情节的发展等都在老师的精心安排下“有序”进行,忽

〔1〕转引自里姆布尔戈:《苏维埃游戏理论的基本原理》,引自《学前教育学参考资料(三)》,北京师范大学教育系学前教育教研室编,第937页。

略了幼儿的游戏兴趣与体验,幼儿游戏演化成了“老师导演,幼儿表演”的一台戏。由此可见,游戏要成为幼儿的基本活动,发挥促进幼儿身心发展的作用,需要成人的支持与保障。如果不了解儿童游戏的客观规律,全凭成人的主观愿望来组织儿童游戏,那么,不仅会使游戏丧失了对幼儿的吸引力,而且可能扼杀儿童的主动性、积极性和创造性,妨碍儿童的发展。

要充分发挥游戏的教育作用,使幼儿在游戏中愉快地学习、健康地成长,必须研究儿童游戏的客观规律,并根据这种客观规律,来引导和组织孩子开展游戏,寓教育于游戏之中。例如,游戏的年龄特点问题。不同年龄的学前儿童,游戏的发展水平是不同的。3岁左右的孩子,以独自游戏和平行游戏为主,很少协同游戏。因此,教师在组织小班幼儿游戏时,就必须注意到他们游戏的这一特点,不能强求孩子进行角色的分工与合作,如把娃娃家组、医院组、食堂组、商店组等各组相互串联起来。这种角色多、场面大的游戏,要求孩子具有较强的协调、合作的能力,对于年龄较小的幼儿来说是比较困难的。勉强把他们拉拢在一起的结果,只能是使游戏变成在教师导演下的“一台戏”,孩子成了跟着教师指挥棒的小木偶。因此,要科学指导幼儿的游戏,必须研究游戏的客观规律。

2.为玩具的设计与生产、家长购置玩具、指导幼儿游戏提供帮助

儿童玩具的设计与生产,已经成为社会生产领域中的一个很重要的部门。儿童玩具设计与制作者,只有了解各年龄儿童游戏的特点,了解游戏发生、发展的规律,才可能设计出符合儿童身心发展需要的、富有教育意义的、价廉物美的玩具。

许多家长在为孩子购买玩具时,往往不是根据自己孩子的年龄特点和身心发展需要来选择玩具,以为价钱贵的、制作精美的就是好玩具,殊不知许多在我们成人眼中的“废品”,孩子们却乐此不疲。儿童游戏研究可以为家长购买玩具、在家庭中指导婴幼儿游戏提供帮助。如婴儿的玩具在于发展感官,年长儿童则喜欢可拆卸、变化无穷的玩具。

3.为其他有关儿童游戏的领域提供理论依据

游戏治疗,是根据游戏的心理特点和规律设计的一种行为矫正方法,在国外临床实践中应用较广。一个儿童医务工作者,如果能够掌握一些儿童游戏的心理,在儿童心理障碍和精神病的治疗上,会收到很好的效果。

儿童广播电视教育,尤其是婴幼儿广播电视教育,应当考虑婴幼儿的年龄特点,采用他们喜闻乐见的游戏形式制作节目。

(二)推进理论建设

黑格尔曾经提出,在宇宙发展过程中,人首先意识到外界,产生了意识;然

后才逐步意识到自己,产生了自我意识。人首先认识外部世界,然后才认识自己。但是当人开始把自己作为研究对象时,人类过去的历史已被岁月淹没了。为了沟通人类的过去与现在,人们开始注意到儿童,试图通过研究儿童来了解人类过去的历史。由于正在成长中的个体的反映活动,使我们能比较清楚地看到从感性到理性的"慢镜头",我们可以步步追踪考察,以期从中发现量变到质变的翔实过程。所以,研究儿童的游戏,可以帮助人们了解意识、艺术的起源和本质,揭开人类自身的奥秘。

游戏与艺术,在发生的条件、目的、动机等方面都有许多相通之处:它们都是以自身为目的,不追求外部的、功利的目的;游戏和艺术表演都包含着角色扮演、移情等因素;游戏和审美活动都仿佛是在给外在世界灌注生命……正如格鲁斯(K. Gross)所指出的,游戏应当被视为儿童的艺术,就像艺术本是成人的消遣一样。所以,注意儿童的游戏,了解游戏发生、发展的规律,对于美学家来说是必要的。

意识,从来被看作是与语言联系在一起的。但是在游戏研究中,这种传统的观念受到了挑战。例如,闹着玩的打斗与真的打斗,在动作的外形上是相似的,但是,不一定需要言语的解释,游戏者自能意识到什么时候它是游戏,什么时候它不是游戏。这一点在动物的游戏中尤其明显。通过研究游戏与非游戏的心理界限形成与发展的规律,人们也许能够揭开意识发生、发展的奥秘。

第二节　儿童游戏研究的历史回顾

一、国外儿童游戏研究的历史与现状

游戏作为人类社会广泛存在的社会现象,它的历史几乎与人类历史一样悠久。因此,许多思想家、教育家很早就注意到了儿童的游戏。

古希腊哲学家柏拉图(Plato)首先把儿童游戏作为一项单独行为类别,提出游戏在儿童发展中的实际意义。亚里士多德(Aristole)认为游戏是幼儿应有的活动,游戏可以做作业的准备。罗马教育理论家昆体良(M. F. Quintianus)认为游戏的目的在于培养儿童有为的资质——这种资质足以做他将来活动的基础——所以应该加以奖励。他甚至提出这样的希望,对儿童来说,应通过游戏学习。

捷克教育家夸美纽斯(J. A. Comenjus)在其《母育学校》中提出,儿童们爱好活动是极有利的,因为儿童"还不能从事真的工作,而我们就应和他们共同游

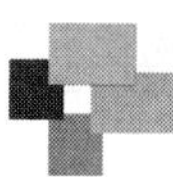

戏”。[1]“应为他们找些玩具以代替真的工具……这些东西可帮助他们自寻其乐，并可锻炼身体的健康、精神的活泼和肢体的敏捷。”[2]英国哲学家洛克(J. Locke)认为儿童应进行体操与游戏，不仅对身体健康重要，而且也让儿童试验了自己的能力，知道他们能做什么、不能做什么。

19世纪以后，随着幼儿园的产生和发展，以及学前教育理论的确定，儿童游戏受到了教育家们的高度关注。英国欧文(R. Owen)在其创办的幼儿学校中，把游戏作为儿童活动的主要方式，大量地开展儿童的户外活动和游戏，开创了游戏在学前公共教育中的实施。德国教育家福禄培尔(F. Frubel)第一个系统地研究了儿童的游戏，并把游戏作为幼儿园教育的基础。福禄培尔详细论述了儿童游戏的体系，并且阐明了游戏在教育上的巨大意义。他认为：“儿童早期的各种游戏，是一切未来生活的胚芽；因为整个人就是在游戏中，在他最柔嫩的性情中，在他最内在的倾向中发展和表现的。”[3]为了使儿童得到知识和发展各种能力，福禄培尔为幼儿园设计了做游戏和进行作业时用的玩具和材料，取名为“恩物”(gifts)，意为神赐予儿童的礼物。其儿童游戏的思想和方法，对西方各国的学前教育实践产生了深刻的影响。继福禄培尔之后，意大利教育家蒙台梭利(M. Monteson)创建了幼儿园教育的一系列教学法。她设计了14种教具，主要是训练知觉、进行感官教育和发展智力，后人称之为蒙台梭利教具。蒙台梭利教学法实际上是从儿童自然游戏中概括出主要因素，并把这些因素组织起来系统化而形成的。福禄培尔和蒙台梭利从不同的角度，运用了儿童游戏的有利因素，设计了幼儿园教育教学的内容和方法，把游戏引进了幼儿园。但他们都没有重视儿童自然的游戏，其游戏从根本上说是带有一定游戏性的教学活动，因而没能真正利用和发挥儿童游戏的教育潜能。

尽管，儿童游戏是人类早已有之的社会现象，但对儿童游戏的科学研究和理论才刚刚开始发展，迄今只有一百多年的历史。把儿童游戏作为科学研究的对象，始于19世纪下半叶。一百多年来，儿童游戏研究经历了三个历史发展阶段。

(一)儿童游戏研究的兴起

从19世纪下半叶到20世纪30年代左右，这是儿童游戏研究的初兴阶段。在这一阶段，出现了最早一批游戏理论和对儿童游戏的最初的系统观察。

儿童游戏研究始于19世纪下半叶，是与当时的历史背景分不开的。19世

〔1〕任宝祥译：《母育学校》，西南师范学院教育系1981年，第32页。

〔2〕任宝祥译：《母育学校》，西南师范学院教育系1981年，第32页。

〔3〕张焕庭主编：《西方资产阶级论著选》，人民教育出版社1979年，第323页。

纪,自然科学的三大发现(细胞、能量守恒与转化定律和生物进化论)改变了人们对世界的看法和思维的方法。“一切僵硬的东西融化了,一切固定的东西消散了,一切被当作永久存在的特殊东西变成了转瞬即逝的东西,整个自然界被证明在永恒的流动和循环中运动着。”正是在这样的历史背景下,最早的游戏理论,在达尔文生物进化论思想的直接影响下出现了。

达尔文生物进化论思想的问世以及它在思想领域中的胜利,迎来了人们思想的大解放。进化的思想被称为这个时代的“关键性概念”,为许多不同领域的思想家所接受。在心理学研究领域,人们在探讨动物心理与人类心理之间的关系问题。但是,正像达尔文曾为人与猿之间“失去了中间环”而苦恼一样,人们为原始人的实用生产与艺术品生产之间、动物心理与人的心理之间缺少了“中间环”而苦恼。人们在历史的废墟中,在现代残存的原始部落中寻找着史前的遗迹,同时儿童特有的心理特点和行为表现吸引了人们的目光。人们发现,可以通过儿童的心理、儿童的游戏的研究来了解原始人的思维与艺术活动和现代社会中成人的思维与艺术活动之间的区别与联系。儿童可以成为沟通过去与现在的桥梁,成为活的“中间环”。人们对于儿童的看法发生了历史性的转折,开始注意到人类所具有的长久的幼年期的意义以及这种幼年期所具有的独特的可塑性。儿童的游戏,开始作为童年期所特有的现象而受到关注。人们不仅仅从儿童的游戏中探讨艺术的起源,而且也开始探讨游戏本身与儿童发展的关系。

最早出现的游戏理论之一是“剩余精力说”。这种游戏理论认为,生物体都具有维护自己生存的能力,生物体进化得越高级,这种能力越强。人类儿童除了一般生活活动外,无需谋生,所以除了维持正常的生活外,还有剩余精力,同样,高等动物除了维持生存所必须消耗的精力外,也有剩余精力,必须通过一定的途径将剩余精力发散出去,游戏就是儿童和高等动物对剩余精力的消耗。这一思想初见于德国哲学家席勒(Friedrich von Schiller,1759—1805)的著作《美育书简是》中,他是在探索文化与艺术的起源时注意到了游戏问题。英国社会学家、心理学家斯宾塞(H. Spencer)则从神经心理学的角度阐发了游戏的剩余精力说,认为由于神经中心在使用一段时间后就疲劳,需要休息,休息一段时间后,精力就不稳定,超过对各种刺激的反应,因而产生剩余精力。游戏就是剩余精力的发泄。对高等动物和人来说,游戏具有特殊的意义。

德国学者拉察鲁斯(M. Lazarus)和帕特里克(Patrick)提出了游戏的“松弛说”,认为游戏不是剩余精力的发泄,而是为了精力的恢复。人类在脑力和体力劳动中都会感到疲劳,这种疲劳需要一定数量的休息和睡眠才能恢复,然而

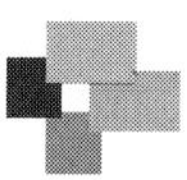

要想完全恢复，只有从事这样一种活动，这种活动必须使基于现实的工作紧张感得到释放，游戏活动就具有恢复体力的功能。游戏与工作的不同在于，工作是消耗精力的活动，而游戏是储存精力的理想方式。为了消除疲劳、恢复精力，就产生了游戏。对于儿童来说，由于其身心发展水平低下以及生活经验缺乏，面对复杂的外部世界难以适应，容易疲劳，需要游戏帮助其轻松、恢复精力。

德国生物学家和心理学家格鲁斯提出了“生活准备说”，认为游戏是对未来生活的一种无意识准备。格鲁斯是第一个在心理学中把游戏作为专门对象来研究的人，著有《动物的游戏》《人类的游戏》，在20世纪初的西方游戏理论中产生了重要影响。格鲁斯以自然选择论为基础，认为人和动物有一种与环境斗争的生存本能，但依靠遗传得来的本能不够完善，不能适应将来复杂的生活，游戏则是对这种本能的无意识的训练。如小猫戏球是捕鼠的练习，男孩玩打鱼的游戏是对将来养家谋生的准备，女孩子喜欢玩“过家家”是为将来做妻子、母亲养育子女做准备。

美国心理学家霍尔(G. S. Hall)提出了“复演说”，提出游戏是人类生物遗传的结果。他将胚胎学关于人在发展过程中再现种族发展演化的情形应用于儿童游戏中，认为游戏的发展正是以不同的形式重现祖先的进化历史，重现祖先进化过程中产生的动作和活动。

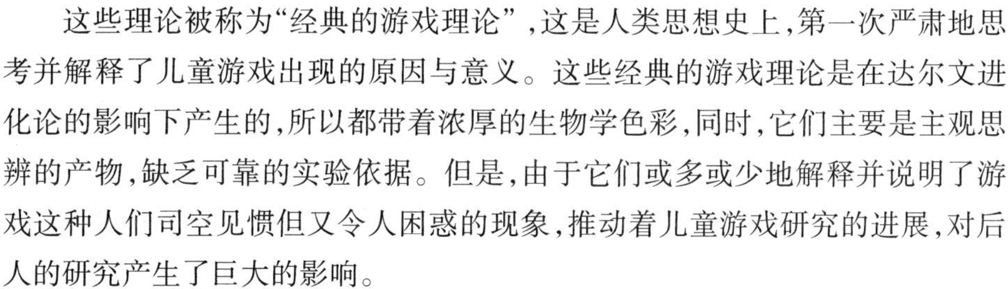

这些理论被称为“经典的游戏理论”，这是人类思想史上，第一次严肃地思考并解释了儿童游戏出现的原因与意义。这些经典的游戏理论是在达尔文进化论的影响下产生的，所以都带着浓厚的生物学色彩，同时，它们主要是主观思辨的产物，缺乏可靠的实验依据。但是，由于它们或多或少地解释并说明了游戏这种人们司空见惯但又令人困惑的现象，推动着儿童游戏研究的进展，对后人的研究产生了巨大的影响。

在经典的游戏理论的影响下，人们开始把儿童的游戏作为科学研究的课题。20世纪20年代到30年代，许多研究者进行了儿童游戏的研究。这一时期的研究主要试图客观地观察描述托儿机构环境内儿童游戏的特征，寻求建立儿童游戏发展的常模。受研究技术的限制，研究者一般不注重条件控制，对于结果一般不做测量，主要是在自然条件下进行观察，对结果做简单分类，如柏顿(M. B. Parten)在1932年关于儿童游戏的社会性发展的研究为这一时期研究的代表。

（二）儿童游戏研究的缓慢发展阶段

20世纪40年代到60年代，是儿童游戏研究的缓慢发展阶段。这一阶段，弗洛伊德的精神分析理论在儿童游戏的研究领域中占据统治地位。精神分析学派对于儿童游戏的研究，使游戏理论逐渐摆脱了美学的影响，成为发展心理学理论支配下的新游戏理论。

这一时期，人们普遍重视游戏对于儿童情感和社会性发展的价值，游戏被看作是与童年的快乐、与未来健康的成年生活有关的活动。在精神分析理论和行为主义的刺激-反应理论的基础上，发展起了一种游戏治疗技术，叫作“娃娃游戏”(doll-play)。其做法是：给幼儿一大堆娃娃，它们穿着各种服饰以标志身份，例如家庭中的父亲、母亲、兄弟、姐妹等，这些娃娃和一些游戏材料组成了某种生活情景，例如家庭环境。然后让被试者在玩娃娃时，讲一个关于这些娃娃的故事。研究人员通过对儿童行为表现的观察、对儿童所讲述故事的分析以及在与儿童的谈话中，可以记录到大量的性格方面的因素，如攻击性、深层的情绪障碍问题等。

(三)儿童游戏研究的繁荣时期

20世纪70年代至今，儿童游戏研究领域呈现出空前的繁荣景象。来自各个学科的研究人员著书立说，丰富了儿童游戏的知识，使儿童游戏方面的研究资料数量激增。据1982年的统计，现存的关于儿童游戏方面的研究资料中的20%是在1970—1974年发表的，38%是在1975—1979年发表的，14%是在1980年之后发表的。也就是说，1970年以后发表的文章、著作占现存研究资料的70%多。

这次研究高潮的兴起，有其深刻的社会经济根源和思想文化背景。20世纪60—70年代以来，由于科技的进步，机器正在取代过去由人所做的工作，脑力劳动的成分逐渐增加，体力劳动的因素逐渐减少。这一现象不仅改变着生产过程本身，也改变了人们的生活和价值观。在人们的生活中，出现了这样两种现象：

一方面，是游戏娱乐生活的大众化。由于工作时间的减少，闲暇时间逐渐增多，观光旅游、户外活动成为时尚，各种游戏活动成为成年人生活中不可缺少的组成部分，大众化的游戏娱乐时代正在到来，清教徒式的游戏罪恶论的影响正在消除。那么，随着大众化的游戏娱乐时代的到来，如何用科学知识来指导和丰富大众的娱乐消遣？

另一方面，是信息技术对童年生活的挑战。技术进步，知识以几何级数的方式快速增加，生产过程对人的智力活动的要求越来越高，教育向学校教育的前后两端扩展，早期教育成为人们热衷的话题，各种各样的儿童读物、计算机、电视教育节目……涌入幼儿生活的天地，以往浪漫的、无忧无虑的童年生活面临挑战。那么，早期教育问题既已提出，如何调节社会需求与幸福童年之间的矛盾？ 儿童的游戏及其价值，就成为人们普遍关注与研究的重要领域。

在这一阶段之初，以皮亚杰(J. Piaget)、维果茨基等为代表的认知发展游戏理论在游戏研究中占据主导地位。随着研究的深入，游戏理论逐渐突破了认知理论的框架，出现了一些初具规模的新的理论模式，如以伯莱因(Berlyne)为代表的游戏的"内驱力"、贝特森(Bateson)的"元交际"理论等。这些理论，深化了人们对于儿童游戏的认识，也拓宽了游戏的研究领域。

这次研究高潮有一个值得注意的、非常明显的倾向，就是十分重视游戏对于学前儿童的认知发展作用的研究。人们把游戏看作是认知和言语发展过程中的一个过渡阶段和中介，并把游戏作为衡量幼儿象征性功能是否成熟的一个基本标志。从这些研究兴趣中，不难看到皮亚杰、维果茨基等人的影响。

另一种理论倾向来源于新弗洛伊德的理论，强调想象游戏(fantasy play)在自我的发展和掌握中的作用。早期经典的精神分析理论认为想象游戏具有一种宣泄作用，现在的研究者把想象游戏看作是一种认知发展和情绪掌握的有效认知技能，因而拓宽了这种游戏个体发展价值的传统研究思路与框架。

这一时期非常重视实验研究，对条件的控制比较严格，对结果进行了测量并做统计分析。但迄今为止，这些研究只表明变量之间的相关而不是因果关系。这种研究方法虽然比早期的自然主义的、描述的研究方法更精确、严格一些，但是也面临着不少问题。在设计好的"游戏情景"中观察儿童的游戏，看到的可能并不是真正的游戏，所观察到的游戏的水平或类型等可能不同于自然条件下的游戏。

纵观一百多年儿童游戏研究的演进，我们可以看到这样几个发展趋势：一是从游戏理论的发展来看，由纯思辨的性质向实证性质转变。早期的一些游戏理论都是主观思辨的产物，缺乏实证依据。20世纪开始，逐渐重视在实验研究的基础上提出假说，形成理论体系。二是从游戏价值观的变化来看，对游戏的发展价值的认识由思辨的、不全面的或有所侧重的，发展到确切的、全面的认识。20世纪50年代左右受精神分析学派的影响，比较注重游戏的情感发展价值，70年代受皮亚杰等认知学派的影响，比较注重游戏的认知发展价值，80年代后，人们开始注意游戏对于儿童身心发展各个方面的发展价值。三是研究的范围逐渐拓宽，不仅注意纯理论的问题，而且逐渐注意应用性问题。如亲子关系、家庭环境、同伴关系以及物质环境的组织与安排等对幼儿游戏的影响。四是从研究技术来看，由不注重条件控制的自然主义研究发展到注重条件控制的实验室研究。现在又开始出现了把两种研究方法结合起来的有条件控制的自然观察的方法。

二、我国儿童游戏研究的历史发展

我国教育家很早就在幼儿教育尤其是游戏方面有了论述。像《礼记·内则·少仪》《大戴礼记·本命》《贾谊新书·保傅篇》等书中都记载了关于幼儿教育的意见。宋明兴起的蒙养教学比较注重儿童的学习兴趣，强调要教人“乐学”。程颐曾说“教人未见意趣，必不乐学”。朱熹亦强调“乐学”的重要。王守仁主张“大抵童子之情，乐嬉游而惮拘检，如草木之始萌芽，舒畅之，则条达；摧挠之，则衰萎。今教童子，必使其趋向鼓舞，中心喜悦，则其进自不能已。譬之时雨春风，沾被卉木，莫不萌动发越，自然日长月化。若冰霜剥落，则生意萧索，日就枯槁矣”。蒙养教学多注重歌舞、吟诗、讲故事之类，就是要让儿童在欢呼嬉笑之间习得行为规范。

我国在清代建立蒙养院时，已将游戏列入教学计划之内，但对游戏的选择及游戏的内容与规则都是教师规定的，并作为一门必修课的学科。1904年颁布的《奏定蒙养院章程及家庭教育法章程》提出，蒙养院应设立与初等小学迥然不同的课程，包括游戏、歌谣、谈话、手技。

以托幼机构教育实践为基础的我国幼儿教育理论与实践的研究，可以说发轫于20世纪20—30年代，从那时至今，我国的儿童游戏研究，大致可划分为四个发展阶段：

第一阶段，从20世纪20年代左右到新中国成立初期。

这一阶段，在介绍和引进西方游戏理论（主要是经典的游戏理论）的基础上，开始了我国儿童游戏研究的工作。主要代表人物是我国著名幼儿教育家陈鹤琴先生。从1920年起，陈先生以自己的孩子为研究对象，进行了长期的、连续的儿童发展研究（包括儿童游戏的研究）。在1925年出版的《儿童心理之研究》一书中，他不仅介绍了当时国外的儿童游戏理论与研究成果，而且根据自己的观察研究，详细描述了一个孩子从出生82天到两岁多（808天）的游戏的发展与变化过程，提出了自己对于游戏的看法。

陈鹤琴认为，“小孩子是生来好动的，以游戏为生命的。要知多运动，多强健；多游戏，多快乐；多经验，多常识，多思想”。这是他从儿童身心发展的角度考察儿童游戏的原因、游戏的发展变化，这是他关于儿童游戏的看法中的核心思想。陈鹤琴认为，儿童之所以游戏，与两个方面的因素有关：一方面是与儿童游戏的力量（体力）和能力（动作技能）的发展有关；另一方面，是与儿童好动的天性和游戏能够给孩子以快感有关。游戏给孩子的快感包括生理上的、心理上的和社交上的。

陈鹤琴认为，游戏是有益于儿童的身体、智力和道德发展的活动。他指出：

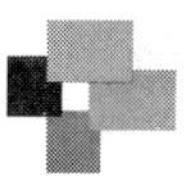

"游戏从教育方面说是儿童的优良教师，他从游戏中认识环境、了解物性，他从游戏中强健身体、活泼动作，他从游戏中锻炼思想、学习做人。游戏实是儿童的良师。"所以，应当给幼儿充足的游戏机会，实施游戏化的教育。并且，依据幼儿的年龄特点，为他们提供各种游戏材料。陈鹤琴还提出了优质玩具的标准，如可以引发儿童游戏兴趣的，质地坚固不易损坏的，可以激发儿童的想象力、发展儿童创造力的，能适应儿童能力、发展儿童智力的，等等，并且在教育实践中进行了玩具的设计制作与研究。这些观点与做法对我们今天的学前教育实践仍具有重要的启发意义。

陈鹤琴先生关于儿童游戏的思想与研究，奠定了我国儿童游戏研究的基础。

第二阶段，20世纪40年代到60年代（从新中国成立初期到"文革"前）。

这一阶段，我国教育界、心理学界全面学习苏联的心理学和教育学理念，在儿童游戏的研究中，同样也照搬苏联的游戏理论。以社会文化学派的心理学理念为基础的游戏理论对我国儿童游戏理论与幼儿园教育实践产生了重大影响。如强调活动在儿童心理发展中的主导作用，强调游戏的社会性本质，反对本能论，强调成人对游戏的指导作用；注重利用有主题的角色游戏和规则游戏来编制教学游戏，游戏成为教师传授知识技能的辅助手段。在幼儿园实际工作中，也形成了一套来自苏联学前教育学的领导游戏的"三段论式"（开始—进行—结束）的方法模式。

苏联的游戏理论在西方游戏理论中独树一帜，有其突出的特色。全面学习苏联的游戏理论，促使我国学前教育对儿童游戏的重视，促进了我国幼儿教育游戏的实践探索和应用。但是，这一阶段基本处于移植阶段，带有机械模仿的痕迹，中国化研究还不够。另外，在全面学习苏联游戏理论的同时，来自欧美的游戏理论与研究完全受到否定与排斥。

第三阶段，是"文革"时期。

这一时期，儿童心理与教育研究受到毁灭性的破坏，儿童游戏的研究同样不能幸免于难，处于停顿阶段。而这一阶段，正是国外儿童游戏研究迅速发展时期。

第四阶段，"文革"后至今。

这一阶段可分为两个时期：

第一时期是20世纪70年代中期至80年代末期，这是我国儿童游戏研究重新起步阶段。这一时期，儿童游戏研究的专业人员少、力量薄弱，游戏研究局限于学前教育领域。相当数量的学前教育工作者不了解近年来国外儿童游戏研究的情况，指导幼儿园教育实践的主要是苏联20世纪50—60年代的游戏理论。

20世纪80年代初至80年代末期，我国学者广泛翻译世界各国的儿童游戏研究著作，如《锻炼儿童思维的游戏》(美国：伊夫林夏普，1981)、《游戏的心理和指导》(日本：小口忠彦，1984)、《幼儿游戏与智力启蒙》(日本：岗崎市广幡幼儿园)、《游戏中的儿童教育》(苏联：门捷利茨卡娅，1989)等。我国学者也开始了中断多年的我国自己的儿童游戏研究工作，出版了相关的研究，如《实用婴幼儿游戏》(孙纪贤、徐珍文，1981)、《游戏》(全国幼儿园教材编写组，1982)，《幼儿智力开发与游戏》(陈俊恬，1983)、《儿童游戏创编与教学》(黄世勋，1989)等，主要侧重于应用性的游戏编排与案例介绍。游戏理论的研究也开始涉及，如《游戏》(陈帼眉，1982)、《儿童游戏的当代理论与研究》(刘焱，1987)、《学前教育参考资料》(黄人颂，1988)等，其中相当篇幅介绍了国外的游戏理论与研究。

第二时期是20世纪80年代末以来，我国游戏研究掀起高潮。1989年原国家教育委员会颁布了《幼儿园工作规程(试行)》，幼儿教育改革拉开了帷幕。我国幼儿教育从观念到实践都发生了较大的变化，以幼儿园课程改革为核心的幼儿园教育改革蓬勃发展。这次改革的中心问题是把过去受忽视的儿童推向了教育舞台的中央，儿童在教育过程中的主体地位得到了确认。1996年正式颁布的《幼儿园工作规程》、2001年颁布的《幼儿园教育指导纲要(试行)》明确提出，幼儿园"以游戏为基本活动"，"保证幼儿每天有适当的自主选择和自由活动时间"，"使他们在快乐的童年生活中获得有益于身心发展的经验"。

1993年1月4日—8日，我国首届"全国幼儿游戏与玩具研讨会"在上海召开，肯定了对"幼儿园游戏与玩具的教育作用"，"游戏分类、游戏指导方法"等方面的研究，但对有些问题如以游戏为主体的幼儿园课程设置、游戏中的幼儿主动性和教师指导作用的关系、游戏与幼儿个性发展的关系等仍值得思索。1998年12月21日—25日在广州市召开了"全国幼儿园游戏、课程与教学关系的研讨会"，来自全国各地的150多名代表参加了会议，并对当前儿童游戏开展过程中存在的两点问题——如何把教育目标渗透在游戏中，游戏与课程、教学之间的关系等主题进行讨论，对游戏的研究逐步深入到教育学领域。但对于幼儿园课程、教学与游戏理论的建构仍缺乏有深度的思考与成熟的观点。2000年前后，随着幼儿园游戏教育实践的深入与幼儿园改革的推进，游戏研究成果不断涌现，一批学前教育学者出版了相关的研究，如北京师范大学刘焱教授先后出版了《儿童游戏的当代理论与研究》(四川教育出版社，1988)、《幼儿游戏教学论》(中国社会出版社，2003)和《儿童游戏通论》(北京师范大学出版社，2004)，华东师范大学华爱华出版了《幼儿游戏理论》(上海教育出版社，1998)，东北师范大

学李淑贤、姚伟出版了《幼儿游戏理论与指导》，山东师范大学丁海东出版了《学前游戏论》（山东人民出版社，2001），南京师范大学邱学青出版了《学前儿童游戏》（江苏教育出版社，2005）等。

随着《幼儿园工作规程》的颁布、《幼儿园教育指导纲要（试行）》的出台，"幼儿园以游戏为基本活动"的观念已深入广大幼儿教育工作者，对于扭转我国幼儿园长期以来重上课、轻游戏的现象具有积极意义。但如何把这个观念落实到幼儿园教育实践中，尚需要相应的理论与研究作为指导。目前，我国儿童游戏研究急需研究和解决的问题是：

1.儿童游戏研究的中国化问题

回顾我国儿童游戏研究的近百年历史，可以说我国儿童游戏研究大都停留在学习与模仿的阶段。特别是改革开放后，随着国际交流的增加，国外关于儿童游戏的理论与新近成果不断被引进与介绍。但是，在介绍与引进国外游戏研究成果的同时，未能建设和形成具有我国特色的游戏理论体系。许多研究报告从设计到结果，基本上都是模仿外国的。说明我国的游戏研究还停留在学习阶段，对外国的游戏研究依赖太多。因此，如何建立具有中国特色的儿童游戏理论，成为我国游戏研究的首要问题。

儿童游戏研究中国化的正确途径是摄取—选择—中国化。所谓摄取，是指重视国外儿童游戏研究的资料，摄取其中的营养成分，用以发展自己。我们应当承认，我国儿童游戏研究的水平与国外是有差距的，研究设计、研究方法与研究手段等都存在差距。有差距就得学习与引进，就得摄取其中的营养。但摄取不是全盘照搬，而是要适当地加以选择。所谓选择，意指批判地吸收。中国儿童的游戏发展与国外儿童的游戏发展，既存在着普遍性，又具有特殊性。如果照搬国外儿童游戏发展的规律，势必失去其客观性、真实性，也会影响我国游戏研究的科学性。中国儿童游戏研究既然有本民族的特点，在摄取国外游戏研究时就要经过一个中国化的过程，与中国的特殊性相结合。如在实验研究的基础上，建立我国儿童游戏发展的年龄特征与指导模式，在理论和实践上推陈出新，有所突破。总之，中国的儿童游戏研究，要注意摄取和消化外国的要素，使之与中国发展的实际相融合，形成中国当代儿童游戏理论学派和实践模式。

2.强调理论与实践的结合

从20世纪20年代起，陈鹤琴就开始了儿童游戏的研究，到今天在学前教育领域诸多学者和研究人员对儿童游戏研究进行了不懈的探索，并出现了许多有价值的研究成果。遗憾的是，许多研究成果被束之高阁，不能有效地引导或指导实践；另一方面，广大的幼儿教师在游戏教育实践中，存在着盲动与无助，却无人关注与探讨。因此，强调理论与实践的融合，是游戏研究中迫切需要解决的问题。只有把游戏与幼儿园教育结合起来，才能真正地体现游戏的价值，也才能体现"寓教于游戏"的学前教育特色。

强调理论与实践的融合，一方面体现在理论研究上；另一方面，游戏研究应关注实践问题，特别是幼儿教育实践中的游戏问题。因为，在教育机构中，儿童的游戏已不同于自然的游戏，它受到教育目标的规范，打上了教育的烙印。

小结

学前游戏论研究的是幼儿园以游戏为基本活动的教育学原理及其游戏教育实践。具体地说，它涉及两方面的问题：一是在理论层面上，阐明幼儿园以游戏为基本活动的教育学原理；二是在实践层面上，揭示以"游戏为基本活动"的实践模式，为教师组织与指导幼儿的不同类型的游戏提出具体建议。

对儿童游戏的科学研究和游戏理论的发展，迄今只有一百多年的历史，经历了三个历史发展阶段。儿童游戏研究的兴起，始于19世纪末，这是人类思想史上第一次严肃地思考儿童游戏的动因，并出现了大批游戏理论。20世纪40年代到60年代，是儿童游戏研究的缓慢发展阶段，精神分析学派的游戏理论在儿童游戏的研究领域中占据统治地位。精神分析学派对于儿童游戏的研究，使游戏理论逐渐摆脱了美学的影响，成为发展心理学理论支配下的新游戏理论。70年代后，儿童游戏研究进入了繁荣时期，以皮亚杰、维果茨基等为代表认知发展的游戏理论在游戏研究中占据主导地位。随着研究的深入，游戏理论逐渐突破了认知理论的框架，出现了一些初具规模的新的理论模式，如以伯莱因为代表的游戏的"内驱力"、贝特森的"元交际"理论等。

以托幼机构教育实践为基础的我国幼儿教育理论与实践的研究，可以说发轫于20世纪20—30年代，著名幼儿教育家陈鹤琴先生开始了我国儿童游戏研究的工作。从儿童身心发展的角度考察儿童游戏的原因、游戏的发展变化。陈鹤琴认为，游戏是有益于儿童的身体、智力和道德发展的活动，还提出了优质玩具的标准。陈鹤琴关于儿童游戏的思想与研究，奠定了我国儿童游戏研究的基础。

20世纪40年代到60年代，我国学前教育界全面学习苏联的游戏理论。以社会文化学派的心理学理念为基础的游戏理论对我国儿童游戏理论与幼儿园教育实践产生了重大影响。与此同时，来自欧美的理论与研究完全受到否定与排斥。"文革"时期，儿童游戏的研究处于停顿阶段，而这一阶段，正是国外儿童游戏研究与迅速发展的时期。"文革"后我国的儿童游戏研究重新起步，一方面

开始介绍来自欧美的研究成果，另一方面开始了中断多年的我国游戏研究工作。随着《幼儿园工作规程》和《幼儿园教育指导纲要》的颁布，游戏是幼儿的基本活动、幼儿园以游戏为基本活动已成为学前教育的基本原则。目前，我国儿童游戏研究急需研究和解决的问题，一是儿童游戏研究的中国化，二是强调理论与实践的结合。

【思考与练习】

1.简述学前儿童游戏研究的对象与内容。

2.结合实际谈谈学前儿童游戏研究的意义。

3.简述国外儿童游戏研究的历史发展。

4.结合实际，谈谈我国学前儿童游戏研究现存的问题及其解决办法。

5.进行学前儿童游戏研究应遵循哪些原则？

【拓展阅读】

1.刘焱.儿童游戏通论[M].北京：北京师范大学出版社，2004.

该书是北京师范大学教授刘焱在多年的教学与研究的基础上，吸收了国内外最新的研究成果，试图将儿童游戏置于社会文化、儿童发展和教育学的多维视野下，综合运用人类学、哲学、心理学和教育学等学科的观点，多角度、多层面地探讨儿童游戏的意义、特点、价值和功能，揭示儿童游戏和社会文化、儿童游戏与儿童发展、儿童游戏与学前教育之间复杂的关系。在理论层面上，对于游戏和幼儿园教育的目的、课程、教学之间的关系等进行了系统的分析，试图阐明幼儿园以游戏为基本活动的教育学原理；在实践层面上，针对当前幼儿园游戏教育实践中存在的问题，提出了“课程与游戏互动”的幼儿园课程建构模式和“以游戏为基本活动”的教学实践模式，为教师组织和指导幼儿各种不同类型的游戏提出了个体建议。这是一本视野宽广、内容丰富，既注重理论研究又关注实践的儿童游戏理论的书。

2.朱莉娅·曼尼莫顿，麦琪·托尔普.游戏的关键期[M].北京：北京师范大学出版社，2009.

该书是朱莉娅·曼尼莫顿和麦琪·托尔普花了两年时间对0～3岁儿童的游戏进行了全方位的翔实而深入研究的基础上写成的一部理论著述。该书详细讨论了各种类型游戏对幼儿全面发展的重要性，探讨了通过游戏促进儿童发展的具体方法。有助于读者将游戏理论和游戏实践更有机地结合起来。该书信息量大、方法具体、操作性强，对从事儿童教育工作的各类人员掌握游戏的开发有效策略不无裨益。

3.王小英. 儿童游戏的意义[M].长春：东北师范大学出版社，2006.

该书是东北师范大学博士论文库作品。该书首先解析了游戏的概念与内涵，回顾了游戏研究的历史，探察儿童游戏意义的视角，追寻儿童游戏的价值。随后，从生物学、心理学、文化学及哲学等视角全面、深入探寻了儿童游戏的价值，提出游戏具有“生命功能”“心理功能”和“文化功能”。对深入理解儿童游戏的价值、厘清游戏的相关概念与关系不无启示。

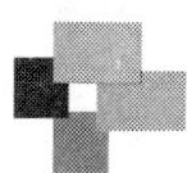

第二章　学前儿童游戏的理论流派

【本章导航】

自19世纪下半叶至今一百多年的历史中，国外有许多心理学家研究儿童游戏。由于研究者们所秉持的指导思想及方法论的不同、基于的心理学理论的不同以及研究视角和实验对象的不同，同时也由于所处的时代的差异，因而形成了各种不同的游戏理论。在20世纪初，经典的游戏理论已经形成。到20世纪中叶以后，精神分析的游戏理论、认知发展的游戏理论和苏联社会文化历史学派的游戏理论，对当代儿童游戏研究产生着深刻的影响。80年代以后游戏的觉醒理论和元交际理论得以形成。本章着重阐述了各个理论流派的主要代表人物及其游戏思想。学习和研究这些理论，不仅有助于了解国外儿童游戏研究的历史和现状，而且对于建设我国的游戏理论体系也具有重要意义。

【学习目标】

1.理解精神分析学派的游戏理论的主要观点及其在学前教育的应用价值。

2.理解认知发展学派关于游戏的主要观点及其在学前教育的应用价值。

3.掌握社会文化历史学派关于游戏的主要观点及其在学前教育的应用价值。

4.理解游戏觉醒理论的主要观点及其在学前教育的应用价值。

5.理解元交际理论关于游戏的基本观点及其在学前教育的应用价值。

第一节 精神分析学派的游戏理论

在现代西方心理学流派中，精神分析学派是最重视游戏问题的一个派别。精神分析学派的创始人弗洛伊德以及后来的追随者们，或多或少地都论述了儿童的游戏问题。虽然在游戏的问题上他们的具体观点不尽相同，但是基于这一学派的共同的基本理论，在他们的著作中，不难发现精神分析学派关于儿童游戏的共同思想。

一、精神分析学派游戏理论的理论基础

与传统心理学不同，精神分析学派把无意识现象和内容作为主要的研究对象。无意识又划分为前意识和潜意识。前意识是指人们能够从无意识中回忆起来的经验，处于潜意识和意识之间。潜意识是精神分析的核心，包括原始的本能冲动以及与本能冲动有关的欲望。

（一）本能论

弗洛伊德认为，本能是人的生命和生活中的基本要求、原始冲动和内在驱力。在早期，弗洛伊德把本能分为性本能和自我本能。性本能是人的行为的内在潜力，这种本能促使人通过各种方式获得满足。自我本能则是害怕危险，保护自我不受伤害。后来，他又将本能分为生的本能和死的本能。由于人有两种本能，人的行为又受本能的支配，所以行为有两个原则，即“唯乐原则”和“现实原则”。

精神分析学派认为，一切生物生存的基础都是一些与生俱来的原始的本能冲动以及与本能冲动有关的欲望，这种冲动和欲望在动物界可以以赤裸裸的形式表现出来。但在人类社会，由于受到社会道德规范的约束，不允许这些潜意识里的原始欲望和冲动随意地表现出来，而是受到压抑。当这种压抑一旦形成，它就会不自觉地寻找出路，如梦、幻想、口误等都是潜意识的泄漏。但是当这种压抑积聚得太多，又找不到适宜的发泄途径，就会造成心理失常，产生精神病。由于儿童所生活的客观环境不能听任儿童为所欲为，以满足他们的内在需要，从而内心产生压抑或抑郁，容易导致儿童的自私、爱捣乱、发脾气等各种不良行为。因此，人需要

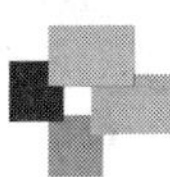

为这些受压抑的冲动和欲望找到出路,需要一个不受现实原则支配的、自由、自主的个人天地或领域,以解决矛盾和冲突。他们认为游戏是表现受压抑冲动的最好途径,因为游戏远离了现实,是一个完全受控于自己的天地。所以,儿童就要在游戏中发泄情感,减少忧虑,发展自我力量,以应付现实环境,补偿现实生活中不能满足的欲望和需要,从而得到身心的愉快和发展。可见,儿童可以通过游戏解决内心的心理矛盾和冲突。因此,精神分析学派的游戏理论,又称发泄论或补偿论。

(二)弗洛伊德的人格构成说

弗洛伊德认为,人格是由三部分组成的,即"本我"(id)、"自我"(ego)和"超我"(superego)。"本我"又称"伊特",是由一切与生俱来的原始本能冲动所组成的,它们不懂得什么逻辑、道德,而只受"唯乐原则"的支配,盲目地追求满足。与"本我"相对立的是"超我",是人格中最文明的部分,它代表着"我们意识的要求",反映着人们生活于其中的那个社会的道德要求和行为标准,是受"理想原则"的支配。正是"超我"才使人离开了动物界。"本我"和"超我"的要求是对立的、矛盾的,因此需要在这两个极端之间有一个平衡机制,这就是"自我"。"自我"是现实化了的本能,是在现实的反复教训之下,从"本我"中分离出来的一部分。由于现实的陶冶,变得渐识时务,不再受"唯乐原则"的支配去盲目地追求满足,而是在"现实原则"的指导下,既要获得满足,又要避免痛苦。在弗洛伊德看来,婴儿是完全受"本我"支配的,随着经验的积累,"自我"和"超我"才一起得到发展。个体发展所面临的问题,就是要确立和形成"自我",这是人格成熟或健全的要求。"自我"是调节和平衡"本我"和"超我"之间冲突和矛盾的中间过渡地带或缓冲区。

(三)焦虑论与自我防御机制

弗洛伊德认为,人的焦虑最早来自于婴儿在出生时与母体的分离。在婴儿以后的发展中,他还要遇到许多无法应付的情形,凡是可能使他陷入无能为力状态的情况,都将触发焦虑发出信号。为了减轻焦虑,"自我"可能采用正常和理性的方法来控制危险,解决问题,也可能采用否认现实甚至歪曲现实的非理性方法即"自我"防御机制。

二、精神分析学派的游戏理论

(一)弗洛伊德关于游戏的理论

精神分析学派关于游戏的理论源自弗洛伊德的思想。弗洛伊德的人格理论奠定了他的游戏说的基础。

1.游戏是"自我"调节"本我"与"超我"矛盾的机制,是儿童人格完善的途径弗洛伊德认为，在个体发展过程中，“本我”和“超我”的对立是逐步达到平衡的。儿童期的行为更多地受“本我”支配，他们盲目地追求本能欲望的满足，而置社会准则于不顾，其活动主要受“唯乐原则”支配。成人又总是以社会准则去要求和控制他们，使儿童在现实中常常受到挫折。那么，儿童的这种调节“本我”和“超我”矛盾的平衡机制如何实现呢？弗洛伊德认为，是游戏，即儿童的“自我”获得是在游戏中实现的。在他看来，现实是游戏的对立面。他在区分游戏时，不是看这一活动是不是严肃的，而是看这一活动是不是真实的。正是因为游戏与现实的分离才使儿童避免了现实的约束，在游戏这一安全的氛围里，允许“自我”自由地调节“本我”和“超我”的要求，消除二者之间的矛盾冲突，从而实现人格的健全发展。

2.游戏可以满足儿童现实中不能实现的愿望，是受“唯乐原则”的驱使

弗洛伊德认为，过去的游戏理论都力图发现引起儿童游戏的动机，但是它们都没有把“经济的”动机，即由于游戏而能获得愉快放在突出的地位。驱使儿童去游戏的，不是别的，正是心理上的“唯乐原则”。“唯乐原则”在儿童的游戏中，表现为游戏能够满足儿童的愿望，帮助儿童掌握（或控制）创伤性事件和使受压抑的敌意冲动得到发泄。

首先，游戏满足儿童想做大人的愿望。根据弗洛伊德的观点，游戏使儿童避免了现实的紧张感和约束感，所以为儿童发泄那些在现实中不被允许的冲动提供了安全的环境，以实现自己的愿望。在整个儿童期占统治地位的普遍愿望就是快快长大成人，做大人所能做的事情。因此，儿童在游戏中模仿成人的活动，通过对成人活动的模仿和以成人的角色自居，就可以使儿童的这种愿望得到满足。例如，小孩玩骑马的游戏，是因为他们曾经有过对成人骑马活动的观察，或听过有关骑马的故事。所以，儿童游戏的素材有许多是取自于现实生活的，是与儿童自己的生活体验有关的。儿童在游戏中尽情地发挥想象，模仿大人的举止行为，扮演所向往的角色，从而使现实中得不到满足的愿望在游戏中得到补偿。

其次，游戏帮助儿童掌握（或控制）现实中的创伤性事件。游戏并非总是和愉快的体验联系在一起，不愉快的体验也往往成为游戏的主题。例如医生给孩子看病，给他们打针或做一个小小的手术。医生的这些动作使孩子感到疼痛，这是一种可怕的、不愉快的体验。在现实中，孩子常常会把这种痛苦的体验变成游戏，把医生对他所做的，同样施加到他的小伙伴或玩具娃娃身上。儿童之所以要在游戏中重复这种不愉快的体验，弗洛伊德认为，这是一种强迫重复（repetition compulsion）的现象，即事件的发生可能是由某种不愉快的紧张状态

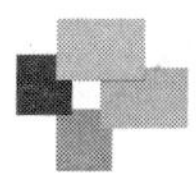

引起的，但是这种事件的发展方向是要达到使紧张状态消除的结果。也就是说，在游戏中儿童给玩具娃娃打针是为了克服他自己打针时的紧张。强迫重复是一种心理机制，能使人应付各种创伤性事件。对成人来说，较强的心理承受力就足以对付各种事件。但对儿童来说，由于其自我结构还不完善，心理的防御机能还没有得到充分发展，还不能有效地抵御外界环境的伤害，所以，许多事情是儿童在当时无法忍受的，"自我"往往被现实所挫败。"自我"要奋力去掌握环境，使不可忍受的事情变为可以忍受的事情，需要一个过程。在这个过程中，需要重现事件，重新体验。只有通过强迫重复，才能逐渐掌握创伤性事件。因而，强迫重复在童年期更为普遍，并明显地表现在儿童的游戏中。强迫重复现象实际是"唯乐原则"的另一种表现形式。在医生给孩子看病的情境中，医生或其他成人是主动的，而孩子则是被动的"受害者"。这种不愉快的体验充斥于孩子的心理空间，使他紧张、焦虑、愤怒。但是在现实生活中，他无从发泄，无法对医生施加报复，于是，他把这种体验变成游戏。在游戏中通过对第三者(伙伴或玩具)的伤害，把这种不愉快的体验转嫁到了别人身上。在游戏中，使自己从这种体验的被动承受者转变为主动执行者，使自己想成为大人(医生)的愿望得到了满足，从中获得了愉快。

所以，在弗洛伊德看来，游戏能够满足儿童在现实生活中不能满足的愿望，能够使他们逃避现实的强制和约束，为发泄受压抑的、不能为社会所允许的冲动提供一个安全的场所，也为儿童战胜现实，从被动的牺牲品转变为对环境或事件的积极主动的掌握者提供了途径。

(二)佩勒(Peller)的游戏理论

1.角色动机说

传统心理学认为，儿童扮演角色是由模仿的本能所决定的。弗洛伊德不同意这种观点，他认为没有必要假设存在着这种特殊的"模仿本能"。如果没有情感驱力，也就没有模仿。儿童在游戏中模仿谁、扮演什么角色是具有高度选择性的，这种选择是依据某种原则做出的。佩勒系统分析了儿童在游戏中经常扮演的角色以及支配这种扮演的动机，使弗洛伊德的这一思想具体化。

佩勒发现，儿童的许多游戏背后都隐藏着深刻的情绪原因。儿童对角色的选择和扮演，是基于爱戴、尊敬、羡慕，或者妒忌、愤怒，甚至是畏惧和敌视等情感因素。通过模仿他们所爱戴、尊敬的人(往往是成人)，就使儿童想像成人一样的愿望得到了满足；通过模仿诸如坏蛋、大灰狼、大老虎等使他们恐惧或害怕的人或动物，孩子可以征服恐惧；通过模仿那些低于他们身份的角色如小婴儿、动物、小丑等，使他们能够在安全的气氛中做平时不能做的事情，或者掩饰自己的错误和过失。例如，孩子趴在地上当小狗，蜷缩着身子当小娃娃，根源在于成人世界对于孩子的压迫。随着儿童年龄的增长，人格中的“超我”部分从父母和教师那里获得了道德的规范和约束，孩子为了取悦父母和教师，就必须照这些规范与准则去行事；另一方面，他们又不能完全按照父母、教师的期望，尽快地放弃婴儿时期受“本我”支配的快乐。于是，儿童通过声明“这不是我，这是一只小狗”，就可以使自己享受在地上爬、滚、嗅、弄脏自己的乐趣。通过宣告“我现在是小娃娃”，儿童就可以退回到婴儿时代，吮手指、要人抱、撒娇，重享不能再直接得到的儿时的快乐。

总之，角色选择完全出于内部动机，即受情绪的驱使。模仿自己爱戴的人，可以实现成为这样的人的愿望；模仿自己畏惧的人，可以控制焦虑和创伤；模仿低于自己身份的人，以享受被现实排斥的稚趣。

2.游戏的发展阶段

佩勒还从发展的角度，考察了儿童的游戏结构随心理性欲阶段的发展而变化。他把心理性欲的发展分为四个阶段，由于每一阶段的矛盾冲突不同，游戏内容也不同：

第一阶段，孩子的焦虑主要集中在与机体有关的挫折方面，这种焦虑在游戏中表现为独自玩，往往是玩弄自己身体的某个部位。

第二阶段（前恋母阶段），孩子的焦虑主要是失去母亲——食物来源的潜在焦虑。这一阶段，孩子开始与母亲游戏，游戏的主题是“我能够做那些妈妈让我做的事情”。

第三阶段（恋母冲突阶段），孩子在游戏中扮演成人的角色，试图补偿他们无法与成人相匹敌的无能的地位。

第四阶段（后恋母阶段），孩子通过与伙伴共同参与规则游戏，并通过严格认真的执行游戏规则，从而从外部的“超我”形象中获得了独立。这种规则游戏的作用在于创造一种自我控制的社会秩序。

佩勒关于儿童角色扮演的动机理论以及儿童游戏结构随心理性欲的发展阶段而变化的观点，极大地丰富和扩展了弗洛伊德关于游戏的思想，并对后来的精神分析学者研究游戏产生了较大的影响。

（三）蒙尼格（Menninger）的宣泄理论

在传统观念里，“宣泄”（catharsis）的概念是指内部积蓄的情感和经历的释放。但是，在精神分析学派里，“宣泄”一词的含义已经逐渐缩小，专指攻击性行为或敌意的宣泄（hostility catharsis）。

在弗洛伊德关于游戏的论述中，已经含有游戏是敌意或报复冲动的宣泄的

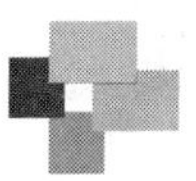

思想。蒙尼格发展了这一思想。他强调了游戏在发泄内在冲动和减轻焦虑方面的益处，认为在人身上存在着一种本能的攻击性驱力，这种驱力不断地在寻求表现，游戏是发泄这种攻击性驱力的合法的、为社会所允许的途径。例如，小女孩玩布娃娃，模仿母亲的态度和动作，这是对母亲的一种无意识的攻击，“是我有孩子而不是你有孩子”，或者意味着“妈妈，你不再是我所需要的了，我不用你了”。也就是说，儿童游戏包含着对于成人权威和父母禁令的一种敌意的幻想性反抗的意味。

（四）埃里克森（E. H. Erikson）的掌握理论

埃里克森的理论主要是关于如何通过游戏实现正常的自我发展，其理论基础是弗洛伊德的人格结构说。他不仅强调游戏可以降低焦虑和达成愿望的补偿性满足，而且把游戏这种作用与人格发展联系起来，突出了游戏在自我发展中的作用。

1.游戏是自我的一种机能，可以帮助自我对生物性因素和社会性因素进行协调与整合

埃里克森认为，人格的发展是心理性欲（生物性因素）和社会性因素相互作用的结果。虽然埃里克森也是从基本的本能冲突开始的，但又超越了这些本能，强调来自社会的要求和自我对发展危机的解决。自我是处于发展中的人格，它要获得理想的发展，必须成功地协调和整合来自内部的心理性欲的要求和来自外部的社会要求。所以，在人格构成中，自我是关键的，也是积极主动的因素。埃里克森认为，游戏可以帮助自我对生物性因素和社会性因素进行协调和整合，因为游戏创造了一种典型的情景，并从中能重现过去，表现和更新现在，并预期未来，即使原始的本能冲动和社会的规范要求都可实现对时空限制的跨越。所以，游戏作为自我积极主动的机能发挥的途径，以此实现身体的过程和社会性的过程的同步并达成人格健全发展的目标。

2.由于生物性和社会性双重因素的影响，儿童游戏存在性别差异

埃里克森在研究中发现，男孩和女孩的游戏有着明显的性别差异。在游戏材料的使用方面，男孩子喜欢用积木建构笔直向上的建筑物，如楼房、塔等；女孩子则往往不用或很少用积木，只是用家具等来布置室内情景。埃里克森认为这种微观的空间结构上的差异，与男女孩子在性器官形态上的差异有关。在游戏的内容方面，女孩子的游戏内容反映的是有关家庭生活内部的情况，如烧水、做饭、照顾孩子等；男孩子则倾向于反映户外活动、建造和军旅等内容。他认为，前一种差异来自生物性因素的影响，后一种差异是社会文化因素的影响，反映了社会文化对不同性别的孩子的不同要求和期待。

3.游戏调节了人格发展的阶段冲突，并掌握冲突中的情感危机

埃里克森把人格的发展划分为八个阶段（见表2-1），每个阶段都有自己的发展任务，如果发展任务解决得好，就形成理想的人格；解决得不好，则形成与理想人格相反的另一种人格。每一阶段的发展任务都表现为有一对主要矛盾（“本我”和“超我”的冲突）需要解决。在青春期之前的几个阶段上，主要通过游戏来解决这些矛盾冲突，并控制矛盾所导致的伤害。所以，游戏帮助儿童从一个阶段向另一个阶段发展。

表2-1 弗洛伊德和埃里克森的发展阶段比较[1]

年龄	弗洛伊德的阶段	埃里克森的阶段
0～1.5岁	口唇期	信任对不信任
1.5～3岁	肛门期	自主性对羞怯、疑虑
3～6岁	阴茎期	主动性对内疚
6～11岁	潜伏期	勤奋对自卑
青春期	生殖器期	同一性对角色混乱
青年期		亲密对孤独
成年期		繁殖对停滞
老年期		自我整合对失望

（1）第一阶段，婴儿期（0～1.5岁），相当于弗洛伊德的口唇期。此阶段的发展任务是建立基本的信任感而克服不信任感，体验着希望的实现。埃里克森认为，良好的母子关系是产生信任感的基础。游戏对于良好的母子关系的形成和信任感的产生具有重要意义。在游戏中，婴儿把母亲的品质和母爱加以内化，同时，又把自己的感情投射给母亲。于是，婴儿生命的第一阶段便带有亲子相互调节的社会性的情绪和态度。埃里克森称之为相依性。它是信任感的实质核心，也是推动母亲去积极照料婴儿的主要动力。在母婴游戏中，婴儿学会了调节自己的准备状态与母亲的方法相适应，而母亲则在发展和协调自己的给予方法时允许婴儿协调他的获取方法。所以，这一阶段的母婴游戏极其重要，在游戏般的亲昵中，传递着爱的信息，使婴儿体验了人生最初的社会性情感。

（2）第二阶段，儿童早期（1.5～3岁），相当于弗洛伊德的肛门期。此阶段的任务是获得自主感而克服羞怯和疑虑，体验意志的实现。在这一阶段，游戏给儿童提供了一个安全岛，在游戏中，儿童既有适度的自由又可以在自己制定的内心法则的范围内克服羞怯和疑虑，发展其自主性。

---

〔1〕威廉·C.格莱因：《儿童心理发展的理论》，计文莹等译，湖南教育出版社1983年版，第234页。

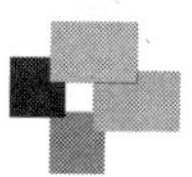

(3)第三阶段，学前期(3～6岁)，相当于弗洛伊德的阴茎期。此阶段的发展任务是获取主动感，克服内疚感，体验着目的的实现。游戏在这一阶段中起着重要作用，主要表现为两种形式：一是角色游戏或白日梦；二是共同游戏。儿童在游戏中表演出幼儿的矛盾，使危机得以缓和，并使先前遗留下的问题得以解决，游戏在解决各种矛盾中体现出自我治疗和自我教育的作用。所以这一阶段也称为游戏期。

(4)第四阶段，学龄期(6～11岁)，相当于弗洛伊德的潜伏期。此阶段的发展任务是获得勤奋感而克服自卑感，体验着能力的实现。这一阶段儿童面临具有明确要求和系统内容的学习。他们一方面学习文化知识，一方面学习工艺技能，开始感受到幼儿的游戏缺少一种能够制造精美的感觉。因而，更加注重和投入社会性更强的游戏。埃里克森认为，"这个年龄的儿童最喜欢的就是温和但坚定地强迫他们冒点险去发现一个人可以完成他本人再也没有想到的事情，发现那些之所以最富有吸引力的事情，恰恰不是因为它们不是游戏和幻想的产物，而是由于它们是现实的产物。由于它们的实用性和逻辑性，因而这些事物为参加成人的真实世界提供了一种象征意义"。[1]

(5)第五阶段，青年期(11～18岁)，相当于弗洛伊德的生殖器期。此阶段的发展任务是建立自我同一性和防止同一性混乱，体验着忠诚的实现。这一阶段儿童一方面感觉到性成熟的压力而产生焦虑，另一方面也感觉到来自社会文化的要求，即建立与性别相适应的角色行为模式，他们必须整合这两个方面的因素，解决同一性危机。在游戏中可以表现自己的焦虑，通过想象的角色扮演使在现实的社会环境中逐渐习得的角色内化为自己所拥有的角色及角色技能，从而有助于这一危机的解决和控制。

三、对精神分析学派游戏理论的评价

精神分析学派作为现代西方主要的心理学流派，其关于游戏的思想观点无论是对于儿童游戏的理论研究还是实践研究都具有重要的指导意义。

第一，精神分析学派把对游戏的研究置于个体人格发展的整体背景之中，这对后来的一些游戏研究者是有着重大影响的。精神分析学派的游戏理论是建立在其人格结构学说的基础上。特别是，由于精神分析学派考察了儿童人格发展的不同阶段中游戏形式背后的情绪情感困惑与危机的主题，所以，其游戏发展阶段论在一定意义上就是以情感为主线的游戏发展理论。这种能够从人格特别是情感性心理的角度来突出不同于成人的儿童游戏研究，打破了传统游

〔1〕埃里克森：《同一性：青少年与危机》，孙名之译，浙江教育出版社1998年版，第112页。

戏理论只从纯粹体能因素对儿童与成人游戏进行区别的狭隘思路。另外,从精神分析关于游戏的补偿论或发泄论中,可以看到他们对游戏情感发展价值是十分重视的。这对于后世的游戏研究者也具有重要影响。

第二,精神分析游戏理论对于游戏对儿童健全人格和心理健康乃至成人生活的重要性的研究,极大地推动了人格及行为矫正技术,特别是游戏治疗理论及方法的研究与应用。精神分析学家在游戏治疗中,首先采用"娃娃游戏",受此启发,人们开始把它作为一种研究前语言儿童人格因素的一种方法而展开了一系列研究。研究本身又反过来使这种技术得到了丰富和发展,从而促进了儿童游戏的研究。在精神分析学派思想影响下的现代游戏治疗中,强调治疗者对待病人的平等兼容的态度,对于成人或教师如何进行儿童心理问题、行为问题的一般教育和指导,也会有观念上的启发。

第三,精神分析学派强调早期经验对健康的成年生活的重要性的观点,对于人们重视儿童早期的发展与教育,重视想象性的游戏在儿童发展中的作用,具有积极的意义。20世纪40—50年代,在托儿所、幼儿园里,重视开展想象性游戏,可以看作是受到精神分析学派思想的影响。

但是,精神分析学派的游戏理论也引起了一些争议和批判,主要表现在:首先,精神分析学派充分关注了儿童游戏活动的生物性动机,然而没能重视游戏的社会性以及作为人的游戏者的主动性。尽管新精神分析学派(埃里克森)引入了社会文化因素对游戏发展的影响,但在根本上仍是把来自生理方面的本能力量作为了游戏发生的根本动机。其次,研究方法上富有主观色彩。精神分析学派从研究起源上讲是发端于精神病学,而非学术心理学(academic psychology)。因此,这一学派关于游戏的理论从一开始就带有浓厚的临床诊断的色彩,表现为在研究方法上以分析游戏个案为主。该学派在对儿童游戏进行分析时需了解游戏者的先前生活经历和情感经验,以透过经过伪装了的、被歪曲了的形式,来洞察游戏者蕴藏于其中的真情实感。面对同一种游戏现象,不同的精神分析学家会有不同的解释,从而使得该学派游戏理论玄虚而复杂并难免有主观臆断、穿凿附会的成分,也降低了其适用的普遍性和一般性。正如杜·舒尔茨(T. W. Schultz)指出:"精神分析有许多概括和假设,但好像没有什么定理、公设的井然有序的系统,也没有科学理论所需要的那种精确的关系。"[1]

〔1〕杜·舒尔茨:《现代心理学史》,杨立能等译,人民教育出版社1982年版,第353页。

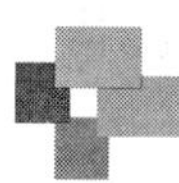

第二节 皮亚杰的认知发展的游戏理论

皮亚杰开创了从儿童认知发展的角度研究儿童游戏的新途径,他反对把游戏看作是一种本能活动,试图在儿童认知发展的总框架中来考察儿童的游戏,并通过长期的观察和研究提出了认知发展的游戏理论。

一、皮亚杰认知发展游戏理论的理论基础

认知发展心理学派的代表人物是瑞士著名的心理学家皮亚杰。他最感兴趣的问题是儿童的认识是怎样一步一步地发生起来的,儿童在思考问题时,心里究竟发生了哪些变化。他把心理学的概念引到认识论中,探讨认识起源和发展的问题。

(一)儿童的认识是主体与客体相互作用的结果

皮亚杰认为人的经验有两种,一种是物理经验,另一种是数理逻辑经验。物理经验是客体自身属性的反映;数理逻辑经验是主体通过自己的动作以及以后的运算作用于客体后才产生的。因此,儿童的认识不是单纯地来自客体,也不是单纯地来自主体,而是来自主体对客体的动作,是主体与客体相互作用的结果。所以,人们把皮亚杰的发生认识论称为"相互作用论"。

(二)儿童认知发展的机能

皮亚杰认为,每一个认知活动都包括有一定的认知发展结构。它们分别是图式、同化、顺应和平衡。

图式是动作的组织或结构,它具有概括性的特点,可以从一种情境迁移到另一种情境中去。随着年龄和经验的增长,图式的种类、数量和质量都有所提高,就形成了比较复杂的图式系统,这个图式系统就构成了人们的认识结构。同化和顺应是机体适应环境的两种基本机能。从生物学的意义上来说,同化意味着接纳和整合,是把环境因素纳入到有机体原有的结构中去,例如食物通过消化吸收变成有机体的一部分。顺应就是有机体在环境因素的作用下使自身发生变化,例如神经细胞受到刺激而发生种种变化。从心理学的意义上来说,同化是指在某个情境中,儿童使用他已有的图式或技能从事并完成活动。顺应是儿童为了完成某种目标而尝试新的图式或技能。儿童在与客体交往的过程中,不仅要用已有的动作图式去同化或整合客体,而且也应根据客体的特点和变化来调整自己的动作图式，顺应外在的变化。同化与顺应之间的协调或平衡就是适应或智力活动的特征。同化成功，个体的认识就处于平衡状态。同化失败，个体就出现不平衡。不平衡可以推动个体应用调节机制，以达到新的平衡。通过平衡—不平衡—再平衡的过程，个体的认知活动不断向前发展。

（三）儿童认知发展的阶段论

皮亚杰通过大量的观察和实验，把儿童心理认知发展划分为以下四个阶段：

1.感知运动阶段（0～2岁）。该阶段由于个体尚未掌握语言，认知活动主要通过直接感知和实物操作进行，仅靠感知动作的手段来适应外部环境，他们形成了动作图式的认知结构，该阶段儿童所蕴含的逻辑是动作逻辑。

2.前运算阶段（2～7岁）。该阶段个体的语言已有很大的发展，其智力活动的主要形式是表象思维，即在感知运动的基础上利用实际生活中获得的表象进行思维。个体活动由于缺乏充足的生活经验，再加上思维不够成熟而带有自我中心的片面性和非变换性，也往往缺少逻辑性和概括性。因此，皮亚杰认为在此阶段，儿童尚未获得认知运算和运算格式，进行的是半逻辑思维，到该阶段后期，最初的运算图式才开始出现。

3.具体运算阶段（7～12岁）。该阶段儿童的智慧活动具有了守恒性和可逆性，儿童掌握了群集运算、空间关系、分类和排序等逻辑运算能力。但是，在这个时期的儿童只能把逻辑运算运用到具体的或观察所及的事物，而不能把逻辑运算扩展到抽象概念之中。

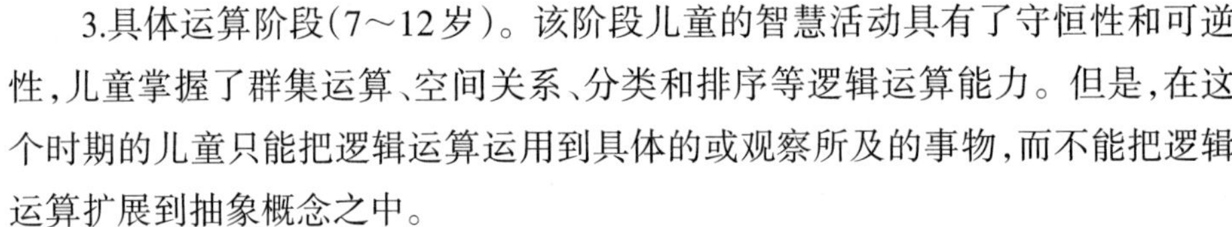

4.形式运算阶段（12～15岁）。此阶段的儿童不受具体内容的束缚，而是通过假设推理来解答问题，或从前提出发，得出结论。思维的主要特征是把逻辑运算结合成各种系统，并根据可能的转化形式去解决脱离了当前具体事物的观察所提出的有关命题；或根据掌握的资料，做因素分析，进行科学实验，从而发现规律。

二、认知发展游戏理论主要观点

皮亚杰是在研究象征性功能的形成和发展的问题时，注意到儿童的游戏的。他试图通过研究儿童的游戏和模仿，找到沟通感知运动与运算思维活动之间的桥梁。因此，他的游戏理论，与他的认知发展理论有着密切的联系，可以说就是他的认知发展理论的组成部分。

（一）游戏的实质是同化超过了顺应

皮亚杰试图在儿童智力发展的总背景中来考察儿童的游戏。在他看来，游戏不是一种独立的活动，而是智力活动的一个方面。但是，在儿童早期，由于认

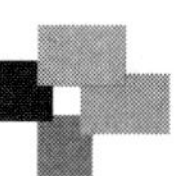

知结构的发展不成熟，所以往往不能够保持同化与顺应之间的协调或平衡。这种不平衡有两种情况。一种是顺应超过同化：外部影响超过自身能力，表现为主体对客体的模仿；另一种是同化超过顺应：主体完全不考虑事物的客观特征，而只是为了自我的需要与愿望去活动，去改变现实，将外部事物改造成能适应原有水平和主观意愿的事物。前一种情况是模仿的特征，后一种现象是游戏的特征。所以，在皮亚杰看来，一种图式或活动是模仿还是游戏，取决于同化和顺应在图式或活动中所占的比例。可见，在认知发展理论中，游戏的实质就是同化超过了顺应。

（二）游戏的发展受认知发展的驱使和制约，并与认知（智力）发展的阶段相适应

皮亚杰认为，游戏的发展随认知的发展而变化，呈现出相应的连续性和阶段性，并表现出一定的独立性和偶然性。在认知发展的不同阶段，游戏的发展也有不同的水平。与其发生认识论原理中的感知运动期、前运算期和具体运算期的智力水平相对应，他把游戏的发展划分为三种类型或水平：练习性游戏、象征性游戏、规则性游戏。

1.感知运动期——练习性游戏

此阶段游戏以感知动作的训练为主，因此又称练习性游戏、机能性游戏或感知运动游戏。这种游戏是个体游戏发展的最初形式，是为了获得“机能性快乐”(functional pleasure)而重复所习得的活动，也就是说，游戏的动力源于感觉或运动器官在活动过程中产生的快感，游戏也大都表现为个体为了获得某种愉快体验而单纯重复某种动作或运动。如反复摆弄玩具、绕着房间四周奔跑等，都是该时期游戏的典型表现。

练习性游戏不是感知运动阶段所特有的现象，在整个儿童期都可以看到这种游戏形式。只要有新的机能需要掌握，就会有这种练习。这种游戏的功能是对动作的积极重复和巩固，从动作的重复中得到机能性快乐，产生或获得有信心和力量的体验。在语言出现以后，随着通过练习性游戏来掌握的东西越来越少，以及其他游戏形式的出现，练习性游戏逐渐减少。

练习性游戏有三种发展趋向：

第一，因为增加了表征而演变为象征性游戏；

第二，伴随社会化的方向，倾向于规则性游戏；

第三，向真正的适应发展，成为严肃的智力活动。

练习性游戏是动物与儿童所共有的，尤其是动物的游戏特征。但是动物与儿童的练习性游戏是有明显区别的。小动物的游戏局限于反射性的动作图式

或本能，而儿童的游戏不只是感知运动性质的练习，还有心理的练习。

2.前运算期——象征性游戏

此阶段由于表象思维的日渐形成和发展，个体认知图式中开始出现符号功能，个体开始理解一种东西（符号物）能代表另一种东西（符号化物体）。随之，以假装为特征的象征性游戏日趋成为儿童游戏的主要形式。主要表现为，个体开始把符号物与被符号物所表示的事物联系起来，以物代物，以人代人，以假想的情景和行为反映客观的现实和主观的愿望，并开始由为了功能价值而转向为了表象价值而进行游戏。于是，象征性游戏是幼儿游戏的典型游戏，象征性在前运算（自我中心的表征活动）时期成为游戏的基本特征。从这个意义上说，象征性游戏是符号化的一种类型（词和表象是另一种类型），反映了个体对环境的同化倾向。在象征性游戏阶段，动作开始更多地受观念的支配，而不是受物体特征的支配，象征性思维的力量使个体有可能把现实与其欲望同化起来。这样儿童通过把物体想象成自己希望的样子而使自己从对物体的直接知觉中解脱出来，使原来与物体融合为一体的思维开始与物体分离，如拿棍子当马骑、用手指当枪支。于是，象征性就在由具体物体组成的外部世界与由意象观念组成的内部世界间架起了一座桥梁。

4岁之后象征性游戏之所以会下降，皮亚杰认为，这是因为孩子越是适应于自然和社会世界，就越少迷恋于象征性的歪曲和转换，他逐渐使自我服从于现实，而不是使外部世界服从于自我。嬉戏性象征游戏随年龄而下降至少有三个主要原因：

第一，随着孩子的成长，社交圈子扩大了，逐渐地取得了与其他人平等的地位，成为社会中的一分子。于是，在现实生活中有越来越多的机会，可以使自我扩张的需要得到满足。

第二，游戏中的同伴增加了，产生规则成为可能，假装的游戏就会转变成规则性游戏。

第三，思维发展使游戏越来越接近现实。

3.具体运算期——规则性游戏

7~12岁是象征性游戏的结束期。象征性游戏在这一阶段向两个方面发展：一是规则性游戏代替了象征性游戏，二是转变为结构性游戏。

在这一阶段，由于个体语言及逻辑运算能力的发展，逐步摆脱自我中心化，个体认知具有守恒性、可逆性，开始具备群集运算、空间关系、分类和列序等逻辑运算能力，其概括、判断、比较、推理等能力也有了相应的发展。因此，游戏规则的制定、理解和共同遵守及其对规则的执行情况的正确判断和合理评价就成

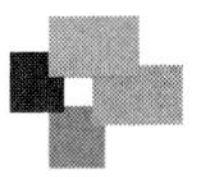

为可能。规则性游戏在个体认知发展的具体运算阶段取代象征性游戏而处于显著地位。

(三)游戏的功能:以同化作用改变现实,满足自我的情感需要

皮亚杰认为,儿童需要游戏,尤其是象征性游戏,是因为儿童难以适应周围的现实世界,儿童不得不经常使自己适应一个不断地从外部影响他的由年长者的兴趣和习惯组成的社会世界,同时又不得不经常使自己适应一个对他来说理解得很肤浅的物质世界。但是通过这些适应,儿童不能像成人那样有效地满足他个人情感上的甚至智慧上的需要。因此为了达到必要的"情感上和智慧上的平衡",为了"满足他自己的需要",儿童就会游戏,在游戏中既没有强制也没有处分,儿童在现实中许多得不到满足的愿望,可以在游戏中得到实现。游戏的主要功能就是通过同化作用来改变现实,以满足自我在情感方面的需要。正如皮亚杰所说,游戏所完成的同化作用,绝大多数属于情感方面,游戏是儿童解决情感冲突的一种手段。可见,皮亚杰在阐述游戏活动的心理机制方面,首先看到了游戏与儿童认知发展的关系。然而他在表达游戏的发展功能时,却看到的是游戏与儿童情感发展的关系。

总之,皮亚杰认为游戏是一种在已有经验范围里的活动,是对原有知识技能的练习和巩固,是智力(认知)活动的一个方面或表现形式,儿童游戏的动力基础在于智慧的发展形式,即是同化超过了顺应。另外,游戏的发展水平与儿童智力(认知)发展的水平相适应;在智力发展的不同阶段,游戏的类型不同。儿童之所以游戏,特别是象征性游戏,是因为儿童难以适应周围的现实世界,为达到必要的智力(认知)上的平衡和情感上的满足,而不是本能。

三、对认知发展学派游戏理论的评价

皮亚杰是20世纪最有影响的发展理论家,他的认知发展理论已经成为一个完整的心理学体系。皮亚杰关于儿童游戏的研究极大地丰富了人们对于儿童游戏的认知发展价值的认识,对我们儿童游戏的研究有很大的启示。

第一,皮亚杰的游戏理论开拓了从儿童认知发展的角度考察儿童游戏的新的途径,成为20世纪60年代以后游戏与儿童认知发展关系研究的直接催化剂。皮亚杰研究的终点成为人们进一步研究游戏与儿童认知发展关系的起点,由此引发出一系列关于游戏与认知发展的实证研究,极大地丰富了人们对于儿童游戏的认知发展价值的认识。

第二,皮亚杰游戏发展的阶段理论,强调儿童游戏是一种积极、主动的活动,是随着儿童心理的发展不断完善和发展的,极大地扩展了人们对于儿童的智力发展的价值的认识,对于传统的游戏——学习的对立的观念,无疑是一种

巨大的冲击。有人根据他的研究，对儿童的游戏进行了大量的观察研究，验证和补充了皮亚杰所提出的游戏发展的阶段，使人们对于儿童的游戏的认识更为深入。也有人对他的思想进行改造，把他关于游戏是表征思维发生的标志或象征性功能的一种表现的思想，演绎成为游戏可以促进表征思维或象征性功能的发展，并由此引发出一系列关于游戏与智力发展关系的实验研究。人们开始注重熔游戏与智力发展为一炉，注重运用游戏促进儿童在智力、情感、社会性、身体等方面的全面发展。

第三，皮亚杰指出在认知发展不平衡或不成熟的阶段中，儿童对情感的需要，从而强调游戏对儿童情绪情感发展的价值。

但是，由于皮亚杰只是试图用儿童游戏作为例证之一来说明儿童认知发展的特征，这就使得他否认游戏是一种独立的活动形式，而认为游戏只是智力(认知)活动的"变形"或衍生物；只看到智力发展对于儿童游戏的制约，而没有看到游戏对于智力发展积极的促进作用。游戏完全成了依附于智力的消极的"追随者"，丧失了自己的主动性。智力每前进一步，游戏就跟着走一步。因此，皮亚杰在游戏发展上，强调了智力(认知)决定作用，而忽视了社会性发展的影响。这种片面的、单向的理解，从根本上颠倒了作为一种活动形式的游戏与智力的关系，损害了他的游戏理论的价值。

第三节　社会文化历史学派的游戏理论

社会文化历史学派是苏联的心理学派，也称维列鲁学派。代表人物有维果茨基、列昂节夫、鲁宾斯坦、艾里康宁等。该学派以马克思的辩证唯物主义和历史唯物主义为基础，创造了从根本上区别于西方心理学的游戏理论。这派成员从不同的角度证实社会文化历史在人的高级心理机能的产生和发展中起了巨大的作用。他们将此观点运用于儿童游戏的研究，确立了苏联心理学界和教育界关于游戏的基本观点和认识。社会文化历史学派的游戏理论又被称为是活动游戏理论或游戏的活动论。

一、社会文化历史学派的理论基础

社会文化历史学派的游戏理论是建立在他们关于心理学基本理论的基础上的。在苏联初期，心理学家维果茨基进行了建立马克思主义心理学的尝试，提出了人的高级心理机能的文化历史发展理论，奠定了社会文化历史学派的心理学理论基础。维果茨基认为，儿童的心理发展，是在环境与教育的影响下，在

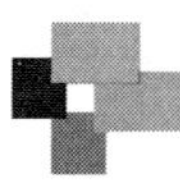

低级心理机能的基础上,逐渐向高级心理机能的转化过程。低级心理机能就是指感觉、知觉、机械记忆、不随意注意、情绪、冲动性意志等心理过程。这些低级心理机能是最原始的,是在种族发展的过程中出现的,是生物进化的结果。高级心理机能是人特有的心理机能,它具有以下特征:

1.它是随意的、主动的,是由主体按照预定的目的而自觉引起的(心理活动的随意机能),如随意注意等。

2.它的反映水平是抽象的、概括的(心理活动的概括——抽象机能),如逻辑记忆、概念思维等。

3.它实现的过程是间接的,是以符号或词为中介的。以识记为例:动物的识记是建立A—B的直接联想过程,而人的识记则是以符号或词等精神工具X为中介,从而建立A—X—B的间接的联想过程。

4.它起源于社会,是文化历史发展的结果。例如古代用结绳记事,只能记忆一些具体的事情。现代人有了发达的文字,可以把思维的触角伸向遥远的过去和未来。

5.从个体发展来看,高级机能是在人际的交往过程中,通过掌握精神工具而产生和不断发展起来的,不是人自身所固有的。

维果茨基的文化历史发展理论在20世纪30年代曾一度在苏联受到严厉的批判,但是他的同伴和学生列昂节夫和鲁里亚等为发展这一学派仍继续坚持进行了大量的科学研究,进一步补充和完善了维果茨基的理论,把它提到了新的高度,最后形成社会文化历史学派。这一学派的特点是,参与这个学派的成员的一切研究,都从不同角度进一步证实了人的高级心理机能的发展是受社会文化历史所制约的,活动是人的高级心理机能的产生与发展的基础和源泉。

二、活动游戏理论

社会文化历史学派把自己的社会历史发展的心理学理论运用于儿童游戏的研究中,就形成了与西方心理学有着根本区别的关于游戏的活动理论。活动游戏理论反对西方的游戏生物学理论,否定游戏本能论。认为儿童的游戏与动物游戏有着极大的区别,儿童游戏的产生不是先天的,而是在后天实践中形成的。儿童游戏的表现形式具有反映论的意义,儿童游戏的机制与高级心理机能相关。社会文化历史学派的活动游戏理论具有以下几个基本观点:

1.游戏是学前儿童的主导活动。活动在儿童心理发展中起主导作用,它有助于促进儿童的心理机能不断地由低级向高级发展。在不同的发展阶段,主导活动的类型不同。在学前期,游戏尤其是有主题的角色游戏,是学前儿童的主导活动。

2.强调游戏的社会性本质，反对生物本能论。活动游戏理论认为，不论是游戏的社会起源，还是游戏的个体发生，均由社会存在所决定。儿童游戏发展的动力乃是他们与其周围环境的相互作用，所以游戏是一种受到儿童在其生活与其受教育的社会存在所制约的活动。

3.强调儿童与成人的交往在游戏的发生、发展过程中的决定性作用。儿童游戏的需要是在成人的教育与要求下，与成人之间的关系发生改变的情况下产生的。游戏不会自然而然得到发展，孩子不是生来就会游戏的。没有教育的作用，游戏就不会产生，或者就会停滞不前。为了使儿童掌握游戏的方法，成年人的干预是必要的，所以在一定的阶段上要教儿童做游戏。游戏的教育价值和游戏本身的发展，取决于成人对游戏的指导。

三、维果茨基的游戏学说

维果茨基是苏联社会文化历史学派的主要代表之一，他的游戏学说奠定了苏联现代游戏理论的基石。

(一)游戏的实质：愿望的满足

维果茨基主张从考察游戏活动的诱因与动机开始分析游戏。游戏的发生与个体儿童活动的诱因与动机的变化从一个阶段向另一个阶段的发展有关。他认为，当在发展过程中出现了大量的、超出儿童实际能力的、不能立即实现的愿望的时候，就发生了游戏。3岁前孩子的典型的行为方式是想要一件东西就必须立即得到它，延迟满足对他来说是困难的事。一件东西如果不能立即得到，他们就会立即发脾气、躺在地上耍赖。3岁以后，在儿童身上出现了不能立即满足的需要与愿望，如想跟一个驾驶员一样，去驾驶汽车，这些愿望在儿童身上持续的时间很长，不会像一个突如其来的念头稍纵即逝。同时，3岁前的那种立即满足愿望的倾向仍然存在。于是，游戏就发生了。因此，游戏的实质就是愿望的满足。

(二)游戏活动的属性：想象性情境和游戏的规则

孩子在游戏中创造了一种想象的情境，这种情境是把游戏从其他活动形式中区分开来的标志，表现在把一个东西迁移到另一个东西上，或者以一种简缩的方式再现真实的生活情境。它与导致游戏发生的情感诱因有关。游戏的情感诱惑中已经自然地包含了想象情境的某些因素，不能立即得到满足的愿望只能以一种想象的、虚幻的方式实现。

儿童在游戏中创造了想象的情境，也同时创造了规则。维果茨基认为，当

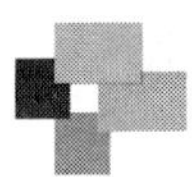

游戏的想象部分逐渐消失以后，规则占了学前儿童游戏的最主要部分。如果没有规则和儿童对规则的特殊态度，就不会有游戏。例如，当孩子们把自己想象成为医生，就得服从医生这一职业的行为规则。在游戏中，只有符合实际生活规则的行为才能被接受。可见，在游戏的想象性情境中仍然留有现实生活的经验要素，并表现为游戏规则。所以，哪里有想象的情境，哪里就有规则，规则来自于想象的情境。游戏是处于幻想世界和现实世界之间的。想象情境的内隐规则反映出游戏的纪律性，它是由孩子自己制定的，并且乐于执行的一种内部的自我限制，是游戏乐趣的来源之一。

维果茨基指出，游戏的发展，就是由明显的想象情境与隐蔽的规则所构成的游戏，发展到由明显的规则和隐蔽的想象情境所构成的游戏。

(三)游戏的价值：创造了儿童的最近发展区

维果茨基认为，游戏在儿童的发展中起的巨大作用就是创造了儿童的最近发展区。在游戏中，儿童的表现总是超过了他的实际年龄，高于他日常的行为表现。游戏正如放大镜的焦点一样，凝聚和孕育着发展的所有趋向。在游戏中，儿童总是在试图超越他现有的行为水平。

1.游戏是思维摆脱了具体实物的束缚，逐步内化的一个过渡阶段

游戏使孩子学会了不仅按照对物体和情境的直接知觉和当时影响去行动，而且根据情境的意义去行动。3岁前的孩子思维受具体的知觉情境的束缚。进入学前期后，孩子还不能立即使思维脱离具体事物，他必须有一些其他东西作为支柱，来帮助他使思维摆脱具体事物的束缚。游戏提供了这种支柱。儿童在游戏中的以物代物，正是将意义同直接经验分离，当双腿跨在竹竿上玩骑马的游戏时，儿童已懂得了“符号的间接作用”，即理解竹竿可以表示马的意义，物与物的意义开始分离。这时，动作(骑)来自于观念而不是来自于物体。当然，分离是逐步发展的，早期的替代物类似于他们所要替代的物体，随着发展，不太典型的物体替代品就日益成为可能，替代物与被替代物越不相似，则越“符号化”，也即意味着思维的抽象化。正是游戏使儿童的思维逐步摆脱具体事物的束缚，心理机能就是这样从低级向高级发展的。

2.游戏有助于意志行为的发展

在游戏中，儿童把自己的愿望和一个想象中的自己联系起来，既把自己所扮演的角色和该角色在现实生活中的行为规则联系起来，心甘情愿地服从于来自现实生活的规则，并放弃直接的冲动，从而有助于意志行动的发展。儿童最大的自制力产生于游戏之中，因此，游戏对于儿童道德行为的发展产生着积极的影响。

所以，维果茨基认为，游戏不是在幼儿生活中占优势的活动形式，而是占主导地位的活动形式。游戏与发展的关系可以与教学和发展的关系相提并论，但是游戏为性质更为广阔的需要和意识的变化提供了背景。游戏是发展的源泉。心理活动的随意机能、思维摆脱具体事物的束缚等，所有这一切都出现在游戏中，并达到了学前期发展的最高水平。

四、列昂节夫的游戏学说

列昂节夫从心理学的角度论述了儿童游戏的原因，论证了游戏作为幼儿的主导活动的理由，从而揭示了游戏的特点和游戏发展的规律。

（一）游戏发生于儿童心理发展的矛盾

列昂节夫认为，随着年龄的增长，儿童所面临的实物世界将越来越广阔，儿童的心理发展就表现为对这个广阔的实物世界的认识和掌握。由于儿童的心理特点决定了他们还没有抽象的理性思维，不能进行抽象的静观活动。他们的认识就通过用手操作物体（及物行动）表现出来，当及物行动的动机不在于结果，而只在于行为过程时，即为游戏。

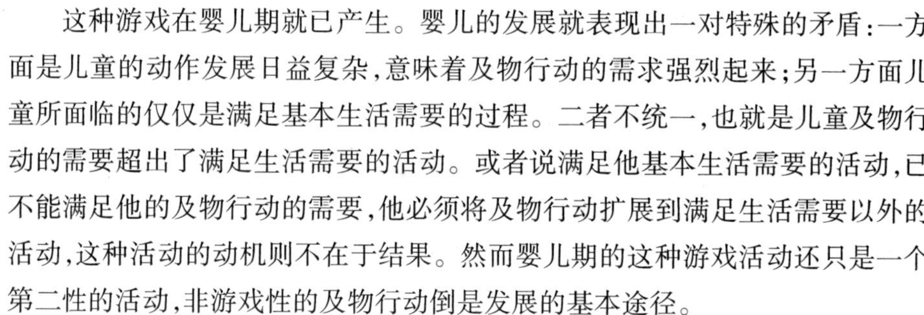

这种游戏在婴儿期就已产生。婴儿的发展就表现出一对特殊的矛盾：一方面是儿童的动作发展日益复杂，意味着及物行动的需求强烈起来；另一方面儿童所面临的仅仅是满足基本生活需要的过程。二者不统一，也就是儿童及物行动的需要超出了满足生活需要的活动。或者说满足他基本生活需要的活动，已不能满足他的及物行动的需要，他必须将及物行动扩展到满足生活需要以外的活动，这种活动的动机则不在于结果。然而婴儿期的这种游戏活动还只是一个第二性的活动，非游戏性的及物行动倒是发展的基本途径。

在幼儿期，儿童及物行动的需要进一步强烈，想做大人们正在做的事，但又限于自身的能力不能实现这样的行动，就只能在想象的活动形式中解决。只有在游戏里，才可以用其他操作代替真实活动所要求的操作，用其他实物条件代替真实的实物条件，而且行为的内容保持不变。这时，游戏在儿童心理发展的更高阶段上成为主导活动。所谓主导活动，是与儿童心理发生最重要的变化有关的活动，是不是主导活动与所用时间多少有关。

（二）游戏的特点

列昂节夫揭示了游戏的几个特点：第一，游戏行为的动机在活动过程，不在活动结果。比如儿童玩积木，是用各种方法去摆弄积木的过程，不在于要建成什么。当内在动机不是要玩，而是要玩出点什么来时，游戏就不再是游戏。第二，游戏过程的操作与行动，是真实的行动，它不是伪造的、幻想的，因为儿童在游戏中想象的只是情境。儿童不是在想象的情境中产生游戏行为，而是操作与

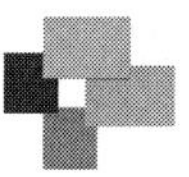

行动不相符合时，才产生出想象的情境。所以，游戏行动的条件造成了产生想象的必要，不是想象规定游戏行动。第三，游戏行为是概括的行为。儿童在游戏中不表现特殊事件，而是表现那些典型的、一般的事件，所以游戏才能够在假象情境中实现。

五、艾里康宁的游戏学说

艾里康宁是苏联现代游戏理论的主要代表人物。他的游戏学说，更集中、更典型地反映和体现了社会文化历史学派关于儿童心理发展的理论的主要观点。艾里康宁认为，角色游戏是学前儿童的典型游戏，研究儿童的游戏应当以角色游戏为主要对象。

(一)角色游戏的起源

从社会起源上来看，艾里康宁认为儿童的角色游戏是在特定的社会历史发展阶段上，由于生产力的发展而引起儿童在生产劳动中的地位的变化所导致的结果。原始社会初期，由于生产力处于原始的水平，劳动工具非常简单，儿童不经过专门训练就可直接参加成人的劳动，所以没有掌握工具的练习，更没有角色游戏。在生产力发展的稍高级阶段，儿童需要专门准备，以掌握最简单的劳动工具。训练从很小就开始，用小工具进行。儿童和成人都非常严肃地对待练习，因为这种练习与真正的劳动活动有直接联系。这种练习严格地说，还不是游戏。生产力在进一步复杂化，出现了新的劳动分工，儿童参加生产劳动的可能性更小，用小工具练习已无意义，必须到一定年龄才能掌握工具。在这种历史条件下，出现了儿童的角色游戏。但儿童的角色游戏不是自发地出现的，而是出自社会的需要。因此，游戏就其起源和本质来说，是社会性的，是与儿童生活的一定社会条件有关的，而不是本能。

从个体起源上来看，角色游戏产生同样是由于儿童与成人间的关系的改变而导致的结果。在乳婴儿末期，由于儿童掌握运用实物的动作技能和独立性的提高，使乳婴儿期所特有的那种儿童与成人的协同活动关系解体，儿童产生了一种参加还不能胜任的成人活动的愿望与倾向。由于这种矛盾的存在，儿童与成人间就产生了一种新型的关系，这就是角色游戏。儿童通过游戏，实现对成人活动的模仿，愿望得到了满足。可见，角色游戏体现的是儿童与成人的一种新型关系，其内容是成人活动的反映。

(二)游戏中角色的发展

艾里康宁认为，应当把角色的形成和出现作为研究儿童的角色游戏的重点。角色是在成人与儿童的协同活动中发生和发展起来的，角色出现的前提孕育于第二、第三年的实物活动中，成人的教育影响在其中起着决定性的作用。

所谓实物活动，是掌握和操作物体的社会所规定的用途和使用方法的活动。儿童在实物活动的发展过程中，最初只注意到社会所规定的物的使用方法，而且动作与具体的、特殊的物品紧密联系在一起。随着对具体物品的使用方法的掌握、动作的概括化形成，儿童开始注意到作为动作主体的人。于是，开始模仿成人的活动，也就出现了角色。这一过程可以分为以下三个阶段：

第一阶段，掌握物品的习惯用法。这是一种与成人的协同活动。儿童随着双手动作的发展，开始摆弄实物，在摆弄中受到成人的直接影响。物品的用法就是由成人教给儿童的。

第二阶段，最初动作的概括化。成人把物品的用法教给孩子以后，孩子看到模拟碗等物品的玩具，就会再现这些动作。例如，他用杯子给娃娃喝水，是因为成人正是用这个杯子或与这个杯子相同的杯子来给娃娃喝水的。孩子在游戏中，只是再现他在与成人的协同活动中所掌握的具体物品的使用方法，他的动作不能脱离与他形成联系的具体物品。

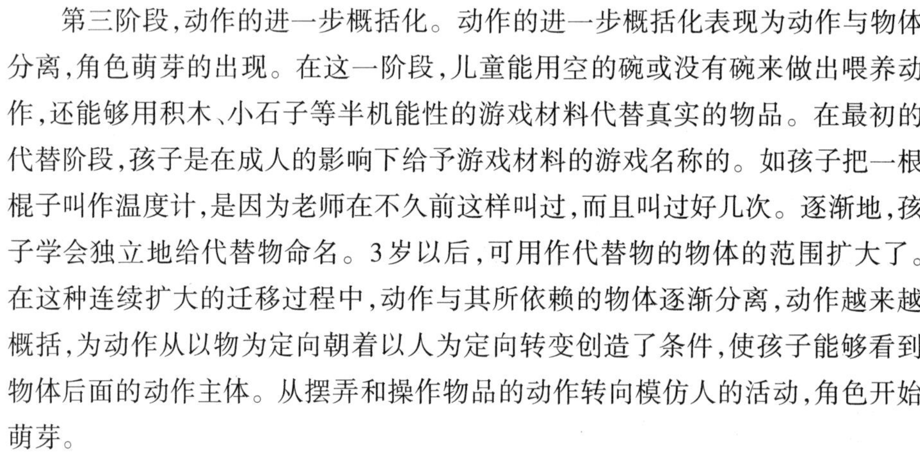

第三阶段，动作的进一步概括化。动作的进一步概括化表现为动作与物体分离，角色萌芽的出现。在这一阶段，儿童能用空的碗或没有碗来做出喂养动作，还能够用积木、小石子等半机能性的游戏材料代替真实的物品。在最初的代替阶段，孩子是在成人的影响下给予游戏材料的游戏名称的。如孩子把一根棍子叫作温度计，是因为老师在不久前这样叫过，而且叫过好几次。逐渐地，孩子学会独立地给代替物命名。3岁以后，可用作代替物的物体的范围扩大了。在这种连续扩大的迁移过程中，动作与其所依赖的物体逐渐分离，动作越来越概括，为动作从以物为定向朝着以人为定向转变创造了条件，使孩子能够看到物体后面的动作主体。从摆弄和操作物品的动作转向模仿人的活动，角色开始萌芽。

总之，从以上角色发生发展的过程可反映出，游戏的内容变化的规律是：从再造成人的实物活动到再造成人与儿童之间的关系和成人之间的关系。

六、对社会文化历史学派游戏理论的评价

社会文化历史学派的游戏理论，在儿童游戏的研究领域中很有特色，对于苏联以及我国的学前教育工作具有重要影响。

第一，社会文化历史学派注重把游戏的理论研究与教育的实际联系起来，注意把理论研究的成果运用于教育实践。这与他们长期以来坚持马克思列宁主义哲学为指导，重视理论联系实际的传统分不开。

第二，社会文化历史学派强调用游戏组织幼儿的在园一日生活活动，通过游戏把教育、劳动相互联系起来，构成一个有机的整体。

第三，社会文化历史学派强调游戏的社会性本质，使得社会环境因素对游戏的影响作用引起了研究者的重视。

第四，社会文化历史学派把游戏提到了儿童主导活动的高度来认识，从而赋予游戏以更为重要的认知价值。因为有自己的特色，在20世纪60—70年代，维果茨基的观点就曾引起人们的广泛注意，并对70年代游戏研究高潮的兴起发挥了积极的推动作用。

但是，他们认为儿童必须在成人的示范、指导下，才能改变物品的名称、才能用角色称呼自己等观点过于偏激。这种过于强调教师作用的观点，曾在我国幼教界产生了严重影响，使教师"导演"儿童游戏的现象在我国学前教育领域中占据了较长的时间，削弱了儿童在游戏活动中的主动性、独立性和创造性。

第四节　游戏的觉醒理论与元交际理论

觉醒理论和元交际理论是近二十年来在西方国家心理学领域新兴起的两种新的游戏理论。它们体现了近年来不断发展的心理学及相关学科在游戏研究中的延伸和影响。

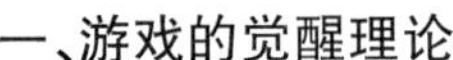

一、游戏的觉醒理论

（一）理论基础：内驱力说

游戏的觉醒理论也可称为内驱力理论，或激活理论。它建立在内驱力学说的基础上，试图通过解释环境刺激和个体行为的关系，来揭示游戏的神经生理机制的假设性理论，理论的实质就是阐明游戏是一种内在动机性行为。

内驱力就是有机体的需要状态，其功能在于引起或激起行为，或给予行为以动力。传统的内驱力理论一般指生物内驱力，根源于达尔文进化论。这些内驱力是与饥渴、呼吸、排泄等生理需要状态相联系的，引起的是寻觅食物、水、空气等满足生存需要的活动。这些内驱力经过自然选择而进化，成为有机体生存所必需的机能。按照这种理论，人和动物的一切行为都直接或间接地指向于满足食物、解除痛苦等基本的生物需要，指向于降低与这些需要有关的内驱力。

然而，传统的内驱力理论并不能用来解释人和动物的一切行为。人和动物的许多活动，如探索、调查研究、好奇、游戏、艺术、幽默等，显然与饥渴等内驱力无关，但是它们对于机体的健康、体内平衡状态的维持，具有同样重要的生物适应的意义。动物研究表明，老鼠为了探索具有新颖性的迷宫，宁肯离开安全而熟悉的巢穴，即使受到电刺激，也要实现这种探索。每个动物园的园长都付出了代价才知道，囚禁的动物往往不会活得很长，它们可能拒绝进食或生殖。猴子解决疑难问题仅仅是为了取乐。人在退休后能活多久，往往不取决于物质生活条件是否优裕，而取决于他们能否找到有兴趣的事来做。给刚出生不久的小婴儿看各种花样的图片，结果发现他们会花更多的时间注视图案更复杂的图片。因此，人们认为，机体不仅有食物、睡眠、性等需要，还有探索、寻求刺激与理解等需要。这样就导致了活动内驱力、探索内驱力的说法，从而导致了内外动机的区别。即与生理需求相联系的驱动力引发的行为，只是一种为了获得外部奖赏的手段性反应，是一种自身的奖赏，是满足自身活动的需要，因而是一种内在动机性行为。

那么引起内在动机性行为的生理机制是怎样的呢？于是，一种神经系统觉醒状态的假设被引用，游戏的觉醒理论被提出。

(二)觉醒理论的基本观点

“觉醒”(arousal)是游戏的觉醒理论的核心概念。觉醒是中枢神经系统的机能状态，或机体的一种驱力状态。它与两个因素有关，一是外部刺激或环境刺激，二是机体的内部平衡机制。

伯莱因最先提出了游戏的觉醒理论，他的观点经埃利斯(Allis)的进一步发展和修正，于是，就奠定了该派游戏理论的基础，并成为觉醒理论的基本观点。觉醒理论有两个最基本的观点：(1)环境刺激是觉醒的重要源泉。新异刺激，除了对学习提供不可缺少的线索作用之外，还可能激活机体，从而改变机体的驱动力状态。(2)机体具有维持体内平衡过程的自动调节机制。中枢神经系统能够通过一定的行为方式来自动调节觉醒水平，从而维持中枢神经系统最佳觉醒水平。

当外界刺激作用于感觉器官时，感觉器官对当前刺激进行感知分析。如果当刺激与过去的感觉经验不一致，即刺激是新异刺激时，就会使主体产生不确定性，因而导致觉醒水平的增高，机体感到紧张。中枢神经系统有维持最佳觉醒水平的要求，最佳觉醒水平使机体感到舒适，于是，它就采取一定的行为方式来降低觉醒水平；反之，当刺激过于单调、贫乏时，机体就会厌烦、疲劳，觉醒水平低于最佳状态，于是机体就会去主动寻求刺激，增加兴奋性，使觉醒水平由低回复到最佳状态。

在新异刺激——觉醒水平增高时，发生的行为是探究。所谓探究就是直接感知物体，是对物体的知觉属性(形状、颜色等)的反应。它是由刺激所控制的行为，回答“这个东西有什么用”的问题。觉醒理论的先驱伯莱因把它叫作“特殊性探究”，这种探究的作用在于获得关于外界物体的信息，消除不确定性，降

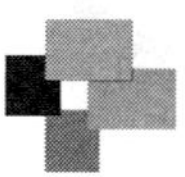

低觉醒水平,以维持最佳状态。

在缺乏刺激——觉醒水平低下时,发生的行为是游戏。游戏的作用在于寻求刺激,避免厌烦等不良的状态,提高觉醒水平。所以,游戏是机体主动影响环境的倾向,它是由机体而不是由刺激所控制的行为,它回答"我能用它来干什么"的问题。例如,当儿童对滑梯已经熟悉、产生厌倦时,滑梯这一刺激对他来说已经很弱,这时他便变换新的滑滑梯的方式,如倒滑、趴着滑等,以增强这一刺激。伯莱因称之为"多样性探究"。

可见,游戏和探索都是在维持中枢神经系统的最佳激活水平,所不同的是,探索是由外部刺激控制的行为,游戏是由有机体自身控制的行为。

(三) 对游戏觉醒理论的评价

首先,游戏的觉醒理论,把研究延伸到了游戏的生理机制这样一个更为微观的领域,同时,由于生理心理学的术语的运用,使得对游戏过程的描述更为精确和严谨。

其次,游戏的觉醒理论,提出了环境与人的交互作用的原理,启发我们应当重视幼儿园环境的科学创设和合理组织。早期教育实践往往强调得更多的是丰富托幼机构的环境刺激,而不注意在人与环境交互作用的背景中研究环境刺激的适当性、合理性。实际上,刺激缺乏,固然对儿童发展不利,但刺激过多,同样也是有害的。来自环境的刺激过多,会使机体觉醒水平增高,超出最佳范围,不仅会抑制游戏行为,而且会使探究行为刻板单一,防御性成分增加,孩子会感到紧张不安、厌恶、退缩。我们在组织幼儿开展游戏时,应当注意从整体上考虑游戏材料的数量、新异性等因素的合理组织。

再次,游戏的觉醒理论,对于做好新生入园的适应工作也具有指导意义。当幼儿新入园时,全新的环境可使其觉醒水平增高,孩子感到紧张、敏感、害羞、退缩。这时教师应当安排一些镶拼图形之类的独自游戏或其他认知性成分较高的安静性活动,这会更适合于孩子的觉醒状态。如果安排诸如社会性表演游戏等表达、表现成分较多的活动,则是不合适的,而且孩子也不会融入其中。

二、游戏的元交际理论(meta communication)

游戏的元交际理论是由贝特森提出来的,他运用逻辑学和数理论的学科原理来研究游戏,试图揭示游戏的意识与信息交流过程的实质。人类的交际不仅有意义明确的言语交际,而且有意义含蓄的交际,即元交际。元交际依赖于交际双方对于隐喻的信息的辨识和理解。

(一)游戏的元交际特征

"元交际"是一种抽象的"交际",是处于交际过程中的交际双方对对方真正的交际意图或所传递的信息的"意义"的辨识与理解。

元交际理论认为儿童游戏时往往通过动作、表情传递着一种隐含的信息——"这是玩啊"。例如,当一个孩子笑嘻嘻地将水洒向另一个孩子时,他脸上的表情已向对方发出了"这是玩的,不是真的"的信号,对方很快理解了这一信息,两人便玩起打水仗的游戏来。如果那个孩子没有或不能理解这一信息,那么误解就会产生。可见,元交际是一种意义含蓄的交际,表现为不用言传,只是意会的形式。装扮医生给病人打针的孩子,不用表白,他的"病人"就从这个装扮的环境中,领会了"这是假的,不会真的戳痛皮肉的",也即活动的背景已表示了正在进行的动作,不具有这些动作应该具有的实际意义。可见,元交际的顺利与否依赖交际双方对于隐含意义的敏感性。这种理解隐含意义的敏感性,又取决于交际双方熟悉了解的程度和知识背景的相当程度。也就是说,只有当参与者能够就携带着"这是玩啊"的信息的信号达成协议或进行元交际,游戏才发生。所以,游戏是信息的交流和操作的过程,元交际是它的特征。

游戏中的元交际隐喻特征,在人类的文化生活中也普遍存在。首先,在一般的人际交往中,人们常常在某些特别的场合需要通过一个眼神、一个动作、一种特殊的表情向交际的对象表达某些不便直接表达的意思。其次,在特殊的文化交流中,元交际特征也比比皆是,比如许多风俗习惯就是隐喻了人们的向往、避讳和祝福;宗教中的许多仪式和标志也隐喻了某些特殊含义的事物;艺术中的许多形式如漫画、寓言等也都充分运用了隐喻的功能表达一种深刻的含义。再者,我们的语言表征系统更具有一个类似于元交际的结构特征。如我们在游戏的元交际中所看到的那层隐含意义,在表示一个肯定含义的同时,也表示了一个否定的含义。但表示"这是游戏"时,同时就在表示"这不是真的";"我是假装打你"表达的就是"我不会真的打疼你的"。事实上,所有的人类语言陈述,都具有这一特征,人们在表述"这是什么"的时候,就隐含了"这不是什么"的意思。当人们在谈论某个话题的时候,谈话者都知道什么不是谈论的对象。可见,元交际是一种包含了是什么和非什么的多层次分类系统的结构特征。这种结构特征普遍存在于人类的文化中,存在于人类的表征系统中,这样一种表达技能是从游戏中开始习得的。正如贝特森说的:"游戏是一种途径,通过这种途径,我们习得了什么东西不是什么,掌握了'非'某物的多层次的概念系统。"可见,游戏作为一种元交际,是通向人类文化和表征世界的途径和必须的技能,是组成人类文化的现实和基础。

(二)对游戏的元交际理论的评价

首先,游戏的元交际理论为追溯意识的种族演化史提供了依据。在人类有

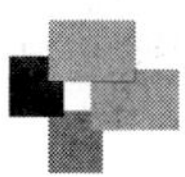

语言之前,人们的交际知识只是一种意会,即交际双方的沟通是对各自在特定的交际情境中的动作、表情所发出的信息的辨识和理解。这种对隐含意义的理解就是意识的萌芽,它发生在元交际中。随着语言的出现,那些由动作表情来表示的隐含意义就被语言揭示,便出现了意义明确的语言交际。而元交际则来源于游戏。在高等动物的游戏中,动物就已经会用夸张的动作表情,表现出一种"玩相"。当它的同伴注意到这种隐含在"玩相"中的"这是游戏"的信号时,就会做出肯定的应答。可见,在元交际的进化演变过程中,先有元交际,后有人类的语言交际,而语言交际又隐含着元交际。元交际作为人类语言交际的基础,既是历史的,也是逻辑的。而意识产生于元交际,游戏又是元交际的来源之一。因此,意识就在游戏中产生。可见,游戏的元交际理论就为这样一种论点提供了依据:沿着游戏发生的历史,可以追溯意识的种族演化史。

其次,游戏的元交际理论有助于深化对游戏本身价值的认识。贝特森认为,游戏尤其是角色游戏的价值不在于其具体的内容。例如儿童玩"大主教"的游戏,并不是在学习如何做大主教,也不是在学习某个特定的角色或掌握特定的行为方式,而是在学习关于角色的概念,在区分一种角色与其他角色的不同,了解行为方式与行为背景(如角色与其相应的行为方式,游戏与游戏情境)之间的制约关系。总之,游戏是一种学习,但幼儿在游戏中不是孤立地学习一个事物,而是在事物的关系和联系中,即在"非"某物的物体群中学习,学会区分与概括。

关于游戏的作用或意义,人们从来都是把游戏看作是发展其他"重要的""有价值"的品质和技能如守恒、发散思维等的工具或手段。然而,贝特森打破了这种传统观念,认为游戏本身就是有价值的,它不仅仅在文明的进化中起过重要的作用,而且本身就是进入人类的文化和表征世界的一种必须的技能。

小结

本章以上各派现代游戏理论,从不同的立场和角度分别论述了游戏的性质和游戏的功能,大致可以区分出三条主要的线索:一是偏重认知的线索,以皮亚杰理论为先导,强调认知的发展与游戏的关系;二是偏重情感的线索,以精神分析理论为先驱,强调情感的成熟与游戏的关系;三是偏重社会性本质的线索,以苏联活动理论为核心,强调社会实践与游戏的关系。这样三条线索的划分,并不意味着它们之间存在着不可逾越的界限,事实上每一条线上本身展现出的各种观点之异同,又多少与其他线上的某些观点有异曲同工之处,而且现代的各种游戏理论和观点,又都能找到古典游戏理论的影子。每一种理论观点都是借鉴和扩展前人的理论观点的，正是它们之间的差异和联系，今天的游戏理论宝库才显得如此丰富多彩。同时，各种不同的游戏理论帮助我们从不同的角度去思考游戏的意义，拓展我们认识游戏的视野和深度。各种各样的游戏理论对于游戏的解释虽然各不相同，但是不管是把游戏看作是自我调节的机制还是对冲突和焦虑的处理和解决，是把游戏看作是对环境的探究还是对刺激的主动寻求，是把游戏看作是社会反映性活动还是愿望的满足，它们都包含了一个基本的观点：游戏是重要的任务。

【思考与练习】

1.简述精神分析学派关于游戏的主要观点。

2.论述皮亚杰关于游戏与认知发展关系的观点。

3.论述认知发展理论游戏的不同阶段游戏的发展。

4.论述社会文化历史学派游戏理论的代表人物及其主要观点。

5.比较分析现代三大理论流派游戏理论的异同。

6.简述游戏觉醒理论的主要观点。

7.简述研究游戏的元交际特征的意义。

【拓展阅读】

刘焱.儿童游戏的当代理论与研究[M].成都：四川教育出版社，1988.

什么是游戏？儿童为什么游戏？游戏对于儿童的发展具有什么价值？哪些因素影响了儿童的游戏？这是本书试图回答的问题。本书系统地介绍和分析了19世纪以来出现的主要儿童游戏理论，包括精神分析学派的游戏理论、皮亚杰的认知发展游戏理论、社会文化历史学派的游戏理论、游戏的觉醒理论与元交际理论等，可以帮助儿童教育工作者了解儿童游戏的心理并指导儿童游戏。

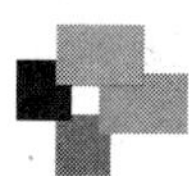

第三章　学前儿童游戏的本质特征与类型

【本章导航】

如果说对游戏进行定义是试图揭示游戏的内涵,即游戏的本质与属性,那么游戏的分类,就是对游戏的外延做出限定。本章分析了游戏所具有的基本特征。国外学者主要从游戏的动机、目的、手段等行为构成要素来分析游戏的基本特征,国内学者则根据游戏与学习和劳动的不同,从游戏与非游戏的辩证关系、游戏可观察的外显行为和进行游戏的内部动机和体验来分析游戏的特征。进而从不同的角度和侧面,详细介绍了不同的游戏类型,包括皮亚杰的认知游戏分类,帕顿的社会性游戏分类,游戏的时间分类、活动内容与活动形式分类,游戏的教育功能分类,显示了幼儿游戏的丰富多样性。

【学习目标】

1.理解国外学者对游戏特征的分析及观点。
2.理解国内学者对游戏特征的分析及观点
3.掌握游戏的认知分类与含义。
4.掌握游戏的社会性分类与含义。
5.掌握游戏的教育功能分类与含义。

第一节　学前儿童游戏的本质特征

游戏是人类社会普遍存在的社会现象，但是当人们问到“什么是游戏”时人们仍会感到茫然。关于游戏概念，从古到今，中外哲学家、文化学家、教育家及心理学家各有论述，至今仍未有一个公认的确切定义。

然而，任何一种理论对游戏的研究，涉及的首要问题就是诠释游戏这一基本概念，因为游戏的概念概括着游戏的特征。游戏的特征是游戏本质属性的表现。因此，要正确把握游戏的概念，必须把握游戏的基本特征。对游戏的基本特征的分析和概括角度不同，对其意义的理解也不同。一般情况下，研究者主要是通过分析游戏行为的目的、动机、手段等行为构成要素概括游戏的基本特征。纵观国内外学者对游戏基本特征的分析，在学术界仍然没有一个统一的定论。因此，对游戏特征的把握取决于研究者站在哪个角度对其进行分析理解。

一、国外学者对学前儿童游戏特征的分析

国外学者从游戏的动机、手段、目的等行为构成要素来概括游戏的特征，其中具有代表性的观点列举如下：[1]

（一）纽曼的游戏特征“三内说”

纽曼（Neumann，1971）提出用控制（control）、真实（reality）和动机（motivation）这三种指标来确定一种活动是不是游戏，因此，游戏的特征概括为内部控制、内部真实、内部动机。

1.控制

控制可分内部控制和外部控制。所谓内部控制是指自己所从事的活动是由自身的内部因素控制的；所谓外部控制是指自己所从事的活动是由外部复杂且难以预料的事件所主宰的。游戏的特征表现为内部控制，而工作的特征表现为外部控制。内部控制与外部控制不是完全的内控或完全的外控，是根据其程度不同而区分的。当游戏者一个人在进行游戏时，其内控程度大，几乎是由游戏者本人来控制游戏活动的进行。当游戏有别人参与时，内部控制与外部控制相互作用，外控程度逐渐扩大，控制由内部控制向外部控制移动。

2.真实

从游戏活动与现实的关系上来区分它与现实生活相符的程度。游戏活动

〔1〕刘焱：《儿童游戏通论》，北京师范大学出版社2004年版，第144页。

是真实的现实生活中的事件，如吃饭是我们生活中的事件，但是用游戏材料来代替餐具来假装吃饭的这一活动则是游戏。这种活动在旁观者看来是“假”的事件，但在游戏者看来却是真实地表现“吃饭”这一生活事件的全过程。因此，在游戏者看来游戏活动是一种内部真实的活动。游戏特征是虚构或想象的，但是游戏者的表现行为却是内部真实的。游戏者所表现的游戏行为是与现实生活紧密相连的，因此，幼儿的游戏是再现现实生活中的事件，它是真实的现实生活的某种反映。

3.动机

动机可以分为内部动机和外部动机。所谓内部动机是指活动本身来自于活动主体自身的需要；所谓外部动机是指活动本身是由他人的直接要求引起的。游戏行为是受内部动机支配的行为，但实际上很少有某种活动是纯内部动机或纯外部动机。

游戏活动从内部控制到外部控制、从内部真实到外部现实、从内部动机到外部动机之间构成了一个行为的连续体，游戏和工作正是这一行为连续体的两端，许多行为在这一连续体上找到自己相应的位置。

（二）克拉思诺和佩培拉的游戏四因素说

克拉思诺（Krasnor）和佩培拉（Peplerp）于1980年将游戏行为划分为以下四种特征或四种因素：

1.灵活性（flexibility）：指游戏活动在形式和内容上的多变性。

2.肯定的情感（positive affect）：指游戏者的情绪体验总是快乐的，笑容是这种肯定情感的标志。

3.虚构性（nonliterality）：指游戏总是带有想象的因素。

4.内部动机（intrinsic motivation）：指游戏不受外部规则或社会性要求的制约，游戏者是为游戏而游戏，玩即目的。

要判断一项活动是否是游戏活动主要看它是否具有以上四种因素，如果符合以上四种因素我们便将其看作是“游戏”。

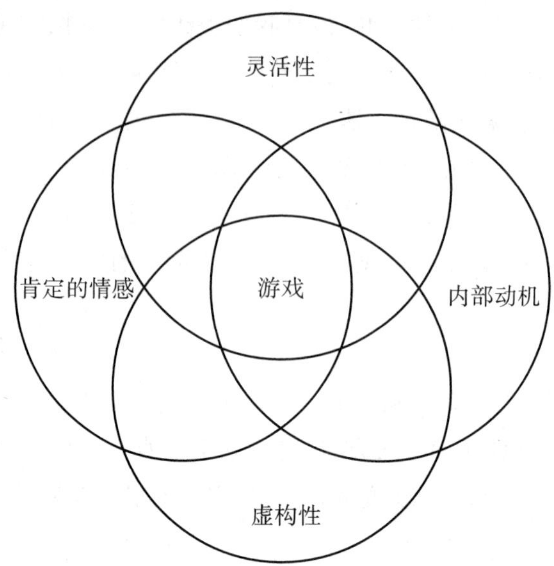

图3—1　游戏四因素模式图

（三）加维的游戏行为五特征说

加维（Catherine Gervey，1982）提出游戏行为具有五个基本特征：

1.游戏是令人愉快的、有趣的活动，即使有时并不一定表示出快乐，但游戏者仍然做出积极的评价。

2.游戏没有外在的目标，游戏的动机是内在的。游戏更多的是一种获得愉快的体验的手段，而不是为了某种特别的目的而努力。从功利的角度来分析，游戏本身是非生产性的。

3.游戏是自发自愿的，它是非强制性的，由游戏者自由选择。

4.游戏包括对游戏者的积极约束。

5.游戏与非游戏之间有着某种系统性的联系。

（四）克罗伊斯的游戏行为六特征说

克罗伊斯（Roger Caillois）认为游戏行为具有以下六个特征：

1.自由：游戏不是被迫进行的，否则游戏就失去了吸引力和快乐的性质。

2.松散：游戏不是精确的，没有事先预定的限制。

3.易变：没有预定的进程或结果，游戏者具有随机应变的自由。

4.非生产性：从游戏开始到结束，不增加任何生产的物质或任何新因素，除去物品在游戏者之间的转移和变化。

5.由某种规则和玩法所支配：这种规则代替了通常的法则，而具有独特的新的意义。

6.虚构的：游戏者清楚地知道他在经历着真实的情况，甚至是与日常生活截然不同的虚构的情况。

（五）鲁宾等的游戏行为的六倾向说

鲁宾等（Rubin et al，1983）认为游戏活动具有以下六种倾向：

1.内部动机：儿童游戏是因为他们想游戏，而不是饥饿等生理内驱力的作用，也不依从于来自外部的社会要求，或因为要得到游戏之外的奖赏。

2.对手段的注意：游戏行为是自我发动的而不受外部的诱惑或要求的驱使。幼儿被游戏本身所吸引，而不是把注意力放在游戏的结果上。

3.我能拿它做什么：游戏不同于探究。探究是“这个东西有什么用途”，由物体本身的特征来控制它的作用。而游戏是活动者自己控制的，游戏材料的选择是由游戏者自己来决定的，并结合物体与游戏材料的关系来决定“它来做什么”。

4.想象或虚构：游戏是想象的或假想的行为，游戏行为不同于工具性行为。游戏者在游戏中可以通过把物体假装当作其他东西从而发现它的潜在意义，同时，游戏者有清楚的“这不是真的”“这是跟你闹着玩呢”的意识。

5.规则来自游戏的需要：游戏是有规则的行为，但这种规则不是来自游戏之外，而是由于游戏的需要，由游戏者自己制定或自愿执行的。

6.游戏者积极参与：游戏者总是积极参与活动，与材料和人相互作用。游戏区别于闲逛和无所事事。

除此之外，鲁宾认为只有在特定的环境下才能导致游戏行为的发生。因此，游戏的背景应具有以下五个特征：

1.游戏者熟悉的环境（包括人和物）。一成套熟悉的玩具或其他能够引起儿童游戏兴趣的材料以及儿童熟悉的伙伴。

2.儿童能够自由选择。儿童与成人之间通过言语、姿势或惯例规则建立一种协议或默契；在有限制的范围内儿童可以自由地选择他们希望玩的东西。

3.成人的干预减少到最低限度。

4.舒适、安全、友好的心理气氛。

5.身心放松、机能状态良好。儿童没有任何来自内部或外部的压力（如饥饿、疲劳、疾病等）。

以上是国外学者对游戏特征的分析和概括，他们都采用了把游戏与非游戏活动相对比、分析的方法。但是游戏与非游戏的区分并不是依照游戏背景和游戏者是否愿意来区别的，更多的时候游戏者是愿意的但它却不是游戏，或者游戏活动在此时是游戏但在彼时却不是游戏。因此，对游戏与非游戏的区分并不能简单地罗列其特征，更重要的是要从游戏活动的整个过程来分析。游戏与非游戏之间应该看作是互相可以转化的连续体，在特定的时间和特定的地方，游戏可以转化为非游戏；同时，在特定的时间和特定的地点，非游戏可以转化为游戏。

二、我国学者对学前儿童游戏特征的认识

根据我国学者对游戏活动的研究和经验，结合游戏的本质特征，游戏应该是反映幼儿现实生活的活动，它应该是幼儿喜欢的、主动的、自愿参与的活动。因此，可以根据对游戏性质划分的不同维度对其特征进行分析。

(一)根据游戏与学习活动和劳动的区别来分析游戏的特征

所谓学习是指由练习或经验引起的行为的相对持久的变化，这种变化是主体与他周围的环境相互作用而产生的，排除由成熟或先天反应倾向所导致的变化。[1]学习是通过练习而获得，并与环境相互作用，其特征主要突出练习与环境对学习主体的重要作用。而劳动是创造物质财富的手段之一，它同样是与环境相互作用的，但是主体通过劳动不会有相对持久的变化。学习和劳动都是与环境相互作用的产物，它们的客体与游戏的客体有着本质的联系，即都是在环境中获得发展。但是，游戏是主体在环境中自主自愿，并伴随着愉悦的心情来获得经验，而非对其进行练习，因此，游戏与学习和劳动是有区别的。

1.游戏是幼儿自主自愿的活动

游戏的本质属性是主动性，它是由幼儿的内部动机产生的。学前儿童正处在身心迅速发展的时期，随着年龄的增长，儿童的骨骼和肌肉都日趋健壮，体力也逐渐强壮，手的小肌肉动作也开始发展，逐渐可以进行手的操作活动。思维和想象逐步发展，并能用语言和他人进行交往。他们独立活动能力增强，对活动产生兴趣。在他们身心健康发展的同时，他们有活动的需要，有与人交往的需要，有认识周围世界的需要，有操作物体反复练习的需要。这一切需要游戏可以满足。游戏从心理学的角度来分析，是一种比较松散的、自由的、轻松的活动，符合幼儿心理需要。而且游戏是由内部动机诱发的，是幼儿的直接需要而产生，没有外部强加的因素。因此，游戏可以使幼儿全身心地投入，并积极地参与其中。幼儿高级神经活动的过程，兴奋强于抑制，并且高级神经系统和身体其他系统还不健全，易于疲劳，因此游戏适合幼儿的身心发展特点。游戏是随意性强的活动，幼儿有支配游戏时间的权利，在他们感到疲劳或不想进行下去的时候，他们有权停止游戏的进行。从儿童的认识过程来看，幼儿的认知特点

〔1〕邵瑞珍:《教育心理学》，上海教育出版社2002年版，第28页。

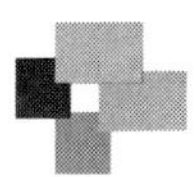

是具体形象性、不随意性和情绪性。而游戏是以具体形象为主的活动，游戏中有玩具和游戏材料，有具体的动作。游戏内容和形式丰富多彩、灵活易变，幼儿进行游戏时乐此不疲，他们喜欢这种自由自在的活动。

2.游戏是在假想的情景中反映周围生活

幼儿的游戏是对现实生活的反映，它来源于社会生活。因此，游戏的种类、内容与玩法会受到时代、社会、文化、地域、风俗习惯以及人与人之间的关系的影响。幼儿进行游戏行为时所反映的是对现实生活的模仿，但在模仿中又带有想象和创造。他们通过游戏将日常生活中的人和事再现出来，并通过他们的想象在游戏中创造新的形象。幼儿渴望进入成人的生活世界，虽然成人世界和儿童世界只有一屏之隔，但是在现实中却是遥不可及。游戏能够将幼儿带进假想的成人世界，幼儿在游戏中可以尽情重演成人世界的活动。他们不受成人的约束，不受时间和具体条件的限制。任何一种游戏材料都可以赋予其无限的想象，并根据游戏的需要和游戏材料的特征改变其原有的用途而运用到游戏中去。游戏材料经幼儿的想象可以有多种用法，他们在游戏中以真诚的情感投入其中，体验游戏中的成人生活。

3.游戏没有社会的实用价值，没有强制性的社会义务，不是直接创造财富

工作或劳动有明确的目的性，它要求按照客观实际，严格地遵守操作方式，生产有社会实用价值的财富。而游戏是一种娱乐活动，它没有强制性的社会义务，没有实用的社会价值，也不可能创造社会财富，它不在于外部的目的，而在于本身的过程，游戏行为是幼儿达到愉悦情绪的一种方式。要说游戏的目的，那就是让幼儿通过游戏学会关心他人、理解他人，并在游戏中锻炼意志力，发挥想象力和创造力。幼儿的兴趣在游戏的过程中，幼儿不会因为最终的目的而忽略游戏过程。

4.游戏伴随着愉悦的情绪

游戏是自由的活动，是非强迫性的。幼儿在游戏过程中是愉悦的、快乐的，他们在游戏中能够获得满足感和自豪感。幼儿参与游戏活动是积极的，他们在游戏中也是伴随着愉快的情绪。游戏活动是幼儿自己控制所处的环境，在游戏中尽量施展自己的能力，实现自己的愿望，释放自己的情绪，他们在游戏中能够体验到成功的喜悦。游戏中没有需要达到的目标，幼儿没有任何压力，因而能减轻为达到目标而产生的紧张，耗费精力小，幼儿在游戏中感到轻松、愉快。因此，整个游戏过程对幼儿来讲是愉悦的过程。

通过上述对游戏与学习、劳动的区别来分析游戏的特征，我们可以对游戏与非游戏的辩证关系有如下概述：

1.愉快中有严肃

游戏是幼儿在愉悦的情绪下进行的活动。在游戏中幼儿感受积极的情感，满足着内心的种种体验，在游戏中寻找轻松和快乐。按照一般逻辑来推理，游戏性是对立于严肃性的，工作的性质是严肃的。但是在游戏中有着严肃性的一面。有些规则游戏是以严肃的方式进行的，如棋牌类游戏和球类游戏。幼儿在进行此种游戏时，表情严肃，神情紧张，在进行游戏时带着一种专注、一种痴迷的状态。在角色游戏中，幼儿扮演的角色其认真程度就像现实中的人和事。由此可见，游戏是一种轻松愉悦的活动，但不排斥游戏中有类似工作的严肃表现。

2.重过程又重结果

游戏本身是不受外部强制的目的所控制的，幼儿在进行游戏时感兴趣的是游戏的过程。当问幼儿“你为什么玩这个?”时，他们的回答都是“好玩呗”“有意思”等，从幼儿的回答中可以分析，幼儿是在体验游戏的过程，体验游戏中的快乐。游戏的过程是幼儿情绪情感的体验过程，就游戏本身来说，这种愉悦的情绪情感的体验就是游戏本身所追求的结果。幼儿进行游戏活动就是为了“好玩”“有趣”“高兴”，他们在过程中追求快乐的情绪体验，这就是一种既重结果又重过程的表现。

3.自由中有规则

游戏是一种自由的活动。它不完全受控于活动的目的，幼儿在游戏中可以控制游戏的进展，选择游戏主题，参与游戏规则的制定。游戏在自由中又有规则约束，这种规则是幼儿自己协商制定、自愿遵守的规则。如结构游戏、棋类游戏、球类游戏等，幼儿按照规则的要求进行游戏，控制着违背规则的行为。游戏规则的制定是满足幼儿自身的需要，不具有外来的强迫性，是游戏者在理解的基础上自觉自愿地接受的。因此，对游戏本身来说，它是一种自由的但却蕴涵着规则的活动，这种自由体现为幼儿自由自主地活动，对规则自觉自愿地遵守。

专栏1

儿童游戏规则分析

规则是游戏的核心和灵魂。游戏过程就是游戏规则的运用过程。游戏规则划定了一条边界，在此，游戏与非游戏、一种游戏与另一种游戏相区分。另一方面，在儿童游戏的过程中，规则始终是流变的，并没有一个一成不变的规则。儿童总会在规则的执行中对规则加以适宜的变形与改造，因此，在游戏过程中，游戏的边界、游戏的规则处

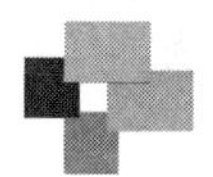

于不断的生成之中。

（一）规则的制定：谁为游戏立法

从游戏的历史来看，最早的游戏起源于对物质生活的模仿，是一种成人世界的生活投射。对儿童世界的游戏规则进行追溯的话，根源恐怕在成人世界。一方面因为儿童所生活的世界就是一个成人文化占统治地位的世界，儿童游戏世界的规则其实只不过是成人的一种先在规定；另一方面儿童在其游戏世界中担当和模仿的多是成人世界中的角色，游戏必然会按照成人社会的规则来进行。由此可见，在游戏活动里，儿童不是在模仿和再现自己的生活，而是在模仿成人的生活，这就带来另外一个值得追问的话题：儿童为什么不对自己的当下生活感兴趣，而欣然于成人的生活呢？笔者认为，这是因为儿童在其当下的生活中受到成人世界太多的压抑与束缚，为了摆脱这种束缚，逃逸这种现实，儿童才那么欣然地进入游戏世界，扮演起成人角色，模仿成人的现实生活。

当然，尽管游戏规则从其本源来讲多为成人预先设定，但儿童是规则的执行者，也就具有使规则变形的力量。

在执行成人规则的过程中，儿童总会替自己立言，生成一些新规则。游戏的魅力正在于这些规则，儿童参加游戏的部分乐趣也就在于遵守这些规则。

（二）规则的执行：通过被主宰获得主宰感

规则具有强制性与限定性，它必然会束缚人的行动自由，正所谓谁不遵守规则，谁就是游戏的破坏者。规则既有如此的强制性，为什么游戏的特点又往往被人们理解为自由、自愿呢？游戏者又为什么那么心甘情愿地为规则所限制呢？理由也许只有一个，那就是游戏者通过被主宰而获得主宰感。诚如儿童的游戏，虽然其中充满了成人制定的规则，但儿童对游戏规则的认可仍然是一种主动的认可，而非一种被动的认可，儿童自觉将成人为其制定的规则内化成自己的，甚至是必需的规则。

（三）规则的演化：寻求合法化

儿童的游戏是在特定的游戏时空中，与特定的游戏伙伴一起进行的。不同的游戏时间、不同的游戏空间、不同的游戏同伴都可能导致对游戏规则的突破和游戏边界的创生。一种游戏多种玩法充分体现了游戏者的主观能动性，体现了游戏者创生游戏规则的能力。

然而规则的突破是一回事,规则的合法化过程却是另外一回事,儿童可以通过自身游戏的不断传播来扩大影响,但在幼儿园的幼儿却不得不依赖教师来将其突破的规则重新合法化,否则就会被斥为破坏规则而被逐出游戏。

【资料来源】王海英:《解读儿童游戏——基于社会学的分析视角》,学前教育研究2005年第9期。

4.假想中的现实

游戏是假想的活动,但它又是现实生活的反映。游戏活动从属于现实,游戏中的情节都是幼儿对现实生活的反映。幼儿在生活中积累的经验再现到游戏中去,通过游戏来反映他们对成人世界的渴望。幼儿积累的经验越多,对游戏情节的设计越复杂、逼真。游戏对现实的反映是被概括了的现实,他们所扮演的角色不是具体的某人某事,而是对整个这一角色和事件的特征进行概括,从而反映到游戏中。幼儿在游戏中对这些现实生活的概括是根据他们的经验和兴趣,通过想象将现实改造成符合他们意愿的假想情节。因此,游戏中的假想情节与现实生活中的情节被幼儿有机地结合在一起,使得他们对游戏产生了浓厚的兴趣,并乐此不疲地玩着。

5.练习中有探索

游戏是一种活动,是对已有知识技能的运用和对新的知识技能的练习。幼儿在运用游戏材料时,有对其不熟悉的,也有对其熟悉的。对一个不熟悉的物品所进行的操作就是在掌握它的性能和用法,这对幼儿来说是一种探索和尝试。游戏的过程不仅是对已有知识的掌握和练习,同时也是对新事物的探索。幼儿进行游戏的水平也会在探索中提高。在游戏的过程中,幼儿从未知到已知,再从已知到未知,如此反复,在经验中不断创新和发展,正如维果茨基所说,"游戏可以创造最近发展区"。幼儿通过游戏中的探索和练习,使其游戏的水平和能力得到提高。因此,游戏是一种既有练习又有探索的活动。

(二)从游戏可以观察的外显行为来分析游戏的特征

在游戏中,幼儿通过许多外显因素来表达他们的情绪情感,通过游戏者在游戏中的表情、动作、角色、言语、材料(玩具)等外显行为来分析游戏的外部特征。

1.表情

通常我们用表情作为一项外在指标来判断一种活动是否是游戏。皮亚杰曾用微笑来作为游戏发生的标志,用以区分探究和游戏。当婴儿偶尔碰到绳子

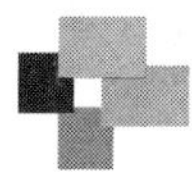

而带动了摇篮上的摇铃,他最初的表情是严肃的,这可以认为是他的一种探究行为。经过反复尝试几次,他理解这种情景之后,就开始用摇铃作为他娱乐的工具,表情也由严肃变为愉悦,这时游戏便开始了。在幼儿园中幼儿追逐嬉闹时,脸上常常露出一种笑意,我们称其为“玩相”。这种“玩相”使得幼儿传递给同伴的信息是:“这不是真的,我在跟你闹着玩呢。”“我们这是在玩呀,是假装的。”幼儿在进行游戏时不一定总是在笑,有时候会伴有严肃的表情,比如在游戏中要扮演一名哨兵的角色,幼儿的表情是严肃而又认真,坚守在自己的岗位上。因此,幼儿游戏的表情不止一种,而是由多种表情构成一个正向的情绪连续体。无论是专注认真的表情还是微笑嬉闹的表情,都表明幼儿在游戏中处于一种积极主动的活动状态,而不是消极被动的状态。这一点是我们区别于“无所事事”“闲逛无聊”等消极被动状态的关键。

2.动作

游戏中,幼儿对游戏材料的使用往往不同于日常生活中对物体的使用,他们对其不采用常规的使用方法,而是由自己的意图和想法来使用。而且幼儿在游戏中重复某一种动作,例如开汽车,幼儿一直重复开车的动作,由此我们可以判断他们在玩。除此之外,游戏动作具有个人随意性,不同的人用不同的方式对待同一个事物;同一个人第一次用这种玩法,第二次就会用另外一种玩法。可见,游戏中的动作有非常规性、重复性和随意性。游戏动作的非常规性和随意性使得游戏动作丰富多样、灵活多变。

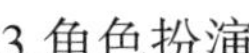

3.角色扮演

角色扮演是儿童以自身或他物为媒介对他人或他物的动作、行为、态度的模仿,是一种象征性的动作。我们判断幼儿是否游戏时是通过他们在模仿别人的行为或动作,并在游戏中逼真地表现出来。角色扮演是我们判定幼儿是否游戏的重要外显动作。因此,角色扮演是一种特殊的游戏动作。

4.言语

幼儿在游戏时不但伴随有动作,而且有言语。幼儿在游戏中的言语是我们判断他们是否在游戏的外显行为之一。幼儿在游戏中的言语通常有:“我们来玩过家家吧!”“这个不是这样玩的。”“这是我的汽车。”“准备好了吗?笑一笑,好了,你明天来取相片。”这些言语是幼儿在游戏中常用的,其功能是提议、解释、协商、表达、申辩、维系与支持情节的发展等。还有在游戏中的独白言语。注意倾听幼儿的言语,可以帮助我们判断幼儿是否在游戏以及其游戏的水平和状况。

5.材料

幼儿在进行游戏时往往依赖于具体的游戏材料或玩具。研究表明,幼儿的年龄越小对游戏材料的逼真性程度要求越高。游戏材料是幼儿进行游戏的工具,有无游戏材料也是人们判定幼儿是否游戏的又一指标。幼儿在游戏中赋予游戏材料一定的意义,将游戏材料"假装"当作游戏情节中的某一物体使用。因此,幼儿对游戏材料的非常规意义的使用是游戏的又一特征。

(三)从幼儿进行游戏的动机和体验来分析游戏的特征

游戏构成的内部要素是游戏行为发生的内在依据,它包括游戏者的动机和体验。游戏者的动机和体验是表明他们是否游戏的又一表现。

1.游戏的动机

动机是推动人们去活动的心理动力,对幼儿"为什么去游戏"的解释来看,多数理论认为是幼儿自身的一种内在动力驱使他们去进行游戏活动。因此,动机是驱使幼儿进行游戏的内部动力,也是解释游戏内部特征的依据。

(1)内部动机

幼儿的游戏行为是在内部动机的驱使下进行的,是幼儿身心发展的客观要求。幼儿进行游戏活动是自愿的,是"我要玩"而不是"要我玩",是幼儿驾驭游戏,而不是游戏驾驭幼儿。从幼儿的内部动机来看,游戏应当是幼儿主动、自发自愿的活动,而非外力的强加和催促。

(2)直接动机

根据动机与目的的关系,活动动机可以分为直接动机和间接动机。游戏的动机是直接动机,也就是说,对幼儿来讲玩就是目的,游戏过程本身就是目的,在这一过程中幼儿得到某种满足感。因此,游戏不是"无目的"的活动,而是"目的在自身"的活动。他们追求的是一种游戏中的愉悦和满足。

(3)内部控制

游戏活动是受内部动机和直接动机的支配,没有来自外部的要求和压力,因此幼儿可以控制游戏的过程和方式,是幼儿独立自主进行的自由活动。在游戏中幼儿自己决定玩什么、怎么玩、和谁玩、游戏材料怎么使用等,而不是按照外部的要求和规则来玩。游戏本身的规则是经过幼儿自己协商制定的,具有自觉的自我约束行为。

游戏的动机决定着游戏活动的外部行为特征。正是游戏的内部动机、直接动机和内部控制使得儿童积极主动地投入到游戏中去,在游戏中体验快乐。

2.游戏性的体验

幼儿作为游戏的主体,在游戏的过程中必然产生对游戏活动的主观感受和

内心体验，它影响着幼儿对游戏的态度（如积极还是不积极）和评价（喜欢还是不喜欢），这种在游戏中产生的主观感受和内心体验就是游戏性体验。游戏性体验是幼儿在游戏中必不可少的组成部分。游戏的外部行为特征和动机特征都是外在于游戏者行为的一种表现，是可观察、判断和解释的一种行为。而游戏性体验是游戏者内在的一种活动，是游戏者自身的体验。正是因为游戏者有了愉快、自由、自主的内心体验，他们才会喜欢游戏，才会乐此不疲地反复进行游戏活动。游戏活动的特征体现关键是看幼儿能否把这种游戏活动看作是游戏性体验。游戏性体验的情绪特征是正向的，幼儿表现出的是喜悦、愉快，它对幼儿身心发展起着积极的强化作用。正是因为有了这种正向的游戏性体验，幼儿的身心需要在游戏中得以满足，游戏也就体现出它的内在价值。

第二节　学前儿童游戏的分类

学前儿童的游戏是丰富多彩的，对儿童游戏进行分类是相当复杂的问题。如果说对游戏进行定义是试图揭示游戏的内涵，即游戏的本质与属性，那么游戏的分类，从某种意义上讲，就是对游戏的外延做出限定。由于研究者各自不同的研究目的，以及研究时所依据的理论基础不同，他们对游戏进行分类时侧重于某一角度，因而出现了各种各样的游戏类型。

长期以来，由于受到苏联关于游戏类型的学说影响，我国许多幼儿教育工作者眼里只有角色游戏、结构游戏、表演游戏等为数有限的几种典型游戏，一说起开展游戏，就是娃娃家、积塑等。丰富多彩的幼儿游戏被简单化、模式化，这种观念定式不利于游戏真正成为幼儿园的基本活动。游戏的重要价值在于它是幼儿学习的信息系统，幼儿正是通过各种游戏活动来学习的，并在游戏中获得发展。把游戏简单化、模式化的做法，实质上是用几种典型的游戏类型排斥幼儿其他大量游戏与学习的机会。为了使游戏真正成为幼儿园的基本活动，当务之急就是打破传统的把幼儿游戏模式化的倾向，扩展"游戏"概念，认识幼儿游戏的丰富性和多样性，为幼儿提供多种学习途径。

一、以儿童认知发展为依据的游戏分类

认知发展是儿童发展的重要内容。从儿童认知发展的角度，以儿童认知的不同发展阶段及其各阶段认知特征在游戏中的不同表现，对游戏类型进行划分就是游戏的认知分类。

皮亚杰是按照儿童认知发展对游戏进行分类的首创者。皮亚杰认为，游戏

的发展和认知的发展是相对应的，在认知发展的不同阶段，游戏的发展也有不同的水平。与其发生认识论原理中的感知运动期、前运算期和具体运算期的智力水平相对应，他把游戏的发展划分为几种相互之间呈等级关系的游戏类型，即感觉运动游戏、象征性游戏、结构游戏和规则游戏。

1.感觉运动游戏(sensori-motor play)

感觉运动游戏，亦称练习性游戏或机能性游戏(practical play, functional play)，是最早出现的游戏形式。感觉运动游戏发生在感知运动发展阶段，它是由简单的、重复的动作所组成，其动因是感觉和运动器官在活动过程中获得的快感。游戏也大都表现为个体为了某种愉快体验而单纯重复某种动作或运动。如听到风铃的“叮当”声发出快活的笑声，或是反复地摇晃口令棒，或绕着房间四周跑，在椅子上爬上爬下。婴儿乐此不疲地游戏着，通过这一类游戏，练习动作技能，获得对于环境的控制，了解自己的动作与物体间的因果关系。

追踪观察研究表明，感觉运动游戏随着儿童年龄的增长而呈现出下降的趋势。在14～30个月时，这类游戏在婴儿的全部活动中占53%，到6～7岁时，就只占14%了。

2.象征性游戏(imaginative play)

象征性游戏是学前儿童的典型游戏。这是一种儿童以模仿和想象扮演角色，完成以物代物、以人代人为表现形式的象征过程，反映周围现实生活的一种游戏形式，如玩“娃娃家”“医院”“餐厅”“商店”等。

象征性游戏在幼儿阶段最为常见，其突出特点是“好像”“假装”。比如，假装自己是一个医生，手中拿着的瓶盖就成了“听诊器”；假装自己是个妈妈，怀里抱着的洋娃娃就成了她可爱的“宝宝”。幼儿在象征性游戏中可以摆脱当前对实物的知觉，以表象代替实物做思维的支柱，进行想象，并会用语言符号进行思维。象征性游戏也使幼儿能够在虚拟的情景中满足现实生活中不能实现的愿望与要求。象征性游戏在学前期占据的时间最长，2岁左右开始，4岁达到高峰期。

3. 结构游戏(constructive play)

结构游戏是儿童利用各种不同的结构材料，如积木、积塑、泥、沙、雪等来构建物体的游戏。例如，搭积木、插积塑、用泥捏小动

物、用纸折花、堆雪人、用沙筑碉堡等。结构性游戏大致发生在2岁。

4.规则游戏(games with rules)

规则游戏是两个以上的游戏者在一起,按照预先规定的规则进行的游戏,具有竞赛的性质,如下棋、打牌、拔河等。规则游戏是以规则为中心,摆脱了具体的情节,用规则来组织游戏。儿童在规则游戏中对规则的遵守,为儿童以后的生活打下了遵守社会准则和道德规范的基础。

二、以儿童社会性发展为依据的游戏分类

社会性发展是儿童心理发展的一个重要方面。以社会性发展为线索对游戏进行分类主要以柏顿为代表。柏顿(Parton,1932)通过观察托幼机构中幼儿的游戏,根据在游戏中幼儿社会行为的不同表现以及参与游戏的儿童之间的相互关系,将游戏分为以下六种:

1.无所用心的行为或偶然的行为

2.旁观的行为(onlooking)

儿童在近处观察同伴的活动,听他们谈话或向游戏的参加者提出问题和建议,甚至明确地观察某几组儿童的活动,耳闻目睹所发生的一切,但没有主动地加入游戏。

3.独自游戏(solitary play)

独自一人进行的游戏。幼儿只顾自己一个人玩弄玩具,即使有其他同龄人在场,也如处无人之境,每个人按自己的意愿各自玩弄着各不相同的玩具,从事着各不相同的活动内容。这是一种没有玩伴意识的个人的游戏行为。以这种形式游戏的主要是尚无自我意识,且不能理解他人的乳婴儿。

4.平行游戏(parallel play)

幼儿玩着与身边其他孩子相同或相近的玩具,相互模仿,但不与其他孩子交流,各玩各的。例如,三四个孩子都在玩插塑玩具,他们之间相互靠近,能意识到别人的存在,用眼光接触,除了自己摆弄材料以外,还会看别人的操作甚至模仿别人的活动或动作,但彼此之间没有互动。

这类游戏有人形象地称为“集体中的单干”。这是2～3岁儿童游戏的社会性参与状况的典型表现。

5.联合游戏(associative play)

幼儿与同伴共同游戏,谈论共同的活动,但没有围绕具体目标进行组织,也没有建立起集体活动的共同目标。这类游戏从表面上看,幼儿同处于一个集体中,且时常发生许多借还玩具的行为,可以有语言沟通,如对他人的活动表示赞赏或否定,甚至发生抢夺或攻击行为,但每个幼儿仍然是以自己的兴趣和愿望为中心的。没有共同的意愿和明确的组织分工，他们只是愿意待在一起玩，其行为的社会性仅仅是同伴交往关系，而不是游戏中的合作关系。

6.合作游戏（cooperative play）

幼儿在一起围绕着共同的游戏主题，通过协商与计划，采用分工合作的形式完成的游戏活动。在合作游戏中，游戏者对于要用什么材料及已有材料的使用、活动目标和活动结果有共同的计划和组织，有较明显的组织者或领导者，有组织意识和共同遵守的规则。例如，男孩们最爱玩的打仗游戏，就有司令官、有小兵、哨兵，还有敌军，这类游戏离开了游戏者的相互配合则玩不成。这类游戏一般要到3岁以后才会产生，五六岁得到发展，这是幼儿社会性日益成熟的表现。

在以上六种游戏行为中，实质上真正属于游戏行为的只有后四种，所以后来的许多研究者采用这种分类方法时，将游戏只划分为独自游戏、平行游戏、联合游戏、合作游戏四种。其中前二者因没有或较少表现出行为的社会性，合称为非社会性游戏，而后两者则合称为社会性游戏。这种游戏分类可较明显地看到不同游戏类型中儿童社会性发展和表现的差异，因而常被用作评价儿童社会性发展的一个指标。

三、以儿童参与游戏的时间长短为依据的分类

这是日本学者小口忠彦提出的。这种分类是以儿童参与同一种游戏，或持续同一种游戏的时间长短为参照的。其发展趋势是随着年龄的增长，同一种游戏持续的时间延长。这是儿童心理活动的有意性和稳定性逐渐加强的缘故。

1.未分化游戏

这是一种最初级的游戏，游戏每隔二三分钟就出现一种不同的游戏动作，每个动作是无规则的。比如，敲打玩具、由成人扶着在椅子上跳跃。这是1岁以内儿童具有代表性的游戏类型，2岁以后日益少见。

2.累积性游戏

这是一种片断游戏活动的接续，比如一会儿摆弄玩具或物品，一会儿看看电视，一会儿涂鸦，每种活动10分钟左右，两个片断活动之间没有关系，1小时之间可以出现4～9种不同的游戏活动。这种活动形式在二三岁儿童身上较为常见。

3.连续性游戏

在同一种游戏形式下的各种不同的活动也即同一种游戏形式可以延续一段时间，但中途可变换几种活动方式，中断原来的活动随之又回到原来的活动。其原因是幼儿注意力不稳定，容易受其他事物干扰。如玩“过家家”孩子正

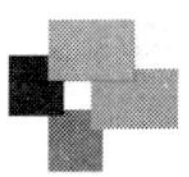

在做饭，在玩的过程中，被炊具吸引而开始摆弄起炊具，敲敲打打、拼拼装装一番后，又接着玩起了做饭。

4.分节性游戏

这是一种相对延长了每个具体游戏活动时间的形式，在一块完整的游戏时间里，幼儿总是对自己正在进行的游戏尽兴后才转移活动。比如搭积木已经尽兴了，又奔向水池，玩起了水的游戏。当他玩腻后，又会去玩另一种新的游戏。

5.统一性游戏

这是分节性游戏的延长，在一个较长时间里始终坚持同一种游戏活动，其间没有间断。比如幼儿用一下午的时间完成了一个复杂物体的搭建，或用很长时间玩一个情节复杂的"娃娃家"游戏，甚至第二天会延续前一天游戏情节的发展。这种形式是五六岁以后儿童的典型方式。

四、以游戏的活动形式为依据的分类

1.运动性游戏

这是一种以大肌肉的肢体运动为活动方式的游戏，由走、跑、跳、攀、爬、投等基本动作构成的身体运动，以动作的协调力、对肌肉的控制力、肢体的平衡力以及力度和耐力所带来的运动器官的快感为满足。这是最早出现的游戏，也是持续最久的游戏，不仅贯穿于整个幼儿期，还延续到整个童年期、青年期。

2.智力性游戏

这是一种运用脑力进行的游戏活动。在进行这类游戏时，必须开动脑筋进行积极的思维活动，以智慧赢得一种心理上的满足。智力性游戏是比较复杂的游戏，需要一定的思维发展水平为基础，因此出现得较晚。在幼儿阶段，这种游戏往往借助于感觉运动的表达，伴随着操作，依赖着实物和形象。

3.装扮性游戏

这是一种通过扮演角色，以假想现实生活中或文学作品中的各种人物形象的动作、语言、表情和事件，来满足其模仿需要，获得想成为大人的心理满足的游戏活动。装扮性游戏从2岁开始萌芽，4～5岁达到高峰，6岁以后逐渐下降。因此，它是学前儿童特有的一种游戏形式。

4.操作性游戏

这是以小肌肉双手动作为活动方式的游戏，这种活动主要体现在手指的灵活操作上，儿童通过操作使各种不同的材料在自己的手中变幻无穷，从而满足其想象和创造的需要，并在创造中获得一种喜悦。比如，用手翻线绳、翻卡片、拼图等。这种游戏从简单的操作到能够产生不同水平的"产品"，从无意识的摆弄到有目的的探索，能使儿童获得极大的认知收益和审美情趣。

5.接受性游戏

这是一种作用于传播媒体的游戏形式，主要通过看电视、听收音机、阅读画册以及操纵电子游戏机等，从而使儿童感到趣味的一种活动。

接受性游戏从1岁后就开始了，儿童开始注意各种媒体信息，但仅仅是对媒体的形式表示好奇，并没有作用于媒体的能力。2岁后，儿童开始对广播、电视的特定节目感兴趣，随之喜欢听故事。阅读画册的兴趣出现稍晚，四五岁开始直至整个童年期。

五、以游戏的活动内容为依据的分类

这种分类形式与活动形式分类是一种对应交叉关系。从对应来说，是形式对应于内容；从交叉来说，其对应不能完全包容。

1.动作技能性游戏

动作技能性游戏包括两个方面：一是指表现粗大动作为内容的游戏，诸如滑滑梯、荡秋千、投掷、追逐奔跑等，这类游戏一般在户外较大空间进行。另一是指表现精细动作为内容的游戏，如穿珠、挑游戏棒、弹豆子、穿绳、拍纸牌、剪贴等，通常是在室内的桌面上进行的游戏。

2.认知性游戏

认知性游戏是指幼儿在活动过程中以获得知识、发展智力为主的游戏，有猜谜类、科学小实验、拼图、讲故事、念童谣等，让幼儿在愉快的玩弄过程中，掌握知识，提高认知能力。

3.社会戏剧性游戏

社会戏剧性游戏特指幼儿在活动中模仿成人生活的游戏。他们装扮成老师、医生、司机、营业员、爸爸和妈妈等角色，把他们在社会生活中所看见的、所经历的、所体验的事件，概括性地反映出来，如同演戏一样。这种游戏更多地体现的是一种社会关系和人际交往。

4.结构性游戏

结构性游戏是通过双手操作进行的造型活动，通过想象和操作能将一些无意义的材料变成有意义的结果。比较多见的是搭积木、插积塑、折纸、捏橡皮泥、小制作等，这是儿童的一种创造性表现。

六、游戏的教育功能分类

在苏联的学前教育理论中，强调游戏是在成人的教育与要求下产生发展的，重视游戏的教育作用，因此，也是按照游戏的教育作用或目的对游戏进行分类的。长期以来，由于受苏联学前教育理论的影响，我国幼儿园也常用这种方法对游戏进行分类。具体分为以下两大类：

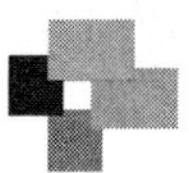

(一)创造性游戏

创造性游戏是指较多地体现了儿童主动的、创造的主体特征,突出游戏是儿童自主自愿的、创造的游戏活动。包括角色游戏、结构游戏、表演游戏等。

1.角色游戏:以模仿和想象,通过扮演角色创造性地反映周围现实生活的游戏。

2.结构游戏:利用积木、积塑、沙、泥等结构材料进行建造的游戏。

3.表演游戏:按照童话、故事中的角色、情节和语言进行创造性表演的游戏。

(二)规则游戏

规则游戏是指以教师创编为主、具有明确规则的游戏。在游戏中幼儿的行为受到限制,即幼儿在游戏中必须服从规则所要求的步骤、玩法进行活动,游戏的结果是幼儿在游戏中要努力达到的目的。这类游戏包括智力游戏、体育游戏、音乐游戏等。

1.体育游戏:以促进幼儿身体正常发育和机能协调发展为主要目的的游戏。

2.音乐游戏:是在音乐伴奏或歌曲伴唱下进行的游戏。

3.智力游戏:以生动有趣的形式,使幼儿在自愿与愉快的情绪中,增进知识、发展智力的游戏。

这种分类便于幼儿园教师了解游戏的教育作用与目的,便于教师有意识地选用各种游戏组织教育教学活动,完成教学任务。但是,这种分类过多强调游戏的功用,有较强的功利性,在实践中容易使教师片面理解游戏这一教育手段的作用,人为地加强了对幼儿游戏活动的支配,反而导致幼儿的主动性、积极性丧失,阻碍了幼儿在游戏中创造性的发挥。

将游戏划分为创造性游戏和规则游戏也不是一个界线确定的分类,因为创造和规则并不是相互排斥的。创造性是游戏的普遍特征,没有创造的游戏是没有生机的游戏,也就不能称之为真正意义上的游戏。但创造并不等于随意的、不假思索的行为,任何创造总是依据一定的内在和外在的规则。同样,规则也是游戏的一个普遍特征,只是在创造性游戏中,规则是内在而隐蔽的,规则游戏中的规则是明确而公开的。

专栏2

游戏是幼儿创造性的源泉

在儿童的游戏中，自我与外部世界、现实与梦想、有生命的与无生命的、过去和现在以及未来可以水乳交融浑然一体。对游戏中的儿童而言，梦想世界的真实并不亚于现实世界的真实。他们在游戏时满怀热情创造种种幻想的属于自己的世界。儿童在游戏中从受束缚的现实生活中，从成人强加给他们的限制中逃避出来，于是各种生活领域中的界限被消除了，或者说，这种界限在儿童那里本来就不存在。当儿童以竹代马、以椅为车时，竹虽不足以代表马，椅虽不足以代表车，可是儿童觉得无关紧要。当游戏中的事物仅仅成为暗示的工具或行动的线索时，它们就远远超过了原来的事物本身，这当然是儿童丰富的想象力导致的。

英国心理学家D. W. 威尼科特认为，游戏为内在主观世界与外部客观现实之间的联系架起了桥梁，游戏为梦想和日常现实之间的联系架起了桥梁。对人类来说，在主观想象和更为客观的理性两者之间巧妙的平衡中，保留内在现实与外部现实之间的可靠联系具有根本的重要意义。人类只有保持主客观两个方向的畅通，才能成为富有创造性的完整的人。如果内在世界和外部世界的连接被削弱，想象的翅膀便无法张开，这将使人屈从于他的周围环境，或者屈从于自身生理要求，以一种退缩的态度面对自我和世界。想象使主体向内外自由驰骋，从而尽可能实现改变自身和周围世界的潜能。而游戏是创造性的源泉，因此它应当得到保护和加强。

然而，儿童长大成人后便不愿再玩那些孩子气的游戏了。他们创造出一种虚幻的世界来代替原先的游戏，弗洛伊德将它称之为“白日梦”，并认为“白日梦是游戏的继续”。成人耻于做白日梦，总是把它隐藏起来不让别人知道。然而荣格却不以为耻，反而以白日梦作为向内心追溯、探索精神奥秘的方法之一。它甚至克服了成人理性对儿童游戏的抵制。成年后的荣格想起自己童年时用石块和泥浆建造城堡的游戏，他体验到与这些物体相关的创造性活动曾使他感受过的那种感情上的魅力。

【资料来源】刘晓东著：《解放儿童》，新华出版社2002年版，第120页。

小结

如果说对游戏进行定义是试图揭示游戏的内涵，即游戏的本质与属性，那么游戏的分类，就是对游戏的外延做出限定。国外学者从游戏的动机、手段、目的等行为构成要素来概括游戏的特征。纽曼提出了游戏的“四内说”，即游戏是具有内部控制、内部真实、内部动机等特征。克拉思诺和佩培拉则提出了“游戏四因素说”，即游戏具有灵活性、肯定的情感、虚构性、内部动机。克罗伊斯认为游戏行为具有自由、松散、易变、非生产性、规则支配、虚构的等特征。我国学者结合游戏的本质特征，根据游戏与学习和劳动的不同、游戏与非游戏的辩证关系、游戏可观察的外显行为和进行游戏的内部动机和体验来分析游戏的特征，认为游戏是幼儿自主自愿的活动，游戏是在假想的情景中反映周围生活，游戏没有社会的实用价值，没有强制性的社会义务，不是直接创造财富，游戏伴随着愉悦的情绪。

对儿童游戏进行分类是相当复杂的问题。从不同的角度对游戏进行分类，是从不同的角度理解儿童的游戏，也显示了幼儿游戏的丰富多样性。皮亚杰是按照儿童认知发展对游戏进行分类的首创者。他把游戏的发展划分为三种相互之间呈等级关系的游戏类型，即感觉运动游戏、象征性游戏和规则游戏。柏顿根据在游戏中幼儿社会行为的不同表现以及参与游戏的儿童之间的相互关系，将游戏分为无所用心的行为、旁观的行为、独自游戏、平行游戏、联合游戏、合作游戏。日本学者小口忠彦以儿童参与游戏的时间长短为参照，将游戏划分为未分化游戏、累积性游戏、连续性游戏、分节性游戏、统一性游戏。依据游戏的活动形式，还可将游戏分为运动性游戏、智力性游戏、装扮性游戏、操作性游戏、接受性游戏。依据游戏的活动内容，可将游戏分为动作技能性游戏、认知性游戏、社会戏剧性游戏、结构游戏。按照游戏的教育作用或目的，游戏分为两大类，即创造性游戏和规则游戏。创造性游戏是指较多地体现了儿童主动的、创造的主体特征，突出游戏是儿童自主自愿的、创造的游戏活动，包括角色游戏、结构游戏、表演游戏等。规则游戏是指以教帅创编为主、具有明确规则的游戏，包括智力游戏、体育游戏、音乐游戏等。

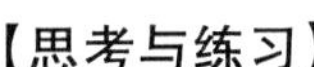

【思考与练习】

1.名词解释：主体性、动机、游戏性体验。

2.试述游戏本质观的演变过程。

3.试述建立游戏主体性本质观的理论意义和实践意义。

4.简述游戏特征的"三内说"。

5.简述鲁宾对游戏特征的分析。

6.简述国内学者对从游戏与非游戏的辩证关系上对游戏特征的分析。

7.游戏既重过程又重结果，请你结合教育实践谈谈你的看法。

【拓展阅读】

1.丁海东.学前游戏论[M].大连：辽宁师范大学出版社，2003.

力求全面反映学前游戏的理论与教育实践研究的概貌是本书最大的一个特点，也是作者的一个追求。本书分为三个部分：第一部分介绍了游戏理论以及研究发展的状况，其中重点论述了国内外游戏理论流派以及这些理论对我国幼儿教育实践的启迪；第二部分介绍了学前游戏的基本原理，主要阐述了游戏的本质、特点以及结构，论述了游戏的类型、游戏的发展、游戏对于幼儿的价值以及影响游戏发生发展的诸多因素等基本的游戏理论问题；第三部分是关于学前游戏的教育实施，结合诸多实例阐明了学前儿童游戏实施的基本任务、游戏的分类指导以及亲子游戏的开展等。

2.郑名，张东红，彭海蕾.学前游戏论[M].兰州：甘肃人民出版社，2006.

该书分理论篇与实践篇。前者着重阐释学前儿童游戏的基本原理，澄清什么是游戏，游戏与学前儿童发展的关系、与学前教育的关系等问题。后者涉及幼儿园游戏的实施与指导，从实践出发，论述了幼儿园游戏环境的创设、幼儿园游戏活动的设计、幼儿园游戏活动的组织与指导以及幼儿园游戏评估等，并对玩具与游戏材料的类型、选择与应用进行了分析。该书试图在厘清游戏基本理论的基础上，指向幼儿园游戏教育实践。

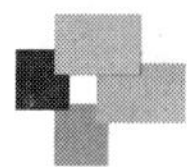

第四章　游戏与学前儿童发展

【本章导航】

本章从儿童游戏的个体发生与发展出发，探讨了儿童游戏从无到有、从简单到复杂的发展变化历程及游戏在学前儿童身心发展中的作用，重点突出了儿童游戏的发展及游戏的价值。在儿童游戏的个体发生方面，着重介绍和分析了儿童游戏的个体发生时间、儿童怎样获得游戏能力及儿童游戏的内部动因的相关理论。在儿童游戏的个体发展方面，比较详细地展示出以认知、社会性、情感为主线的儿童游戏发展的不同水平和演进过程。在游戏对学前儿童发展的作用层面，全面、深入地阐述了游戏促进了学前儿童的身体、智力、社会性和情感等各个方面的发展。本章旨在帮助学生掌握儿童游戏的个体发生发展规律以及明确学前儿童游戏的价值。

【学习目标】

1.了解认知发展学派和社会文化历史学派对儿童游戏发生时间和儿童游戏能力获得的基本观点。

2.简要说明精神分析学派、社会文化历史学派、认知发展理论对儿童游戏动因的基本看法。

3.知道驱使儿童游戏的需要类型。

4.列举儿童游戏的动机类型。

5.掌握以认知和社会性为主线的学前儿童游戏的发展规律。

6.了解儿童角色扮演的发展历程。

7.了解学前儿童游戏内容、游戏形式发展的一般趋势。

8.理解游戏在学前儿童身体、智力、社会性、情感发展中的作用。

游戏是学前儿童生活中最富魅力的活动。游戏满足了学前儿童身心发展的需要，也促进了学前儿童身心的发展。那么，游戏在儿童个体成长中何时发生？儿童游戏的能力是如何获得的？儿童游戏发生的动因是什么？这些涉及游戏发生、发展的问题是游戏个体发生学研究中的重要问题。

第一节　儿童游戏的个体发生与发展

一、儿童游戏的个体发生

(一)儿童游戏的个体发生时间

关于儿童游戏的个体发生时间，学者们有不同的意见，归纳起来主要有两种观点：第一种观点认为游戏在儿童出生后不久(3个月左右)发生；第二种观点认为游戏在儿童3岁左右发生。这两种观点分歧产生的根源在于对“什么是游戏”的看法不同。

1.出生不久发生

这种观点的代表人物是皮亚杰。皮亚杰非常重视游戏的发生问题，认为它关系到游戏是本能活动还是后天习得活动这个重要的问题。

皮亚杰认为游戏不是儿童与生俱来的一种“能力”，而是随着儿童认知发展逐渐发展起来的认知活动的一种形式，游戏的发生是以儿童动作能力和心理发展的水平为前提。他认为儿童在出生后的第一个月，只有一些还不协调的与基本本能需要相联系的遗传性因素，主客体混沌一体，同化与顺应也是混合、无区别的，在这一阶段不可能产生游戏。

皮亚杰认为游戏发生于“初级循环反应”阶段(2～4.5个月)，即感知运动的第二个阶段。在反射练习的基础上，当婴儿杂乱无章的动作偶然产生了新的动作，就会尝试去重复这一新的动作从而导致了循环反应的发生。但循环反应本身并不是游戏，而是一种探究性的适应性动作，只有循环反应延续下去，才会出现游戏。可见，游戏是在循环反应的基础上发生的。

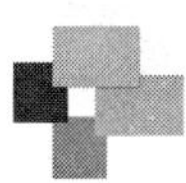

皮亚杰认为婴儿的表情可以作为判断婴儿的行为是探究还是游戏活动的标准。在循环反应的最初阶段，婴儿努力协调自己的动作，力图理解当前的刺激是什么，其表情认真、严肃，这是一种探究性活动。当婴儿的循环反应不再具有学习的性质，这时他理解了当前刺激，已经掌握了新的动作图式，他只是为了"机能快乐"去重复这种动作，他的循环反应就变成了游戏活动。例如，婴儿的手偶然碰到了拴在摇篮上的气球，气球来回摇动。这种现象引起了婴儿的注意，他表情严肃地想要弄清发生了什么。这种情况发生多次后，婴儿才会把气球的摇动与自己的动作联系在一起。这时，婴儿的表情非常轻松愉快，紧接着他会故意地一次一次地碰气球以便让他感兴趣的现象重复发生。此时，游戏就发生了。

2. 3岁左右发生

苏联社会文化历史学派持有这种观点。社会文化历史学派着重研究幼儿的角色游戏，坚持游戏的社会发生论。他们认为儿童3岁之前只有实物活动而没有游戏。所谓实物活动是指以对物体的操作为特征，以掌握所规定的物体用途和使用方法为结果的活动。借助实物活动，婴儿把物品作为社会性的工具来对待。实物活动是角色游戏出现的前提，成人的教育影响对于角色游戏的出现和实物活动的发展具有决定性的作用。

社会文化历史学派认为真正的游戏即以假装为特征的角色游戏，在3岁左右发生。3岁左右，儿童开始有参与他还不能胜任的成人活动的愿望，但其能力还不能满足其内心这种愿望，在愿望与能力的矛盾冲突中，就产生了游戏，游戏成为解决这种矛盾的最好手段，游戏的实质就是愿望的满足。

由上可见，由于研究者对于"什么是游戏"的看法不同，导致了对何时发生游戏的争论。若把游戏概念界定为以"轻松愉快""故意取乐"为发生标志的游戏者自身主动控制的活动，那么游戏活动就发生得较早。若把游戏概念界定为想象的角色扮演活动或"假装"的象征性活动，那么游戏活动就发生得较晚。从中也可看到，上面两种观点都认为游戏是通过后天学习而获得的能力，而不是生来就有的"本能"。

(二)儿童游戏能力的获得

研究者对于儿童游戏能力如何获得有不同的看法。争论的焦点主要是：儿童游戏的能力是怎样获得的？是生来就有的"天赋"能力还是后天"获得"的能力？如果是后天获得的，儿童如何获得这种游戏能力？

早期的游戏理论把儿童的游戏能力看作是与生俱来的、本能的能力，但之后绝大多数游戏理论把儿童游戏看作是后天获得的能力。然而对于游戏是在儿童与物体的交互过程中自我建构的还是在社会情景下产生的仍有不同意见。

20世纪60年代以后，主张“自我建构”的皮亚杰的理论一度占据主导地位。皮亚杰认为游戏自然出现于儿童认知发展过程中，婴儿与物体的交互作用是婴儿游戏的最初形式，同时游戏随着认知的发展而发展，从自我中心到社会化。在皮亚杰的“自我建构”理论中，游戏仅仅被看作是婴儿独自面对周围环境的孤立的认知活动产物，游戏功能也仅仅是巩固婴儿已学会或获得的动作。皮亚杰忽视了“社会”情境这个因素，忽略了母婴之间的相互作用，是其理论局限之处。

20世纪80年代中期，以维果茨基为代表的苏联社会文化历史学派的理论影响逐渐明显。社会文化历史学派认为早期的假装游戏是一种形成性的活动，直接关系到儿童更高水平的心理机能的发展。游戏以及更高水平的心理机能都来源于儿童与成人的相互作用。

当前，社会建构主义的观点已成为主导的观点。社会建构主义者认为游戏是作为看护者的成人和婴儿之间发生的社会性互动的结果，是作为一种社会性活动存在于早期的社会关系之中，是社会关系的组成部分。儿童对于社会世界的认识早于对实物世界的认识，社会性关系制约着非社会性关系的建立。

社会建构主义者对游戏能力的研究扩展到对动物游戏的研究领域中。游戏被看作是先于语言和艺术而发生的一种最基本的交流方式。动物在游戏中夸张的表情、跳跃嬉戏的动作和得意扬扬的样子，都是为了给伙伴发出“这是游戏”的信号。识别与理解信号的能力是在群体生活中通过交往而获得的。生来与世隔绝的动物或人类，不能掌握这种基本的社会性交往能力。

(三)儿童游戏的内部动因

儿童为什么游戏？几乎所有游戏理论都以儿童的需要作为解释依据。关于儿童游戏的需要，有人认为是由于儿童渴望参加成人的社会实践活动与实现能力之间产生了矛盾，于是儿童通过扮演成人的角色、模仿成人的生活活动进行游戏。这种观点来自于精神分析理论的创始人弗洛伊德。他认为，儿童渴望快快长大成人，做大人所能做的事情，这是人生来就有的原始欲望，具有生物性。苏联心理学家则认为儿童游戏的需要具有社会性质，是在环境和教育要求影响下形成的。上面这两种观点都只是以角色游戏作为研究对象来解释儿童游戏的动因，有一定局限性。从儿童身心发展的需要角度看，儿童首先出现的是自然性的需要，然后才是社会性的需要。儿童对游戏的需要是生物性和社会性的统一，儿童游戏的产生和发展同样也是先天因素和后天因素相结合的结果。就儿童身心的全面发展和发展的整个过程而言，游戏之所以成为儿童的基

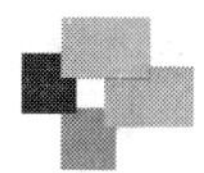

本活动，是因为游戏满足了儿童身心发展的基本需要，能给他们以快乐。

根据马斯洛的需要层次理论和现代动机心理学关于认知内驱力的研究以及对儿童行为的观察，儿童的基本需要可以分为三个层次九种需要（如图4-1所示）。

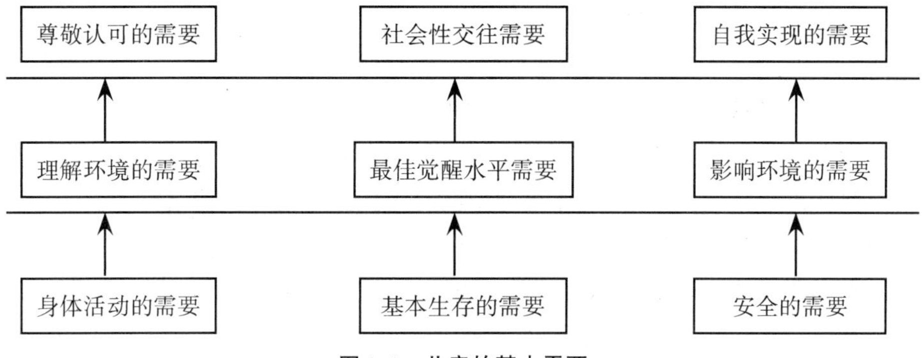

图4-1　儿童的基本需要

第一层次的需要是维持生命、安全和机体生长发育的需要。这是儿童最基本的需要。如果这一层次的需要得不到满足，其他层次需要的形成和发展就要受到影响。这一层次包括基本生存的需要、身体活动的需要和安全的需要。其中，基本生存的需要是其他两种需要的基础。这一层次需要的满足可以确立儿童对外部世界的最初信任。

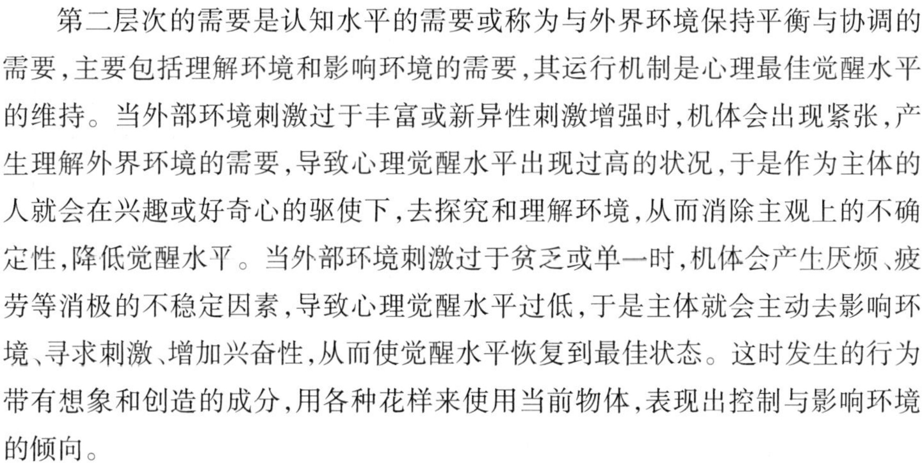

第二层次的需要是认知水平的需要或称为与外界环境保持平衡与协调的需要，主要包括理解环境和影响环境的需要，其运行机制是心理最佳觉醒水平的维持。当外部环境刺激过于丰富或新异性刺激增强时，机体会出现紧张，产生理解外界环境的需要，导致心理觉醒水平出现过高的状况，于是作为主体的人就会在兴趣或好奇心的驱使下，去探究和理解环境，从而消除主观上的不确定性，降低觉醒水平。当外部环境刺激过于贫乏或单一时，机体会产生厌烦、疲劳等消极的不稳定因素，导致心理觉醒水平过低，于是主体就会主动去影响环境、寻求刺激、增加兴奋性，从而使觉醒水平恢复到最佳状态。这时发生的行为带有想象和创造的成分，用各种花样来使用当前物体，表现出控制与影响环境的倾向。

第三层次的需要是社会性和自我发展的需要。具体包括社会性交往需要、自我实现的需要和尊敬认可的需要。其中社会性交往需要是其他两种需要的基础。自我实现与尊敬认可的需要是在与他人的社会性交往过程中发展起来的，同时反过来又影响社会性交往需要。儿童在幼儿期由于自我意识的发展，已开始显示出表现自我、获得成功与得到他人好评和认可的明显预期。

这三个层次九种需要是儿童的基本需要。驱使儿童去游戏的需要主要有身体活动的需要、与环境保持平衡与协调的需要、社会性交往的需要、尊敬或认可的需要和自我实现的需要。其中,自我实现的需要是儿童最高层次的需要,它在不同的游戏中有不同的满足方式。而基本生存需要和安全需要是儿童最低层次的需要,是儿童游戏的前提和基础。

在上面三个层次九种需要的基础上,儿童游戏的动机得以产生,并成为发动游戏的直接动因。常见的儿童游戏动机类型有:活动性动机,源于身体活动需要和最佳觉醒水平需要的双重驱动。单一动作重复的游戏和运动性游戏主要受此动机的激起,个体在身体运动中获得生理性的满足及情绪性体验。探究性动机,源于理解和影响环境的需要,并以最佳觉醒水平需要为基本内驱动力,智力类和象征性游戏主要由此引发。成就性动机,源于理解和影响环境的需要和社会性交往需要。它一方面引发结构性游戏和象征性游戏,另一方面引发规则性游戏。亲和性动机,主要源于尊敬或认可需要,并以礼会性交往需要为基础。集体性或合作性的游戏发生受此支持。各种源于生活需要的游戏动机交互作用,动态地激起或引发儿童的游戏。

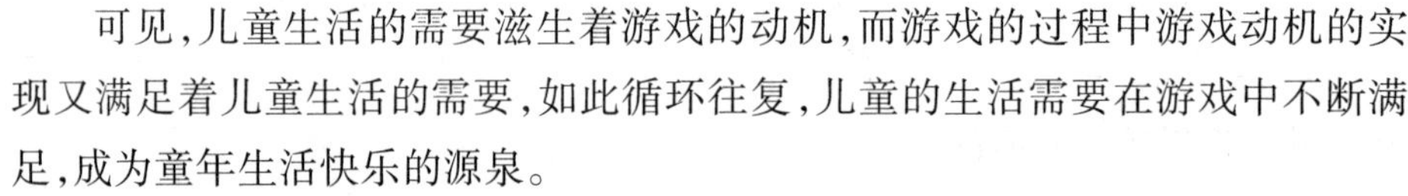

可见,儿童生活的需要滋生着游戏的动机,而游戏的过程中游戏动机的实现又满足着儿童生活的需要,如此循环往复,儿童的生活需要在游戏中不断满足,成为童年生活快乐的源泉。

二、儿童游戏的个体发展

游戏在不断成长的儿童个体身上处于不断发展变化的动态。它既表现为游戏类型的渐次更替,又表现为游戏内容、结构形式的变化。游戏的发展与儿童身心发展相辅相成,一方面儿童的发展要求游戏不断地深化,另一方面游戏的深化又促进了儿童身心发展。

(一)从认知角度来看学前儿童游戏的发展

游戏是儿童发展状况的写照。认知的发展是儿童发展的一个重要方面。立足于儿童认知发展的角度可以展示出儿童游戏发展的不同水平和演化过程。

1.感觉运动性的游戏

也称机能性游戏、练习性游戏或实践性游戏。它是儿童最初的游戏形式,感觉运动性是这种游戏的基本特征。

儿童在出生后的前半年,首先得到发展的是一些感觉器官的机能(视觉、听觉、嗅觉等)。此时作为游戏的标志信号——微笑开始出现。这种微笑与新生儿最初的内源性的微笑(一种先天的面部反射活动)有着质的不同,它是由外界刺激引发并自得其乐的笑。例如,当孩子看到颜色鲜艳并发出音乐声音的玩具

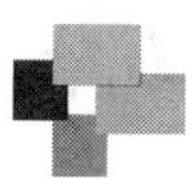

时，会盯着它看、微笑，这可视作最初的游戏表现，即感觉游戏。这种游戏在2～3个月开始发生，1岁以前出现最多。感觉游戏随适宜刺激的出现而发生，一旦适宜刺激消失，这种游戏即停止。感觉游戏持续时间一般较短。儿童从这种游戏中得到的快感是生理性的，是感觉器官对适宜刺激的机能性需要得到满足的结果。

儿童半岁以后，手眼逐步协调，能够较准确地抓握物体，他们可以主动地使自己感兴趣的事物或现象持续或重复发生，出现了初步的有意识动作。这时游戏由从前被动欣赏性的感觉游戏转变为主动的感觉运动性的游戏。儿童不仅在感觉器官的运用上，也在运动器官的动作功能发挥上获得机能性快乐。当儿童1岁以后，体力和动作不断发展，儿童对活动的需求进一步增强，这一时期的儿童十分好动、淘气，常常手脚并用地到处爬。他开始模仿成人的样子尝试自己用勺子、杯子等一些日常用品，进行一些日常生活练习的活动。当真正学会独立行走，孩子便不再满足于与成人的共同活动，产生了独立意识和行动的倾向。正如我们看到的，孩子学会走了以后不肯让成人抱，非要下地自己走，吃饭时抢着拿碗、拿勺子自己吃。孩子玩弄物体的独自游戏开始在其生活中占据重要的地位。

儿童感觉运动游戏在感觉器官和运动系统的发展、成熟过程中不断发展，同时也不断地促进着感觉器官和运动机能的成熟和完善，促进着以感觉器官和实际动作为基础的动作性思维即儿童认知的发展，继而促进身心的整体发展。儿童到2岁以后，游戏开始达到一个新的发展阶段，象征性游戏以及结构性游戏成为幼儿游戏的主要形式，也就进入了学前儿童游戏的象征性阶段。

2.象征性水平的游戏

儿童从2岁开始就进入了感知运动性认知发展的末期。儿童游戏的性质开始发生变化，从主要由敲打、摇晃、啃咬等动作图式构成的感知运动游戏向模仿真实生活的游戏转变。一方面由于表象活动、想象活动的增加及能力的增强，逐渐出现了以一物体假装另一物体和扮演角色为主要形式的象征性游戏。另一方面由于动作和技能的发展，游戏从机能性转向建构性，开始出现了用各种结构材料建构物体的结构造型活动即结构性游戏。

在日常生活中，我们经常看到象征性游戏的发生，儿童在这种游戏中，把一种东西当作另一种东西使用，如拿椅子当马骑或把冰棍棒当注射器，把自己假装成另外一个人，如当警察或布娃娃的妈妈等。可见，象征性游戏是儿童靠模仿和想象扮演角色，完成以物代物、以人代人为表现形式的象征过程，用来反映周围生活的一种游戏形式。象征性游戏是婴幼儿典型的游戏形式，它在婴幼儿时期经过发展变化而趋于成熟稳定，4岁是象征性游戏的多发期即发展高峰期。在结构性游戏中，儿童可运用积木、积塑、沙、雪等建构各种各样的物体。进行这种游戏活动需要儿童在形状和空间知觉上发展到一定水平，有实际操作的技能及一定的象征能力。结构性游戏和象征性游戏的发展状况共同确立儿童游戏的象征性水平，使象征性成为学前儿童游戏在认知上最典型的发展特征。

(1)象征性游戏的发展

象征性游戏的构成要素包括情景转变、以物代物、以人代人三方面。这三方面构成要素在婴儿期逐步发生发展，在幼儿期逐步体系化。

情景转变指行为脱离它原有的真实生活情景即动作脱离真实背景。如吃饭时，碗、筷、匙、食物成了吃饭这种行为发生的真实情景或条件。但当孩子不在吃饭时间，也不感到饥饿，眼前也没有食物、碗、筷、匙等条件刺激物的情况下，手里随便拿一个什么东西(如树叶、积木)，然后假装吃饭，脸上露出笑容，此时，孩子就使吃饭这种行为脱离了它原有真实生活的背景。他的动作表情和当前的情景都表明他在游戏，是在假装吃饭，象征性游戏发生了。一般认为象征性游戏发生的标志就是情景转变，情景转变也是以物代物、以人代人得以进行的前提。婴儿最初的象征性游戏也只是对成人动作的简单模仿和自己学习来的动作在非真实条件下的再现，相关表情和姿态的出现也是瞬间的。到了幼儿阶段，由于幼儿动作、语言能力、形象思维能力和社会能力的发展，象征性游戏的内容逐渐丰富起来，情景转变的发生更加频繁，时间的持续增长，游戏范围由自己家庭生活的狭小空间扩展到社会生活的广阔天地。此时幼儿能够把眼前的情景假想为公园、超市、医院等场面，反映了幼儿较为丰富的知识经验和较高的认知水平，以物代物、以人代人的典型特征突出表现出来。

以物代物是用一种东西代替另一种不在眼前的物体，并且能够用被代替物的名称来命名当前的物体。例如，幼儿用椅子来开车，在这里，椅子是汽车的替代物。以物代物的发生时间要晚于情景转变。以物代物的象征功能是逐渐发展和完善起来的。一般认为经历两个阶段。第一个阶段是以动作为中心的似是而非的以物代物阶段，主要发生于1.5～2岁。这个阶段的儿童，随着掌握的动作增多，不管拿什么物体，都习惯用他学习来的动作摆弄它，在动作中用不同物体做同样的动作，或同一物体做不同的动作。如一个小椅子，孩子既会用它做出开汽车的动作，也会放在地上来推，或者踩在上面当马骑，或者把它当作帽子扣在头上，表现出“乱用”的特点。再如，2岁以前的孩子用杯子、蛋壳、橘子皮等不同东西做出同一动作“喝”，但不能说出“杯子”这个符合游戏的名称。严格

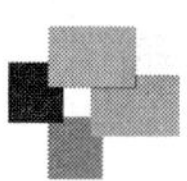

地说，这种现象不能称为以物代物。以物代物是在一定范围内的，是按照物与物之间的客观关系来确定的。这一阶段儿童所谓的以物代物，还没有真正的物的象征，只有动作的象征，儿童仅仅对动作发生兴趣，只要物体适合于做出某种动作，他就利用它做出某种动作。第二阶段是真正的以物代物开始出现的阶段，发生于2～3岁之间。这一阶段的孩子不仅乱玩现象减少，能够按照社会约定俗成的用法或意义使用实物或玩具，而且开始注意到事物间的相似关系，能够把当前物体作为想象中或不在眼前的原型物体的对等物(代替物)来使用，也就是当前物体是与原型物体而不是动作建立了联系，孩子能够用适合游戏动作的原型物品的名称来对当前的物体重新命名。但这一阶段的孩子缺乏灵活性的象征，对具体情境的依赖性太强。

在幼儿阶段，随着儿童生活经验的丰富和心理活动随意机能的逐渐发展，以物代物成为幼儿象征性游戏的突出特征。以物代物的象征性活动处于稳定的频发状态，在选取代替物和游戏玩具材料上，更加灵活多样。特别是能够根据自己的游戏需要巧妙地利用当前物体拼凑出所需要的东西，个人的创新意识和创新能力显著增强。

以人代人(角色扮演)是指儿童在游戏中通过自己的形体动作、表情、言语等来模仿或假装成他人或某一不属于自己真实身份的角色行为及其特征。它主要包括角色行为、扮演意识、角色认知三方面结构。

角色行为是角色扮演的最基本成分，也是最早出现的成分。它是根据过去感知过事物的形象来模仿他人的行为。婴儿阶段最早发生的角色行为是一种角色动作，多是自我模仿，如用饭勺子喂自己，装出“吃”的动作，后来才出现以母亲身份喂娃娃的行为。一些研究表明，角色的动作到幼儿阶段才能较彻底地完成由以自我为参照系向以他人为参照系的转变，成为较真正的角色行为。最初的角色动作由于缺乏角色意识，都是一些零星的姿态或动作。到了幼儿时期，这些零星的动作逐渐以连续的方式组织起来，知道自己是在假装别人，形成较典型的角色行为。

角色意识是角色行为发生的结果，它是儿童对自己游戏中扮演的角色，所用替代物及所用动作等方面的意识。婴儿阶段，角色游戏是沿着角色行为—角色意识—角色认知这样的途径发展起来的，但到了幼儿中期，角色行为和角色意识的关系发生倒置，角色意识成为游戏的起点，成为中心，围绕角色意识幼儿来确定自己与他人所扮演的角色，确定所用玩具，组织所用动作，实现一系列的角色行为和角色关系。这表明角色扮演的发展进入成熟阶段。

角色认知是角色意识进一步发展的结果。角色认知就是对角色关系的认知，主要表现为在互补性角色（以角色关系另一方存在为条件的角色扮演，如有"医生"，就要有"病人"，有"司机"，就要有"乘客"。这里"医生"与"病人"、"司机"与"乘客"就是互补性角色）中，儿童能清楚地意识到自己所扮演的角色。有研究表明，3岁左右的孩子开始了解自己所扮演的角色以及与另一方的关系，到了幼儿中、后期，角色认知高度发展最终得以巩固。

象征性游戏从情景转变到以物代物、以人代人，逐渐成熟和成型，在幼儿三四岁时达到其发展的巅峰。象征性游戏在幼儿后期（4岁以后）则开始呈衰减趋势，伴随着儿童认知范围的扩大和认知水平的提高，以及社会性的发展，规则的产生成为可能，象征性游戏就开始变成规则性游戏。

（2）结构性游戏的发展

结构性游戏是托幼机构中最常见的一种游戏形式，它在学前期发展比较缓慢。3岁左右的孩子结构性建构目的性非常不明确、不稳定，很难按照事先预定的目的进行下去，随时更改主意，他的乐趣更多在于对材料所做的动作，这是一种感觉运动性游戏的延伸。四五岁孩子构建物体的目的性比较明确，他会全身心投入地去构建他所感兴趣的物体形象，碰到困难也会努力克服。但仍有一些幼儿不会合理地使用结构材料，主要是没有掌握建构的基本知识和技能，妨碍了他们建构物体目的的实现。在5～6岁的孩子身上逐渐出现选择恰当的建构材料，建构形象逼真的物体的游戏。

幼儿后期，幼儿可以联合起来开展结构游戏，他们共同设计、选择建构材料，建构大型建筑物。

象征性游戏与结构性游戏在学前儿童个体身心发展过程中，既交叉又融合。游戏发展由感觉运动性水平向象征性水平转化和升华，使象征性成为幼儿阶段游戏的典型特征。

3.规则性水平的游戏

规则性水平的游戏出现于幼儿末期。幼儿末期的儿童由于认识范围的扩大、知识经验的丰富、思维能力及社会化程度的提高，使象征性游戏和结构性游戏开始演变为规则游戏。

在象征性游戏中，规则是蕴涵在角色中的，其作用在于表现人物（角色）及人物之间的关系，维持游戏中的想象情境，游戏者可以随时按自己的意愿改变游戏中的情节，并改变规则。规则性游戏中，对每个参加者的动作及语言的要求是比较严格和规范化的，个人的随意性范围较小。规则性游戏的规则是保证游戏得以顺利进行的线索，是显而易见的游戏中的具体行为表现。规则性游戏反映了儿童在幼儿末期开始摆脱自我化的象征性，体现了儿童游戏在认知发展

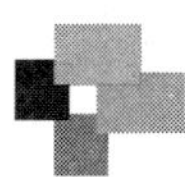

上的新特征——规则性。

规则是约定俗成的，一经编定一般不再修改，如若修改也必须是经由所有参加者理解和同意的。对规则的理解是学前儿童参与规则游戏的前提。学前儿童对规则的获得可以是其他儿童教给的，也可以是成人授予的。规则游戏中的规则有许多是一代一代流传下来的。

在规则游戏中，学前儿童比以往参与的游戏更加关注行为的结果。如果说在象征性游戏中，学前儿童关注的是角色的扮演过程，而不在意自己是否真的就是该角色或像这一角色，而在规则游戏中，孩子在遵守规则的基础上，克服困难，为取得胜利而积极参与到游戏中。学前儿童末期游戏的目的性、坚持性增强，并通过规则游戏的竞争性体现出来。

规则游戏的大量出现是发生在学前儿童末期以后，如带有智力活动特点的下棋、猜谜语、打扑克等。儿童对规则理解和对规则遵守的行为水平随儿童年龄的增长而发展起来。

（二）从社会性角度来看学前儿童游戏的发展

社会性发展是儿童心理发展的一个重要方面。儿童在游戏中与他人交往的行为表现出社会性发展的程度。从儿童游戏的社会性分类可以呈现出儿童以社会性为主线的游戏发展的不同阶段和水平。

1.单独游戏阶段

单独游戏是指儿童专心地、独立地操作玩具的游戏。学步期前后的儿童经常以这种方式进行游戏。在游戏时，这一时期的儿童很少注意和关心他人游戏，此时的游戏还没有明显地表现出社会性特征。

2.平行游戏阶段

平行游戏是指儿童相互模仿，操作相同或相近的玩具或开展相类同的游戏活动。3岁左右的儿童开始进入平行游戏阶段。在平行游戏中，几个幼儿往往坐在一起，彼此和谐相处，独自游戏，在游戏中没有交流，没有合作。这个阶段儿童游戏的特点是相互模仿，形成了初步的玩伴关系。

3.联合游戏阶段

联合游戏是指儿童和同伴一起做游戏，相互交谈，但没有建立起共同的目标，也没有真正的组织者和领导者的活动。儿童大约在4岁之后出现这种游戏形式。这一阶段的幼儿对于其他幼儿开始有较大的兴趣，但相互交流的时间较短，又无共同的目标，所以玩游戏的时间较短。儿童在联合游戏中开始表现明显的社交行为，但每个儿童在游戏中仍以自己的兴趣为中心。

4.合作游戏阶段

合作游戏是指儿童以集体共同的目标为中心，有达到目标的方法，活动有严格的组织，小组里有分工，常有较明显的组织者或领导者的游戏。

合作游戏是社会性程度最高的游戏。学前儿童在5岁以后开始出现较多的合作游戏。此时孩子已具有较流畅的语言表达能力和较丰富的参与社交的经验，他们可以相互商讨，确定游戏的主题、角色的分配、游戏材料的选择，甚至确定共同游戏的规则，有了集体共同的活动目标。如6岁左右的孩子在合作的角色游戏中，能倾向于建立整体的角色结构，不仅挑选自己感兴趣的角色，也能关心别的伙伴担当什么角色，并为别人积极地出谋划策，比如说："你当娃娃家的哥哥吧。"在这一阶段里，幼儿可以有较长时间的合作，而游戏的内容也较多样化。

总之，学前儿童的游戏从个人的独自游戏向集体（或小组）的合作游戏的转变是儿童社会性发展的必然趋势。但在不同儿童身上这种转变所经历的时间长短不一，并非每个儿童达到某个年龄就一定发展到某一相应的游戏阶段。按社会性发展程度进行的游戏分类所划分的各种游戏类型，在具体的儿童身上的发展是有相互交叉或重叠的。在较早的发展游戏阶段里出现社会性较高的游戏发展倾向，而已发展到后期的游戏阶段的幼儿，也会进行较早阶段的游戏。

（三）从游戏的内容、形式上来看学前儿童游戏的发展

从游戏的内容、形式的角度看游戏的变化发展，可以清楚、全面地看到游戏发展的一般规律。

1.游戏内容的发展

游戏的内容构成游戏的内核。儿童所在的环境中一切影响他发展的外部条件（包括人和物）成为儿童游戏内容丰富的源泉。儿童游戏内容是随着儿童生活经验的积累和生活范围的扩大而发展的。

在婴儿时期特别是2岁前儿童游戏的动机仅在于感知器官对于新异刺激（如鲜艳的彩球等）的满足及运动器官对于活动的需要。游戏本身往往表现为简单动作的重复或练习，常常是模仿成人运用物体的一些动作（如用勺子、碗等做吃喝的动作）。但到婴儿末期，幼儿开始不再满足于自我单纯动作的重复，而是力图赋予这些动作以一定的意义，即在模仿动作的同时反映着事物之间的关系，带有一定的探索意义。如将小木块按到水里去，让它浮起来，再按下去。经过诸多的感觉运动性经验，儿童开始能运用不同的动作对待不同性质和功能的物体，如拍球、摆积木、抱娃娃、吹泡泡、捏泥等，改变了以前用同一动作对待所有客体的现象。在整个婴儿时期，由于儿童活动范围狭小、知识经验欠缺，游戏

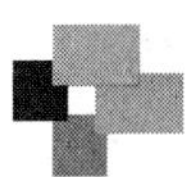

的内容只能更多地反映儿童自己以及他们所熟悉的抚育人的日常生活中的琐碎事物和现象，所以游戏中并无较明确、明显的主题。

随着儿童年龄的增长，活动的范围在不断扩大，知识经验逐步增加，三四岁的幼儿开始不再局限于家庭生活的小圈子而进入幼儿园等更多的社交场合。此时儿童游戏的内容跟3岁前婴儿游戏的内容相比，有显著的变化。无论是有角色表演的游戏还是建构性游戏，都出现了较明确的游戏主题，但此时的游戏主题的暗示性较强，往往受眼前的某些玩具的启发而产生。而到4岁以后，孩子逐渐能根据自己的兴趣和主观愿望来构思游戏主题，而不再单纯依赖于当前的实际知觉。正是由于生活经验的不断丰富以及驾驭游戏主题的能力的增强，幼儿游戏内容逐渐地由反映日常生活为主题过渡到反映社会生活和人们之间的一般社会关系方面的主题。特别是五六岁幼儿的游戏内容更加丰富，更加复杂，成为具有更多社会意义的主题游戏。

2.游戏形式的发展

任何一种游戏都是通过游戏的外在形式表现出来的。游戏的形式受游戏内容（主题）和儿童身心发展的程度制约。儿童游戏形式的发展可以从游戏活动中具体动作的连贯性、语言的发展、时间的持续、人数的多少、规则的明朗化等方面反映出来。

（1）游戏的动作逐渐连贯

儿童游戏动作的发展经历一个逐渐连贯（符合一定逻辑顺序）的过程。1岁左右的婴儿的动作仅表现为同一简单动作的连续重复，无从谈起逻辑的顺序性。1岁以后儿童的游戏动作发展为两个以上不同动作的连续出现，这种游戏动作之间开始没有必然的联系，然后发展到按一定的逻辑顺序出现。到了幼儿期，动作的序列化已成熟和稳定，这就为幼儿做象征性游戏和建构性游戏提供了较好的发展条件。

（2）游戏的语言逐步发展

游戏语言是反映游戏发展状况的重要指标。儿童在各种不同的游戏行为中，语言的表现形式与功能都在发生变化。

1岁以前，儿童只能在游戏中用咿咿呀呀的发声活动来表达感知到新异刺激的兴奋体验。而当婴儿能够说出简单的单词或片语之后，以个人为主的婴儿早期游戏一般要经历一个由“出声的外部言语阶段”到“不出声的内部言语阶段”的转变。时常可以发现，儿童在早期的游戏操作中，有自言自语的现象，能说出简单的单词或短语，以“有声思维”指引和调节动作，甚至确定动作的目的，使操作有明确的指向性。如幼儿在玩积木时，一边搭高一边自语：“大高楼，大高楼……”在最早出现的社会性游戏活动中，如与母亲相互嬉戏时，母亲假装用手打孩子，孩子也一边用手去打母亲，一边嘴里喊着“打、打……”实际上这既有引起母亲注意的动机，也带有自言自语的特征。这是婴幼儿游戏语言在感知行动性认知水平上的反映。在这以后，随着幼儿思维能力的提高，即“有声思维”变为“无声思维”，游戏中自言自语的现象就不再出现。而在有较高水平的协作性游戏（联合游戏、合作游戏等）中，儿童的语言也表现得日趋完整、准确。此时，游戏中的语言，一方面表现为同伴之间的交流、协商，这类语言可以称为“真实的语言”，如一幼儿向其他幼儿建议“我们来玩娃娃家吧”或“你就来当医生吧”等以对游戏进行安排和调节。另一方面表现为在游戏情境中儿童扮演角色的语言，可称之为“虚拟的语言”，如幼儿扮演妈妈，以母亲的语气对玩具娃娃说：“好孩子，听话，别乱动。”虚拟的语言成为游戏本身的具体内容或情节，并随年龄的增长日趋形象逼真。总体而言，儿童的游戏语言的发展反映了儿童语言发展的一般过程。游戏语言是由最早的有意识的“咿咿呀呀”重复发声到简单的只言片语，最后发展到连贯、准确的语言表述。

(3)游戏的时间逐渐增长

游戏时间的长短反映了儿童对游戏目的的坚持性水平。儿童随着年龄增长，其游戏时间逐渐推延。婴儿时期的儿童游戏的发展是感知运动性的认识水平，游戏活动没有明确的目的性，游戏发展时间短暂。幼儿园小班儿童只能大体计划自己将要采取的行动，也容易受到外界刺激的影响而改变游戏目的和游戏主题，保持个人游戏的时间也只有5～10分钟。而到了中班，幼儿游戏的目的性进一步增强，在实现个人活动目的的过程中时常离开游戏目的的现象基本不存在。在中班后期幼儿游戏的时间平均为15～25分钟。而到了大班末期，孩子保持个人的同一游戏的时间可增加到35分钟以上，并能在合作游戏中为达成目标而共同努力、克服困难。

(4)游戏的规则日益明朗化

游戏的规则是指游戏中大家必须遵守的某种规定。儿童对游戏规则的理解和遵守程度是逐步发展起来的。在儿童游戏的发展过程中，游戏的规则呈逐渐明朗化的趋势。婴儿在最初的游戏中只满足于单纯动作，经常用同一动作作用于不同的物体或对同一物体施以不同的动作。婴儿晚期的儿童逐渐能够针对不同性质和功能的物体施以相应的符合现实要求的动作（如对玩具小汽车做推或拉的动作，对玩具枪做打的动作，对杯子做喝的动作）。幼儿初期、中期，规则是内隐的，规则包含在游戏中。幼儿后期，象征性游戏逐渐被规则游戏所代替，游戏规则逐渐明朗化，规则成为游戏得以开展的保证。

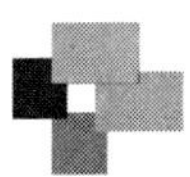

从儿童游戏发展中可见，游戏规则由内隐转为外显这种状态，不仅反映出游戏重心的转化过程，而且也反映出儿童在规则遵守上的不断自觉化。

(5)游戏的活动不断社会化

随着学前儿童生活范围的不断扩大、人际交往技能以及言语能力的不断发展，儿童的独立性逐渐得以提高，儿童在游戏中，越来越不满足一个人的活动，而趋向于群体活动(往往是小组游戏活动)。从独自游戏、平行游戏到联合游戏，最后到合作游戏的发展过程，清晰勾勒出儿童在游戏中的活动社会化程度不断提高的趋向。

另外，儿童游戏形式的发展，还表现在空间的延伸(由室内到户外，由家庭到幼儿园等)，游戏玩具或材料选择范围的扩大和选择的随意化，以及活动机制和性质上由大肌肉活动到小肌肉活动，由侧重身体的动作操作到侧重心智活动的倾向等诸多方面。游戏形式的不同侧面的发展变化，都体现了游戏的发展。

第二节　游戏与学前儿童的发展

游戏是学前儿童生活的重要内容，是学前儿童的基本活动，它对于学前儿童的身心发展具有不可替代的重要价值。

一、游戏在幼儿身体发展中的作用

身体的健康发展是儿童全面发展的基础。人的身体发展包括三方面的基本内容：一是人体各系统器官的生长发育，包括形态结构与生活机能的发展变化，可用身高、体重、头围、胸围、脉搏、血压、肺活量作为测量指标。二是运动能力的发展，包括身体基本活动能力与身体素质的发展，可用走、跑、跳、投掷等动作以及动作的协调、灵敏、速度、力量等作为测量指标。三是适应能力，包括机体对各界环境的各种变化(如冷、热、湿、干、噪音)的适应能力以及机体对各种疾病的抵抗能力。

游戏促进了幼儿各大系统器官的生长发育。游戏既有全身运动，也有局部运动，有头部运动，也有躯干、四肢运动，这些游戏活动加速机体新陈代谢，使儿童身体的各种生理器官和系统都得到活动，促进着骨骼和肌肉的成熟，也有利于呼吸、消化、循环、排泄、内分泌和神经系统的发育。

游戏也促进了幼儿运动能力的发展。游戏是幼儿自发的运动形式，在游戏中，幼儿身体的各种器官都得到活动。生理成熟是幼儿动作发展的重要前提，当神经系统控制的某一部分肌肉、骨骼充分成熟，与这部分成熟的骨骼肌肉有关的动作就会自动产生,然而这刚刚萌发的动作要得以成熟和发展,需要一定量的练习,游戏这种自发运动形式正能满足动作的成熟和发展,运动能力就是在游戏这种反复不断、自发使用的过程中发展起来的。游戏为幼儿提供了多种形式的练习。

幼儿在户外进行的攀爬、追逐、跳绳、走平衡木、滑滑梯等运动性游戏,锻炼了幼儿大肌肉群的运动能力和技巧,促进其对于肌肉运动的控制和协调。而他们在室内进行的插塑、积木、穿珠、泥工、折纸、剪贴等结构造型游戏,发展了幼儿手部的小肌肉群的协调能力。其他各种游戏活动中都不同程度地包含了大肌肉运动和小肌肉运动的内容。幼儿根据自己运动能力的发展水平,选择适合自己的游戏活动,又在这种游戏活动中发展了运动能力,再根据已经提高了的运动能力变化游戏内容的难度,进一步发展其运动能力。

在户外进行游戏可以使幼儿接触充足的阳光、呼吸新鲜的空气,增强了幼儿对外界环境各种变化的适应能力以及对各种疾病的抵抗能力。游戏给幼儿带来愉快和满足,以及轻松、愉快的心情,又保证了幼儿身体的健康。情绪与人的身体健康有密切的关系。长期处于紧张、焦虑或压抑等不良情绪状态,会造成幼儿的食欲减退、消化不良、心跳加速、血压和呼吸不正常等生理反应,影响了幼儿身体健康。游戏的内容和形式丰富多彩,灵活多变,又能引人入胜。幼儿喜欢游戏,在游戏中心旷神怡,富有积极、愉快的情绪、情感,这对于幼儿的身体健康具有重要意义。

二、游戏在幼儿智力发展中的作用

游戏是促进幼儿智力发展的有效手段。游戏中有情节、动作、玩具和游戏材料,符合幼儿认知特点,在轻松愉快的氛围中实现幼儿智力的发展。游戏促进幼儿智力的发展,可以归纳为以下几个方面:

(一)游戏促进幼儿感知能力的发展

感知是幼儿认识外界事物、增长知识的主要途径。对处于直觉动作思维阶段的幼儿,是用形象、声音、色彩以及动作来进行思考的,因而需要用各种感官去接触事物,对它们进行直接的感知,才能对事物留下一定的印象。游戏就是一种通过操作物体来感知事物的过程,在游戏中,幼儿接触到各种性质的物体,并动用了各种感官参与其中,通过眼看、耳听、口尝、手摸,了解各种事物的特性,大大加强了感官的感受性,促进了感知能力的提高,同时丰富了知识经验。例如,在玩水游戏时,儿童感知并认识水的流动、溶解、浮力等特性,以及水桶、水壶等工具与水的关系。在玩滑梯游戏时,通过爬上和滑下的身体运动,感受高低变换,理解“高”“低”“上”“下”等概念。在摆弄物体时,儿童感受并发现球

体与圆的区别，而不再将“球”和“圆”混为一体。儿童正是在游戏中通过对游戏材料的操作，发展着各种感觉能力，同时获得知识经验。

由于游戏是幼儿自愿的活动，是幼儿的兴趣所在，这就大大激发了他们的活动积极性。在兴趣引导下的对事物的无意注意，比成人要求下的有意注意更为集中和持久，感知事物的印象也更深刻、更巩固。例如，用图片教幼儿认识冰、雪的各种属性，远不如玩过打雪仗、玩过冰块的幼儿对冰和雪有更深刻的理解；由老师演示物体在水中的沉浮，不如用各种材料来玩过水的幼儿有更深刻的体验。因为由成人直接教给幼儿的知识，缺少的是感觉器官的直接体验，即使在教学中动用了感官，但不如幼儿在游戏中那样充分地运用多种感官。所以，游戏对幼儿感知能力提高的意义，在于给幼儿提供更多的机会使他们综合运用各种感官，从而提高了感官的感受性，发展了幼儿的观察力。

（二）游戏促进幼儿思维能力的发展

碰到问题，人们开始进行思考，在不断解决问题的过程中，思维才会发展。在游戏情景中发生的问题，更容易激发幼儿的思维积极性。为了游戏的开展，幼儿能玩中生智，找出更多解决问题的方法，从而有助于幼儿思维能力的提高。

心理学家在研究中证实了游戏经验有助于幼儿创造力的发展。亨特在20世纪70年代为3～5岁的孩子设计了一个新颖的玩具。这个玩具是用金属制成的红色箱子，箱子上装有一个杠杆，杠杆顶部是一个蓝色的木球。杠杆运动的方向是由箱子上的四个计数器控制的，计数器可以打开，也可以被盖住。如果杠杆成水平状，会传出铃声；如果成垂直状，蜂音器就会发出声音。亨特根据幼儿对该玩具的反应，把他们分成三种不同类型。(1)无探究精神者：这些孩子只是看看玩具，但不去对玩具进行探究；(2)探究者：这些孩子只是对玩具进行探究，但不用它来玩，比如试图发现怎样才能使铃声再次响起；(3)创造性探究者：这些孩子不仅对玩具进行探索，而且用各种具有想象力的办法来使用玩具，开展各种游戏。结果发现，很多无探究精神者是女孩，而很多男孩是创造性探究者。4年后，当这些幼儿已经长到7～10岁时，再次对他们进行创造力测验。亨特发现，当年的创造性探究者在创造性测验中得分均高于探究者，而无探究精神的男孩在创造性测验中的得分又远远低于那些探究者男孩。亨特通过与家长和教师交谈又了解到，这些无探究精神的男孩平时不爱玩，缺乏好奇心和冒险精神，而无探究精神的女孩在社交场合表现得比那些爱玩的女孩紧张，往往显得手足无措。游戏之所以能提高幼儿创造性，是因为在游戏中幼儿有自由操作游戏材料的机会，使他们能够变换各种方式来对待物体，他们可以对同一物体做出不同的动作，对不同物体做出同一动作，尝试自己的动作与物体、手段与目的之间联系的多种可能性,扩大了他们与物体之间相互作用的范围,因此有利于儿童在创造性测验情境中取得好的成绩。游戏为幼儿提供了自由探索、大胆想象的机会,可以养成幼儿乐于探索与想象、勇于创造的态度与精神。

研究也表明,装扮演戏有助于幼儿心理理论的发展。心理理论指个体凭借一定的知识系统对他人心理状态进行推测,并据此对他人的行为做出因果性预测和解释的能力。它是继皮亚杰的认知理论和元认知发展之后又一研究儿童认知发展的角度和范式,是当今发展心理学研究的热点。要对他人心理进行推测,就需要其具有一种把客观现实世界和心理世界区分开来的能力,即表征装扮能力。近年来,人们进行了关于装扮游戏与心理理论发展间关系的研究。Taylor和Carlson(1997)对早期想象、装扮与幼儿心理生活知识间的关系进行了研究,被试者是幼儿园152名3岁和4岁的幼儿,结果表明,4岁幼儿心理理论发展与装扮游戏水平显著相关。Asingdon和Jenkins(1995)对二者关系进行了探讨,结果发现装扮游戏与幼儿对误信念的掌握相关。在他们的研究中,被试者为69名4岁和5岁的幼儿。让幼儿在日托中心的游戏房玩10分钟,每次3～4个幼儿(好朋友),对每组幼儿的装扮游戏情况都进行录像,结果表明,装扮游戏的数量与幼儿误信念任务成绩相关。误信念理解与装扮游戏中的角色分配与共同建议显著相关。Youngblade和Dunn(1995)的纵向研究表明:在33个月时更多地参与装扮游戏的幼儿在40个月时的误信念测试成绩好。

装扮游戏对心理理论重要,但究竟怎样重要及为什么重要还是有争议的。一种被广为接受的解释为元表征模式,幼儿在装扮游戏过程中考虑及操纵心理表征,幼儿接受心理表征之后把对它的理解外化到装扮领域。但有的研究者不同意这种解释,提出了另一种模式——相似世界模式(twin earth),这种模式以一种社会认知的观点,对此进行解释。此模式是动态的、发展的,核心在于强调这样一种假设,即装扮游戏之于幼儿正如哲学家眼中的相似世界(Lillond, Angeline, 2001)。还有一些研究者采取折中的态度,如有的研究者认为相同的知识可以以多重水平和形式进行表征(Kannil, Smith,1992)。

可见,游戏有助于幼儿智力的发展,其理由主要为:

第一,游戏的不确定性经常给幼儿带来问题,促使幼儿自发地进行探索,去寻找解决问题的办法。在游戏中,幼儿不断地运用着对应、均等、分类、顺序、多种组合等概念,以推进一般的游戏进程,并在各种问题的情境中,运用这些概念对事物做出反应,这是解决问题的基本实践。

第二,由于是游戏,便降低了对成功的期望和对失败的担忧的压力,使孩子具有更强的挫折承受力和坚持性。因此,在游戏的背景中就能促使孩子机智地

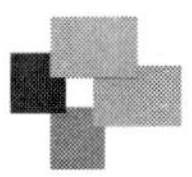

理解问题的条件和问题的情境，这是解决问题的重要心理基础。

第三，游戏使幼儿获得大量尝试在各种条件下使用各种物体的机会，使孩子的思维处于积极的活跃状态。他们常常创造性地使用物体，变换各种方式对待物体，可以用不同方法对待同一物体，也可以用同一种方法对待不同的物体，尝试自己的动作与物体、手段与目的之间联结的多种可能性，扩大了物体之间相互作用的范围。在这一过程中比较、操作、判断、思考，充满了变通性，有助于灵活地解决问题。

第四，游戏中替代品的使用，本身就是一个复杂的思维过程，它需要比较分析代用品与被代用品之间的异同关系，这里有对物的特征的感知，有利用表象对物的特征的概括有对物的意义的抽象等，尤其是同一种物可以替代不同的物，不同的物可以替代同一种物的多种变换，具有发散思维的特点，是一种创造性解决问题的实践。

（三）游戏促进幼儿想象能力的发展

在生活中，我们可以看到，幼儿的想象力比成人的想象力更加丰富、更加新奇（因为成人的知识较广，不免处处受到现实常规的约束），这与幼儿的主要活动是游戏有关，因为游戏就是假想。事实上，幼儿比成人更富于想象，是因为幼儿知识经验缺乏，其想象不受常理约束，不受事实规范，他们的想象来去无碍，具有更大的随意性。然而他们的想象力水平并不比成人高，表现为他们的想象具有极大的无意性、不稳定性和任意夸张性等。幼儿的想象力是逐渐在游戏中发展起来的：

第一，游戏中对物的想象是从无意到有意，从被动到主动的。开始时，幼儿总是用一种东西代替另一种东西，然后才会按游戏的需要给这些东西取名字。从中我们可以发现，年龄小的幼儿的想象力总是同某种特定的东西有联系的，他开始游戏时，总是用他看到过的、玩得顺手的东西来代替所需要的物品，比如瓶盖和果核总是用来“做饭”，倒卧的那棵树总是当汽车来玩，肥皂总是用一块方木来替代。说明这种替代想象完全是受物的暗示，由物引起的。随着游戏的发展，由于游戏的需要，一种事物可以有多种用途，一种东西可以代替多种东西，那块方木有时是洗衣服的肥皂，有时是吃的蛋糕，有时又是听诊器，这时物的替代可以随儿童的意愿而变化多端，想象日益主动化和有意化。

第二，幼儿的想象从不稳定到稳定。一开始幼儿根本不按一定的命题行事，不会想好了再干，而是边干边想。正是游戏引导他的想象向着一定需要的方向发展，使它服从于一定的目的。如果说3岁的孩子还是毫无目的地想象，看见什么玩什么，积木搭成什么是什么的话，那么四五岁的孩子则不然，他们的游戏需要角色和情节,这种游戏可以为创造性想象的发展提供广泛的条件。在角色游戏中,幼儿不仅以物代物,而且扮演多重角色,要扮演角色,就得想象出十分复杂的活动,周密地设想角色此时干什么、下一步干什么,推动游戏的发展。游戏使儿童的想象具有朝一定方向发展的稳定性。

第三,游戏又能使想象力逐步脱离外在活动状态,向内在活动转化。我们经常可见,儿童只是通过在桌面上边摆弄几样玩具边用语言表达,就可进行一场情节丰富的游戏;儿童还可以看着云彩的变幻,想象出丰富的情节;可以用笔画出连贯的故事情节;可以用语言编出离奇的故事。这种情况确实是随着游戏的发展而发生的。想象从外在活动状态向内在活动转化,又使想象服从一定的构思,情节按预订的计划发展,这就表明了幼儿创造的主动性。于是,就会出现各种各样的儿童作品,正是从这个意义上来说,幼儿是天生的小作家、天生的小诗人。如果我们与儿童生活在一起,注意去收集一下的话,不时可以听到儿童的口头创作,其想象力会令人惊讶,他们编的故事会使人倾倒,这一切都是在游戏中发展起来的,游戏使他们无拘无束地想,创造着离奇的故事。

(四)游戏促进幼儿语言的发展

幼儿在游戏中,发展自己的口头语言。幼儿在与同伴进行交流的过程,实质上是其语言组织及表达能力的锻炼过程。幼儿通过语言进行协商、设计,完成对游戏主题、情节的计划,角色、玩具的分配,背景的安排,规则的制定。如角色游戏中建议他人:“你来当老师,我们是你的学生。”在孩子们共同建筑一所公园、一座大厦、一座桥梁等大模型时,大一些的孩子会事先讲出自己的游戏计划,年龄小的孩子也会表达自己的愿望。

在游戏中,幼儿也会使用书面语言。如在“医院”游戏中,将书面文字引入游戏,用“挂号”“注射室”和“药房”等牌子,可以使幼儿初步理解这些书面词汇的含义,而像拼音游戏则直接加强了儿童对书面文字的理解力。

总之,游戏为幼儿提供了语言实践的机会,幼儿通过生动、具体的语言运用,调节自己的游戏行为,也通过具体的动作,变换自己的语言,从而发展了语言,并以语言为中介建构对现实世界的认识与理解,发展了幼儿智力。

三、游戏在幼儿社会性发展中的作用

“社会性”这个概念有广、狭义之分。广义的社会性是指人在社会上生存过程中所形成的全部社会特征的总和,包括人的社会心理特性、政治特性、经济特性、审美特性、哲学特性等。狭义的社会性是指个体在社会交往过程中获得的各种人际关系与特征以及在处理各种人际关系时所表现出的心理倾向性。这里的“社会性”是狭义的理解。幼儿正处于从自然人(生物人)向社会人转变的

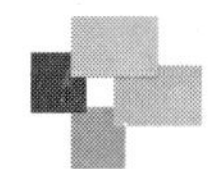

时期，是社会性发展的关键阶段。游戏作为幼儿的基本活动，是早期社会性发展的重要途径，它使幼儿获得了更多的适应社会环境的知识和处理人际关系的态度和技能。

(一)游戏有助于幼儿社会性交往技能的提高

交往技能是发起、组织与维持交往活动的能力。游戏是幼儿交往的媒介。通过游戏活动，特别是伙伴游戏活动，幼儿与同伴之间有更多的交往机会，使幼儿学习与掌握各种社会性交往技能。

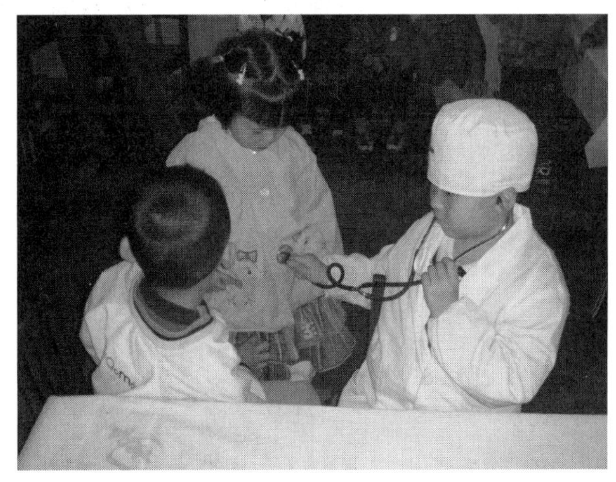

合作是一种重要的社会性交往技能。伙伴游戏本身就是合作的过程，幼儿在社会性游戏中，要就游戏的主题、情节、规则、玩法进行交流，协商由谁来扮演什么角色、怎样来布置背景和使用玩具等，来共同完成游戏活动。游戏中的这种幼儿之间的交往活动，使幼儿了解自己和同伴的想法、行为、愿望和要求，学会与同伴合作。罗森(Rosen，1974)对处境不利的幼儿进行社会性角色游戏训练，用托兰斯小组建构任务(以小组为单位用130块连环积木在15分钟内搭出一样东西，例如一座学校)和麦迪逊合作板测量游戏训练对幼儿合作能力的影响。托兰斯小组建构任务与麦迪逊合作板都要求小组成员之间有最大限度的合作、最小限度的竞争。测评指标包括在建构中所使用的积木的数量、小组成员参与活动的积极性、小组活动的气氛(放松、紧张或友好等)与结构(有无组织)以及小组任务完成的情况等。结果表明，受过游戏训练的被试者的合作能力好于没有受过训练的控制组，能够更好地完成任务。这是因为在社会性角色游戏中，每个游戏者一方面要扮演自己的角色，另一方面还要考虑与其他角色之间的关系以及自己行动与整个主题的关系。社会性游戏本身就要求游戏者之间的合作。

在游戏中，幼儿有时会遇到人际交往问题。例如，如何加入其他伙伴的游戏，如何解决冲突、纠纷等。研究表明，如果幼儿试图进入其他伙伴已开始的游戏，75%的可能性是遭到拒绝。幼儿似乎天生地具有保护自己的想象性游戏不被别人打扰的倾向。为了成功地进入他人的游戏，幼儿往往会采取一些策略，如提出请求、进行评论、提供玩具、提出建议等。例如，一个5岁的孩子试图进入一个玩得热火朝天的"娃娃家"，被正在游戏的孩子断然拒绝。在老师的启发下，这个孩子改变了策略，提出"我是收电费的"，因丰富了游戏的内容，受到了正在游戏的孩子们的欢迎。在这样的尝试中，幼儿发展了他们与他人交往的能力。在游戏中，有时出现两个幼儿同时想玩同一样玩具，或自己想去玩别人手里玩具的情况，这就要求孩子与同伴分享玩具，学习与小朋友协调、互相谦让、有礼貌等人际交往技能。

专栏

亲子游戏与幼儿发展

早期亲子交往，特别是亲子游戏对幼儿发展意义重大。Fagan, Jay, Dore, Martha M.(1993)对亲子游戏中母亲的反应类型及其对幼儿的影响进行研究。结果表明，在游戏中忽视型母亲对幼儿反应不积极，而且与非忽视型亲子游戏相比，忽视型亲子游戏中的幼儿发展适应性能差。Russell(1997)等对亲子游戏模式及其对幼儿与同伴游戏的影响进行了探讨，此研究中，父母的游戏行为被界定为三种模式，即指导者(Director)、协助者(Facilitator)、共同游戏者(Go-player)。结果表明，不同类型的游戏，父母采取的行为模式不同，玩具游戏中父母多采用协助模式，而在运动建构游戏中多作为指导者。研究发现，协助模式下的幼儿在与同伴的游戏中显示出更多的兴趣。这表明在亲子游戏中，以幼儿为中心，父母只作为协助者。幼儿具有相对独立的探索及交往机会，真正实现了游戏的本质——主体性，因而在与同伴的社会性交往中，能更独立，更投入地与同伴游戏。早期亲子游戏能够影响幼儿的社会性发展，这已被很多研究所证实。Russel(1998)等让幼儿在亲子游戏中体验与同伴游戏时所需的性格品质，特别是互惠与分享等。结果表明，这种亲子游戏的确有利于幼儿的社会性发展。在亲子游戏中，父母亲总是以能促进幼儿发展的方式来进行，而且母亲在有一定的关于游戏发展知识的情况下能更好地与幼儿游戏，并且能提供幼儿适宜的有挑战性的游戏机会(Damast, Amy Melstein et al., 1996)。有研究发现，在亲子图书阅读和玩具游戏两种不同背景下，幼儿言语、词汇及早期语法使用呈显著差异(Yont, Kristine M. et al, 2003)。

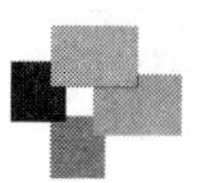

母亲对幼儿早期发展影响非常重要，这已被很多研究所证实，但母亲只对幼儿部分人格特性的塑造有影响，幼儿完美人格的塑造离不开父亲的作用。通过亲子游戏，婴儿与父亲也能形成依恋，而且这种亲子游戏能培养幼儿敏感的挑战力等品质(Grossmann, Karin,1997)。

【资料来源】王小英等:《近十年来国外游戏研究新进展》，载《心理科学》2004年第5期。

(二)游戏有助于幼儿“去中心化”，学会理解他人

幼儿思维的典型特征是“自我中心”，即往往从自己的角度出发看问题，以自己的想法、体验、情感来理解周围现实的人和事。皮亚杰在其著名的“三座山”实验中，让幼儿围绕着桌子上摆放的三座山的模型，从不同的角度认真观赏，然后要求幼儿坐下，在其对面的椅子上摆放了一个洋娃娃，要求幼儿为对面的洋娃娃选出一张它看到的山的照片，结果幼儿选择的是从自己这一角度看到的山的照片。这一实验说明了幼儿只能从自己的角度出发思考问题。而游戏是幼儿克服自我中心思维的重要途径。在角色游戏中，幼儿必须以别人的身份(如司机、母亲)出现，在思想上必须把自己放在别人的位置上，这时他既是别人(如“我是妈妈”)，又是自己(如“我是兰兰”)。在这种自我与角色的“同一”与“区别”中，儿童学习逆向思维，从不同角度考虑问题，发现自我与他人的区别，使自我意识和人——我意识得到发展，使幼儿学会从别人的角度来看问题，来观察与体验世界，学会理解别人。例如，当幼儿在游戏中扮演“妈妈”的角色时，一方面他清楚地知道自己不是“妈妈”，但是另一方面他又必须站在“妈妈”的立场上，来思考问题，计划自己的行动。这种在思想上把自己转变为他人的行为可以使幼儿比较自然地学会改变自己看问题的角度，逐渐克服“自我中心”的观点和思维的片面性，学会比较客观地看待问题。

幼儿在角色游戏中，往往会发现自己的观点与别人的想法不一致的情况，这要求幼儿学习协调和接受别人的想法。例如，两个幼儿在玩开车的游戏，车坏了。一个幼儿提议:“让我们把车送到店里去修吧。”另一个幼儿反对:“不，我爸爸车坏了都是自己修的。”两种不同的修车方法，对于两个幼儿来说都是一种新鲜的经验。这种认知冲突既可以丰富幼儿的经验，又可以使幼儿有机会学习协调自己的想法与别人的想法，克服思维的自我中心倾向。

心理学家罗森(Catherine Elkin Rosen,1974)对两组处境不利的孩子进行社会性表演游戏的训练。在游戏训练中，成人的任务是提供给被试者进行社会性表演游戏的机会和材料，指导他们的游戏，丰富游戏的内容。在经过了大约40

天的训练之后,实验者对被试者进行测验:先给孩子看一大堆日常生活用品,如妇女穿的袜子、男人的领带、玩具汽车、娃娃和成人看的书等。确信被试者认识这些东西并知道它们的用途后,要求他们假装:(1)他正在一个卖这些东西的商店里;(2)他是一个父亲,现在他在为自己的生日挑选一些东西,让他思考父亲会为自己挑选哪些东西。然后要求他依次假装是母亲、教师、哥哥、姐姐和他自己来选择物品。结果是,受过游戏训练的孩子比没有受过训练的控制组被试者能够更好地做出符合人物身份的选择。足见,游戏中的角色扮演帮助学前儿童由以自我为本位的社会认知向以他人为本位的社会认知过渡,从而为理解他人、助人为乐、宽容、友好等良好的品质形成奠定了心理基础。

除了象征性游戏之外,追逐打闹游戏和规则游戏也具有帮助幼儿"去中心化"的潜能。

(三)游戏有助于增强幼儿社会角色扮演能力

性别角色是儿童一出生就决定的,而社会性角色是随着儿童社会生活范围的扩大而出现的。如在家里是女儿,在幼儿园里是小朋友,进入学校后是学生,长大后会成为妻子、妈妈、教师等。社会角色的承担者的行为要符合社会认同的标准,这就需要一个学习和掌握的过程。如果社会角色学习良好,就会使个体做出符合其社会角色的行为,就容易适应社会生活。如果社会角色学习不良,就会导致个体做出与其角色不相符合的非角色行为,就难以适应生活。因而,社会角色的学习是儿童能否健康成长的一个重要方面。

游戏是幼儿学习和掌握社会角色的一个途径,当孩子扮演同性别的成人角色时,他们就在思想上对自己和同性别的成人角色之间的关系(相似)进行了概括,实现了认同。在扮演角色的过程中,通过对成人行为、态度的模仿,逐渐习得与自己性别相适应的行为方式,性别角色的社会化过程也就开始了。幼儿在游戏中,既是自己,又是别人,一个人同时可以扮演几个不同的角色,他一会儿是娃娃家里的"爸爸",一会儿又是公司里的"经理"。这种自我与别人、角色与角色之间的同一、交叉与守恒,可以使儿童在对角色的多样化与稳定性的理解和体验中,锻炼扮演角色的技能,有助于现实生活的角色扮演和转换,从而增强社会适应的能力。

(四)游戏有助于幼儿掌握社会道德行为规范

幼儿在内容健康的社会性表演游戏中,通过扮演角色、模仿社会生活中人们的行为准则,可以缩短幼儿掌握道德行为规则的过程。例如,在玩"乘公共汽车"的游戏中,乘客很多,车里很拥挤,扮演售票员的小朋友就不能坐下,要提醒乘客:"不要挤,请给老年人和抱小孩的让座。"在玩"娃娃家"的游戏中,"爸爸"

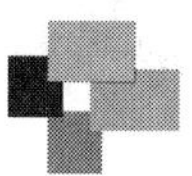

下班回来了，扮演孩子的就要说："爸爸辛苦了，您去休息休息吧，我们做饭。"在这些活动中，幼儿模仿着关心他人、尊敬长者。通过模仿，幼儿在游戏中熟练地掌握社会道德行为规范，会迁移到现实生活中去，有利于在现实生活中掌握道德行为规则。

当然，游戏对于幼儿掌握社会道德行为规范的作用不是自发实现的，需要成人正确的引导，幼儿游戏的许多内容既然是社会现实生活的反映，那么，现实生活中的积极因素和消极因素都不可避免地反映到儿童的游戏中来。例如，幼儿园里有些孩子在玩过"乘公共汽车"的游戏以后，就问老师：为什么我们玩这个游戏，上车要排队，和我们参观时看到的不一样？于是老师就组织他们做了一次讨论：为什么有些叔叔阿姨上车乱挤、不排队？这样做对不对？应该怎样做？帮助孩子分析看到的现象，明确正确的行为标准。所以，游戏的开展是与日常的各项教育活动相互促进、相互补充的。老师对孩子提出的内容健康的游戏主题要热情支持，对其中一些思想内容不够健康的主题，可采取商量、建议或适当转移的方法加以引导，不要打击、挫伤幼儿游戏的主动性和积极性。

（五）游戏有助于锻炼幼儿的意志力

意志是人格因素的重要方面。在生活中行动的自觉性、果断性、自制性、坚持性等意志品质，是幼儿社会性构成的重要方面。幼儿的意志行动尚未发展起来，行动的自觉性差、自控力弱、坚持性不够，但在游戏中却表现出较高水平的意志行为，游戏能培养和锻炼幼儿的意志。

游戏对幼儿是有吸引力的，在游戏中，幼儿乐于抑制自己其他的愿望，使自己的行动服从游戏的要求，遵守规则。在角色游戏中，角色本身包含着行为准则和榜样，幼儿扮演角色的过程就是锻炼意志的过程。正是因为如此，儿童在游戏条件下，能够抗拒诱惑，延迟满足。苏联心理学家马努依连柯曾做过"哨兵站岗"的实验，要求幼儿在空手的情况下，保持哨兵持枪的姿势。有两种情境：一种是非游戏情境——其他小朋友在一边玩，让他在一边以哨兵持枪的姿势站着；另一种是游戏情境——实验者以游戏方式向他提出要求，告诉他其他小朋友是工人，他们正在包装糖果，你来当哨兵，为保护工厂而站岗。结果表明，游戏情境下，幼儿当哨兵站立不动的时间4～5岁是4′17″，5～6岁是8′15″；而非游戏情境下哨兵站立不动的时间4～5岁只有41″，5～6岁也仅有2′55″。

四、游戏在幼儿情绪情感发展中的作用

情绪情感是以主体的愿望、需要等倾向为中介的一种心理现象。它最能表达人的内心状态，可以说是人的心理状态的晴雨表。情绪情感也是人心理活动中动力机制的重要组成部分，它可以发动、组织与干扰人的认知过程，影响人对待生活的态度。情绪情感还与人的心理健康水平关系密切,积极的情绪情感保障着我们的心理健康,使我们能够体验与享受人生的意义与快乐。

学前期是儿童情绪情感发展的重要时期。作为早期经验的重要内容,幼儿在生活中获得的各种情绪情感体验对成年以后心理生活的健康及人格的完善程度都有至关重要的影响。游戏给幼儿以快乐与满足,它作为幼儿生活中的重要内容对于幼儿情绪情感的发展具有积极的意义。

(一)游戏经常使幼儿体验积极的情绪情感

游戏是一种轻松、愉快、充满情趣的活动,它给幼儿以快乐,幼儿在游戏中经常体验积极的情绪情感。如在“老鹰捉小鸡”游戏中,扮演鸡妈妈的幼儿体验着妈妈对孩子的关心和爱护,用自己的身躯保护孩子,教会孩子躲闪。当幼儿利用游戏材料做出了成果时,会体验到自豪感,增强自信心。如果失败了,幼儿在游戏中也不会有任何负担,不会造成任何损失,可以重玩。幼儿在游戏中出现的情绪情感永远是真实的,孩子不会假装,也不会装样子,“妈妈”真心爱自己的孩子,“交警”由衷地关心怎样更好地指挥来往的车辆。

随着游戏主题和构思的发展和复杂化,幼儿的情绪情感体验更丰富、更深刻。在“医院”游戏中,幼儿会像医生一样给“病人”听诊、开药,嘱咐“病人”按时吃药。当“护士”的幼儿不仅给“病人”试体温、打针,还主动搀扶“病人”,让“病人”好好休息。在“理发店”“商店”中当服务员的幼儿,尽职尽责地为“顾客”服务,“客人”的感谢使他们的满足溢于言表。在表演游戏中,幼儿深深地体验着故事中人物的喜、怒、哀、乐。在竞赛游戏中,幼儿经历着紧张,体会着紧张后的放松。游戏使儿童体验各种情绪情感,学习表达和控制情感的不同方式,而且丰富情绪情感的体验,也对儿童产生潜移默化的影响,发展他们的友好、同情、责任心、爱憎分明等积极情感。

(二)游戏有助于幼儿消除消极的情绪情感

人在生活中不仅有正向的、积极的情绪情感,也有负向的、消极的情绪情感。人的各种情绪情感(如生气、愤怒、绝望、悲哀)如果长期受到压抑而得不到释放,就会影响人的心理健康。而游戏为幼儿提供了表达自己各种情绪的机会。许多心理学家都认识到游戏的这种价值。以弗洛伊德为代表的精神分析学派认为游戏是幼儿的精神发泄,可以补偿现实生活中不能满足的愿望,可以缓解心理紧张,减少忧虑。游戏能消除幼儿生活情境中产生的忧虑和紧张感,使幼儿向自信和愉快情感过渡。皮亚杰把游戏看作是幼儿自我表达的工具,它可以使幼儿通过同化作用来改造现实,满足自我在情感方面的需要,是幼儿解决认知与情感之间冲突的一种手段。辛格夫妇认为想象游戏的主要优点在于

它能提供一个新的刺激场，这种刺激场是幼儿凭想象和回忆创造出来的心理场，它能使幼儿逃避不愉快的现实环境和气氛，使他们产生愉快、肯定的情绪体验，改变受挫的情绪状态，从而间接实现对行为的控制。班尼特发现游戏确实可以帮助幼儿降低焦虑和紧张，具有情绪的修复功能。正因为游戏有助于幼儿宣泄消极情绪，有助于幼儿消除或缓和不愉快的体验，因而，游戏被认为具有治疗的作用。

(三)游戏有助于发展幼儿的高级社会性情感

游戏作为一种充满情绪情感色彩的学前期儿童基本活动，可以发展幼儿道德感、美感和理智感。

道德感主要指人评价自己和别人的行为是否符合社会道德行为标准时所产生的内心体验。游戏是对现实生活的反映，角色的行为无不表现了道德行为。比如在公共汽车的游戏中，孩子扮演了给老人让座的乘客；在医院的游戏中，孩子扮演了同情和护送病人的角色等。当孩子游戏中的角色行为经常和道德行为相联系的时候，对角色行为的体验也就常常充满着道德情感的体验，长此以往就有助于形成稳定的道德情感。同时，游戏的开展需要同伴之间的协作、谅解和帮助，游戏中能力弱的孩子常常需要能力强的孩子帮助，这种帮助是被游戏的需要所促发的，被帮助的孩子会体验到友好，表示感激之情，助人的行为得到肯定，使孩子体验到一种满足。此外，分组竞赛的游戏，还会发展起一种集体的荣誉感和责任心。可见，友爱、同情、荣誉等许多道德情感的体验是产生于游戏之中的。

美感是人对事物的审美体验，是人们在领略美好事物时产生的。而幼儿对美的感受源自于游戏。我们可以看到，游戏常常使儿童自得其乐，沉浸在高度的美感享受中，从而产生自发的表现欲。幼儿在游戏中的角色扮演形式使他们陶醉，结构造型活动使他们痴迷，漂亮的玩具使他们爱不释手，他们用材料装饰、美化自己的游戏环境，从中得到一种审美快感。特别是游戏形式本身充满了美的形态，能使儿童产生各种美感。如在结构游戏折纸、剪贴、搭积木等活动中，儿童的创造和智慧是以一种平衡、和谐、对称的特点体现出来的，他的一句“好看吗”，道出了美感的内心体验；又如在户外大型运动性游戏如攀爬、追逐、荡秋千等活动中，儿童的勇气和力量以一种超乎寻常和抗拒外界威力的举动表现出来时，他的一句“真带劲”，道出了美感的内心体验；还如在角色游戏以物代物、以人代人的活动中，儿童的想象和意境以一种似真非真、似假非假的滑稽形态呈现出来时，他的一句“假的呀”，道出了幽默感的内心体验。可见，游戏总是和美联系在一起的，儿童通过游戏激发了审美创造性。

理智感是与幼儿的认识活动、求知欲、好奇心和解决问题等需要是否满足相联系的内心体验。理智感是由求知的动机引起的,否则就不会有探索、惊奇和了解事物的愿望。幼儿理智感的源泉也是游戏,幼儿的求知欲在游戏中有着最充分的表现,他们看、摸、动、拆、提出问题,自发地去寻求答案,解决问题后会感到一种极大的满足和愉快。我们看到,每当他们一种材料玩出多种花样来,每当他们发现了事物的奥秘,每当他们掌握了一种游戏技巧,每当他们从探索中懂得了一个道理,他们都会由衷地发出欣喜的欢呼,这种求知欲的满足正是幼儿理智感的表现。对幼儿来说,在进入正规的学习之前,是游戏帮助他们发展了理智感。

综上所述,游戏不仅满足学前儿童身心发展的各种需要,而且对学前儿童身体、智力、社会性和情绪情感等各方面的发展具有积极的作用。游戏是儿童幸福与快乐的砝码,也是他们成长的阶梯,儿童的各种发展在游戏中得以实现。

小结

1.皮亚杰认为游戏在儿童出生后(3个月左右)即发生。而在社会文化历史学派看来,出生后前两年儿童的活动不能算是真正的游戏,真正的游戏要等到第三年才发生。

2.早期的游戏理论和研究往往把儿童的游戏看作是本能或与生俱来的"天赋"能力。而皮亚杰的"自我建构"理论认为游戏是儿童认知活动的产物,并随着儿童认知的发展而进步,儿童与物体的交互作用是儿童游戏的最初形式。就社会建构主义者而言,儿童最初的游戏是一种社会性活动而非个人独自的行为,游戏孕育于早期的社会关系之中,是作为看护者的成人和婴儿之间发生的社会性互动的结果。

3.目前绝大多数理论是以儿童的需要来解释儿童游戏的动因。我国学者把幼儿的基本需要分为三个层次九种需要,这九种需要分别是:身体活动的需要、基本生存的需要、安全的需要、理解环境的需要、最佳觉醒水平需要、影响环境的需要、尊敬认可的需要、社会性交往需要和自我实现的需要。

4.游戏在不断成长的儿童个体身上处于不断发展变化的动态。从认知角度来看,儿童游戏发展由感觉运动性水平向象征性水平再向规则性水平转变和升华,象征性成为幼儿阶段游戏的典型特征;从社会性角度来看,儿童游戏呈现出从独自游戏、平行游戏、联合游戏向合作游戏阶段发展的趋势。

5.游戏不仅满足学前儿童在身心发展过程中的各种需要,而且对学前儿童身体、智力、社会性和情绪情感等方面发展具有积极而全面的促进作用。游戏

的这种重要价值，使游戏成为学前儿童不可被剥夺的正当权利，也是当代学前教育以游戏为基本活动形式的科学根据。

【思考与练习】

1.试对比分析认知发展学派和社会文化历史学派对儿童游戏发生时间和儿童游戏能力获得的不同看法。

2.简述儿童游戏的基本需要。

3.列举儿童游戏的动机类型。

4.论述游戏在学前儿童智力和社会性发展中的作用。

5.试述象征性游戏的个体发展过程。

6.简述角色扮演的发展过程。

7.试述学前儿童游戏内容和游戏形式发展的一般趋势。

8.结合所学有关游戏发展的原理，试分析游戏何以成为儿童身心发展的生动写照。

【拓展阅读】

1.珍妮特·莫伊蕾斯. 仅仅是游戏吗？——游戏在早期儿童教育中的作用与地位[M]. 刘焱，译.北京：北京师范大学出版社，2010.

该书讨论了游戏和学习的相互关系，从语言、问题解决和创造性等三个重要的发展领域论述了游戏的价值以及成人（包括幼儿教师和父母）应当在幼儿的游戏中扮演的角色，并且具体讨论了幼儿教师组织与指导幼儿游戏的途径与方法、在游戏中如何观察和评价幼儿的学习与进步等。该书的鲜明特点是用鲜活的案例来说明游戏的价值和意义。

2.James E Johnson.游戏与儿童早期发展[M].第2版.华爱华，郭力平，译校.上海：华东师范大学出版社，2006.

该书围绕四大问题展开：游戏是什么？什么是好的游戏？成人如何促进儿童的游戏？游戏和课程的关系是什么？该书从游戏的理论和研究者对游戏的定义出发，找出了游戏最关键的特征；从游戏与儿童的各种行为以及与儿童各个发展领域之间的关系，探讨了好游戏的问题；从游戏的干预技巧和促进策略、游戏的评价方法、游戏环境的创设等方面探讨了成人如何干预儿童的游戏；最后在关于游戏和课程的关系上提出了游戏与课程的相互生成关系。该书始终贯穿着三个重要的观点:儿童早期所进行的好的游戏是其未来发展过程中具有积极功能的前奏;游戏是表达个体意愿和兴趣的方式,也是形成独特人格的途径;游戏是儿童连接自己和他人,获得社会自我,成为社会成员的一种途径。

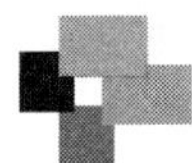

第五章　幼儿园游戏与幼儿园教育

【本章导航】

游戏作为幼儿的基本活动，是与幼儿年龄特点相适应的学习方式，在游戏活动中发生着大量的学习活动，因此应当被纳入教育指导的范围。本章从儿童心理发展特点和学习特点等心理学的基础上和幼儿的游戏权利保障和生活保障为理论基础，论述了游戏作为幼儿园基本活动的基本原理。从游戏与幼儿园课程现存的关系出发，论述了游戏与幼儿园课程是相互生成的关系，并揭示了相互生成的路径；接着梳理了游戏与幼儿园课程之间的关系，并为实现游戏与幼儿园教学的最优化提供了有效的策略。总而言之，本章解决的主要问题是为什么游戏要成为、必须成为、如何成为幼儿园的主导活动。

【学习目标】

1.理解幼儿园以游戏为基本活动的心理学基础。

2.理解幼儿园以游戏为基本活动的哲学基础。

3.理解游戏与幼儿园课程的关系。

4.能分析游戏与幼儿园课程关系存在差异的原因。

5.能举例说明游戏与幼儿园课程相互生成的途径。

6.理解游戏与幼儿园教学的关系。

7.能说明游戏与幼儿园教学优化组合的理论基础。

8.能举例说明游戏与幼儿园教学的优化组合的实践策略。

第一节　幼儿园以游戏为基本活动的基本原理

一、从儿童心理发展的视角分析

(一)游戏是促进幼儿发展的基本活动

皮亚杰的理论告诉我们,儿童是在与环境积极的相互作用过程中发展的,这一相互作用过程就是活动,活动是幼儿发展的基础和源泉。在活动中人们与周围世界的人与物进行实际的接触。在这个实际接触与交往的过程中,产生对客观现实的认识与反映,并根据对象的客观属性对它们施加作用与影响。不同性质的交往对象,构成了个体知识的不同来源。根据交往对象的不同,我们可以把幼儿需要学习的知识区分为两类:一类是依赖于儿童与物体的相互作用的知识,通过与物体的相互作用,可以获得两类知识:物理经验和数理逻辑经验。前者指获得物体本身所具有的属性,比如高、重、光滑等;后者主要是指动作与物体的关系经验,比如守恒。这类知识主要来源于在心理内部所建构的动作与物体的关系的协调,而不存在于物体本身。这一类知识的获得需要实际操作与发现。另一类知识依赖于儿童与成人的交往,儿童在与他人交往的过程中通过模仿他人行为、内化他人观点获得了社会约定俗成的知识和经验,发展了自己的社会性,同时也形成自己的个性。与物互动和与人交往对于儿童的发展来说都是不可或缺的。在教育工作中,我们应当鼓励儿童与周围环境的积极互动,并为这种积极的互动创造条件。

游戏是学前儿童的基本活动,是幼儿与周围环境相互作用的基本形式。在游戏中,幼儿不仅与玩具和游戏材料等物的对象积极互动,也与同伴与成人积极互动。而且在游戏中与人和物互动常常非常自然地融合,呈复合形式。也就是说,游戏是幼儿各类活

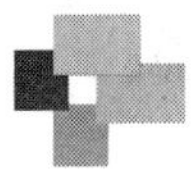

动赖以进行的最好载体。[1]在游戏中,幼儿不仅可以通过与成人的交往来理解与掌握社会习俗的知识,通过与伙伴的交往发现自己的想法和观点与别人的想法与观点之间的差距,从而来"校正"自己的观点,更重要的是,可以通过与物的交往来发现一些事物与现象或自己的动作与结果之间较隐蔽的关系,例如当幼儿把不同质地的纸(包括油光纸、白纸、皱纹纸、牛皮纸等)折成小船放入水中时发现了不同质地的纸的耐水性不同。在游戏中,幼儿还可以形成与人交往的需要和积极的态度,理解与掌握社会生活的基本行为准则与规范。所以,游戏就是幼儿的学习。幼儿园以游戏为基本活动,既反映了现代发展心理学对幼儿游戏发展价值的研究成果,也反映了现代学前教育理论注重儿童"活动"的原理。[2]

(二)游戏是发展幼儿主体性最适宜的途径

"儿童是学习与发展的主体"是20世纪80年代以来学前教育基本理论中的一个意义最深刻的观点变化。[3]在知识客观主义和学习授受主义为核心的知识观和学习观中,把幼儿看作被动接受知识的容器。在知识主观主义和知识建构主义的知识观和学习观背景下,终于认识到并积极倡导儿童是活动的主体,是学习与发展的主体。儿童不是被动地承受或复制外界环境的影响,而是有选择地接受客观现实的影响,积极主动地去反映和理解客观现实,从而使外部的、物质的东西向内部的、观念的东西转化,表现为主体对客观现实的主动建构。活动的主体性是游戏的本质特点。[4]在游戏中,幼儿的主体性不仅表现为主动选择与决定游戏的对象、游戏的伙伴、游戏的内容、游戏的方式与方法,而且表现为幼儿对蕴含在游戏活动中丰富的知识的主动建构。不仅能够探索发现事物的特性、事物之间的关系、动作与事物变化之间的关系,还能够创造性地表达与表现自己通过探索所获得的经验。因此,游戏不仅可以表现幼儿的主体性,而且也是培养幼儿主体性的最适宜的方式。

(三)游戏适合儿童个性化发展

个体差异是教育界经常提到的一个概念,但是在过去的理解中人们更倾向于将个体差异理解为儿童发展水平的差异,学校中依然遗存的"快班与慢班"

〔1〕李季湄、肖湘宁:《幼儿园教育》,北京师范大学出版社1997年版,第56页。

〔2〕刘焱:《幼儿园以游戏为基本活动的现代教育原理》,载《学前教育研究》1995年第3期。

〔3〕刘焱:《幼儿园以游戏为基本活动的现代教育原理》,载《学前教育研究》1995年第3期。

〔4〕刘焱:《幼儿园游戏教学论》,中国社会出版社2000年版,第91页。

"尖子班与普通班""实验班与平行班"等都是人们对教育对象个体差异理解为发展水平和发展速度的具体表现。实际上个体差异不仅包括了发展的不同水平和速度,还包括儿童发展的不同特点,具体来讲,幼儿的个体差异主要表现为四个方面:发展水平的差异、能力倾向的差异、学习方式的差异和原有经验的差异。[1]"关注个别差异,促进每个幼儿富有个性地发展",这是当代学前教育的共识。因为每个孩子的生活环境不同,他们作用于环境的方式不同,也就决定了每个孩子原有经验上的个别差异,幼儿富有个性的发展正是以儿童的个别差异为基础的,游戏是对幼儿进行个别化教育的最好途径。幼儿可以根据自己的发展水平、原有经验、兴趣、能力和学习方式,选择自己喜欢的、能带来愉悦体验的游戏;同时我们认识到游戏是幼儿身心发展的一面镜子,在游戏中幼儿身心发展有最真实自然的反映,游戏也就成为教师观察与了解幼儿身心发展水平与特点的最好时机,可以针对每个幼儿的特点与需求进行富有个性化的干预,从而促进幼儿富有个性的发展。所以,幼儿园以游戏为基本活动,反映了现代学前教育注重个别化教育的要求。

二、从哲学的视角分析

(一)游戏是幼儿的权利

20世纪80年代以来学前教育基本理论中的一个显著变化是引进了儿童权利的概念。[2]尤其是1989年《儿童权利公约》的颁布,李鹏总理签署了为促进《儿童权利公约》实施的两个行动计划宣言之后,我国政府又制定了以《90年代中国儿童发展规划纲要》为代表的一系列法律与法规,大大增强了教育工作者的儿童权利意识。《儿童权利公约》中提出"儿童的最大利益将是他们主要关心的事",游戏正是学前儿童最关心的事。游戏权在学前教育阶段不仅仅是儿童娱乐与消遣的权利,更应当看作是学习与发展的权利。现代儿童游戏的理论与研究的结果表明,游戏是幼儿的需要,能够满足幼儿多方面发展的需求,不仅可以促进身体的发育、生理机能的提高、动作技能的发展,而且可以促进幼儿认识、情感和社会性等各方面的发展,是幼儿身心发展的客观要求。《幼儿园教育指导纲要(试行)》作为教育法规,提出"幼儿园以游戏为基本活动",确立了游戏在学前儿童身心发展中的重要作用,从教育立法的角度,保障了幼儿的游戏权

〔1〕教育部基础教育司组织:《幼儿园教育指导纲要(试行)》,江苏教育出版社2002年版,第31页。

〔2〕刘焱:《幼儿园以游戏为基本活动的现代教育原理》,载《学前教育研究》1995年第3期。

与发展权。[1]

(二)游戏是幼儿的生活

游戏与儿童从来就是不可分的,“游戏是儿童重要的生活方式”。[2]教育家罗素曾经说过:“热爱游戏是幼小动物——不论是人类还是其他动物最显著的易于识别的特征。对于儿童来说,这种爱好是与通过装扮而带来的无穷乐趣形影相随的,游戏与装扮在儿童时期乃是生命攸关的需要,若要孩子幸福、健康,就必须为他提供玩耍和装扮的机会。”在过去“知识为未来生活做准备”的观念下,儿童当下的生活是被忽视的,在杜威“教育即生活”等观念的倡导下,人们逐渐认识到儿童当下生活的重要意义。在儿童当下的生活中游戏是他们生活的天然需要,是他们生命活动中不可缺少的因素,就像吃饭喝水一样。在童年时期,游戏是一桩正当的事儿,儿童甚至在做重要工作的时候,也应当经常做游戏,儿童的整个生活也就是游戏。儿童游戏的核心价值就是愉悦,儿童游戏没有什么理性的目的,他们之所以游戏就是为了娱乐,就是因为“好玩”。如果没有了游戏,儿童也将失去自己的生活。可见,对于儿童来讲,是在生活中成长的,也是在游戏中成长的。幼儿园是幼儿生活的重要场域,如果幼儿园没有了游戏将不再成为儿童的乐园,而将成为儿童的牢笼。

总之,无论从儿童心理发展、儿童学习的视角,还是儿童权利与生活的视角,游戏都应该成为幼儿园的基本活动。

第二节 幼儿园游戏与课程

游戏在幼儿园课程中应该占有什么样的地位?游戏和幼儿园课程之间应当是一种什么样的关系?纵观游戏和幼儿园课程的发展,游戏在幼儿园课程中的地位与对学业知识技能的强调之间形成了一种此消彼长的关系。[3]说到底,游戏与幼儿园课程的关系依从于我们对于幼儿园课程概念的理解。游戏对于幼儿园课程来说,究竟是内容、是形式,抑或是目的、是手段,关键在于我们如何定义幼儿园课程。

---

〔1〕刘焱:《幼儿园以游戏为基本活动的现代教育原理》,载《学前教育研究》1995年第3期。

〔2〕刘晓东:《解放儿童》,新华出版社2002年版,第114页。

〔3〕刘焱:《儿童游戏通论》,北京师范大学出版社2004年版,第357页。

一、幼儿园游戏与课程的关系

尽管人们对课程的定义有数百种,但是具体到我国的学前教育领域,影响深刻的有三类:课程即教学科目、课程即活动、课程即经验。

(一)课程即教学科目的课程观与游戏

这种观点突出地表现在新中国成立初期一直到20世纪80年代的相关著作中。比如,幼儿园课程是指"幼儿园各门科目本身的教材结构、教学规律和各门科目之间的相互关系"。[1]幼儿园课程是"指幼儿园整体教育或某一科目教学的教学内容、教学过程及时间安排等"。从价值取向上来说,这类课程定义反映了知识本位的课程观,在人的主体发展与知识的掌握之间更看重后者。"把课程看作是一套由成人为年轻一代精心选择和组织的、有待于年轻一代去'占有'和'掌握'的客观的知识体系",而这种知识体系往往是按照论理逻辑组织起来的,是可以分阶段地学习和掌握的客观知识体系。因而就顺理成章地形成了幼儿园课程是为小学课程做准备,童年生活是成人生活的准备的事实。从知识观上来讲,这类课程概念反映了客观主义的知识观,认为知识是外在于个体的客观存在,是对外部客观世界的摹写或映象,知识以客观不变的形式存在于客观世界和主体脑中。与此相应,学习就是接受、储存这种客观知识的过程,教学就成为将这种客观知识进行记录、储存、传递的过程,"上课"成为教学的主要甚至唯一的途径。为了提高课堂教学的效果,游戏就被用作一种教学方法,主要是利用游戏形式与因素编制教学游戏,因其能调动幼儿学习的积极性而受到青睐。如何能在短时间内高效地掌握和传递知识就变成了有效学习的标准,学习者个体的个性差异和原有的学习经验在这种课程观下变得无足轻重。受这种课程观的影响,人们或忽视游戏,对游戏放任自流;或只重视游戏形式,忽视游戏实质;或重视游戏作为高效传递知识的工具价值,忽视游戏本体价值。正如杜威所指出的,由于学习内容对于学生来说是外部力量规定他们必须接受的东西,而不是他们自己感兴趣的东西,因此教师就想方设法采用各种技巧的教为幼儿提供"有益的学习经验"。

(二)课程即活动的课程观与游戏

"课程即活动"的观点频繁地出现在20世纪90年代的学前教育的相关研究和著作中,也是当前我国幼儿教育实践中认可度最高的一种课程观念。比如,傅淳提出"幼儿园课程是幼儿在幼儿园有目的、有计划的安排与教师指导下,为

〔1〕转引自《赵寄石文集》,江苏教育出版社2006年版,第48页。该观点是1982年载于《中国教育学会幼儿教育研究会第二届年会论文、经验选编》,题目为《挖掘幼儿智力潜力,促进幼儿智力发展——幼儿园课程研究三年小结》的文章。

达到幼儿教育目标而进行的各种有程序的学习活动”。李季湄认为“幼儿园课程是实现幼儿园教育目的的手段，是保证幼儿获得有益的学习经验，促进幼儿身心和谐发展的各种活动的总和”。冯晓霞认为“幼儿园课程是幼儿在幼儿园教育环境中进行的，旨在促进其身心全面和谐发展的各种活动的总和”。[1]这些概念如果使用文学中的缩句策略的话，均可以缩写为幼儿园的课程就是幼儿园的各种活动的总和。课程即活动，从课程的价值观上来讲，重视人、重视儿童的发展甚于知识的获得，知识的获得服务于人的发展，也就是说，课程的目的不仅仅限于知识的学习与传授，而在于人的发展；从学习观来看，经验是个体在与环境的交互作用中积极主动地建构自己的意义的产物，而不是对外部信息或者文本的简单的复制、内化、接受、积累的结果。“任何存在于个体之外的信息与主体相遇，个体必然会根据自己的知识结构和原有经验来建构自己的意义，形成自己独特的理解和解释。”[2]所以，个体所获得的“意义不是文本的摹写，而是个体在与文本的对话中创造出来的”。[3]如果我们把课程理解为“幼儿园为幼儿所安排的一切活动”或“教育活动的总和”，那么，游戏作为幼儿园的基本活动，必然成为幼儿园课程的重要组成部分。由这种课程观出发，游戏就是幼儿园课程本身的“内容”，不是“形式”，不是“工具”，而成为幼儿园课程的结构因素。

虽然这种课程观比较有利于游戏在幼儿园课程中的合理合法的地位，但是，这种课程观也有其自身与生俱来的缺陷，就是它是以课程的外延而不是以内涵来定义课程的，没有反映课程的本质特征。

(三)课程即经验的课程观与游戏

游戏即经验的定义起源于杜威的进步主义教育思想，更加关注于课程的内涵，“教育是在经验中，由于经验，为着经验的一种发展过程”。[4]杜威主张“需要把各门学科的教材或知识恢复到原来的经验。它必须恢复到它所被抽象出来的原来的经验。它必须心理化”[5]。在我国的幼儿教育研究中，以经验来定义幼儿园课程者如虞永平，他认为幼儿园课程是“从幼儿身心发展的特点和特定的社会文化背景出发，有目的地选择、组织和提供的综合性的、有益的经验”。[6]刘焱也认为幼儿园课程是“根据幼儿园教育目标为幼儿设计和组织的有益于其身

〔1〕冯晓霞：《以活动理论为基础建构幼儿园课程的思考与尝试》，载《学前教育研究》1997年第4期。

〔2〕刘焱：《儿童游戏通论》，北京师范大学出版社2004年版，第362页。

〔3〕多尔：《后现代课程观》，王红宇译，教育科学出版社2000年版，第123页。

〔4〕钟启泉：《现代课程论》，上海教育出版社1989年版，第186页。

〔5〕John Dewey. Experience and Education. p103.

〔6〕虞永平：《试论幼儿园课程及其特质》，载《早期教育》2001年第1期。

心健康和谐发展的全部学习经验”。[1]如果将幼儿园课程理解为为幼儿设计和组织的经验的话，则“课程是为有目的的学习而设计的内容，教学则是达到教育目的的手段”。[2]课程即经验的价值观则是高扬人的发展的旗帜，将个体的经验的获得，个体整体、和谐、主动的发展提到了前所未有的高度。学习是个体基于原有经验的、与环境相互作用的过程中主动建构的过程。游戏是幼儿积极主动地与周围环境相互作用的基本活动方式，幼儿在游戏中探索、发现、计划、思考，主动地构建着自己的经验和意义，游戏成为幼儿获得经验最适合的方式。幼儿游戏的过程，正是幼儿经验建构的过程，也是幼儿园课程形成与发展的过程，课程与游戏也就变成了相互生成的关系。

无论是将课程定义为“活动”还是定义为“经验”，其共性是同样发端于对将课程归结或理解为“知识”观点的批评，同样认为课程应当大于“知识”，同样重视学习者参与课程的主观能动性，并且同样希望通过对于课程本质的重新定义解决课程理论和实践中的现实问题。

二、游戏与幼儿园课程的相互生成

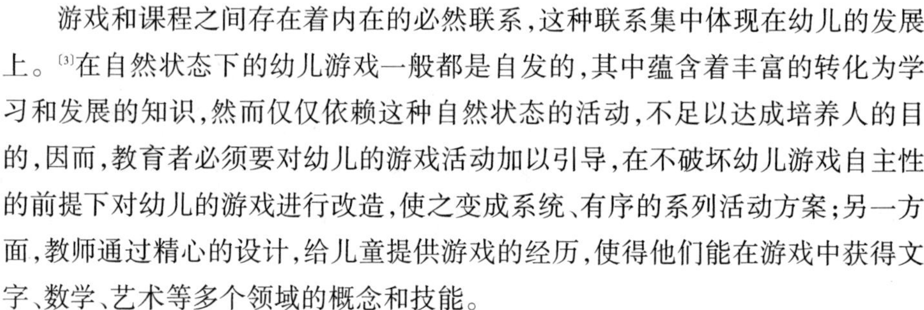

游戏和课程之间存在着内在的必然联系，这种联系集中体现在幼儿的发展上。[3]在自然状态下的幼儿游戏一般都是自发的，其中蕴含着丰富的转化为学习和发展的知识，然而仅仅依赖这种自然状态的活动，不足以达成培养人的目的，因而，教育者必须要对幼儿的游戏活动加以引导，在不破坏幼儿游戏自主性的前提下对幼儿的游戏进行改造，使之变成系统、有序的系列活动方案；另一方面，教师通过精心的设计，给儿童提供游戏的经历，使得他们能在游戏中获得文字、数学、艺术等多个领域的概念和技能。

（一）游戏生成课程

1.游戏生成课程的含义

课程建构的方法无外乎两种：预设课程和生成课程。预设课程是由教育者实施事先设计好的教育方案或计划，它的理论基础是泰勒原理。预设课程最本质的特征是儿童的学习成为教师有特定意图的、指导的、控制的结果。生成课程既不是教育者预先设计好的、在教育过程中不可改变的僵死的计划，也不是儿童无目的的、随意的、自发的活动。它是在师生互动过程中，通过教育者对儿童的需要和感兴趣的事物的价值判断，不断调整活动，以促进儿童更加有效学

〔1〕刘焱：《幼儿园游戏活动论》，中国社会出版社1998年版，第268页。

〔2〕施良方：《试论北美教学理论的形成与发展》，载《教育研究》1993年第1期。

〔3〕白乙拉：《幼儿园游戏课程的基本理论和心理学基础》，载《内蒙古师范大学学报》(教育科学版)2004年第10期。

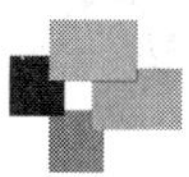

习的课程发展过程，是一个动态的师幼共同学习、共同建构世界的过程。预设课程是基础，生成课程是发展。预设性或生成性方法相结合，才能使以游戏为基本活动的幼儿园教学理论转化为实践，使教学与课程既适宜于具体的幼儿班级，也适宜于具体的幼儿，解决教育与发展之间的“相称”或“匹配”问题。而幼儿的游戏是幼儿发展与兴趣的自然表现，是幼儿成长与发展的需要，也是生成课程的重要来源之一。游戏生成课程的实质就是将儿童自己的游戏，或者说是自发或自由状态下的游戏转化为幼儿园的课程，也意味着教师在教学过程中要敏锐地捕捉到幼儿的学习兴趣与需要，并且根据这种兴趣和需要，及时地组织和指导幼儿展开相应的学习活动，帮助幼儿获得相关的学习经验。要提供给幼儿在游戏中表现出的学习兴趣和发展需要扩展学习的机会，将其随时纳入幼儿园课程。

2.游戏生成课程的价值

（1）经验的连续性。经验的连续性是杜威强调的一个儿童发展与教育的核心概念：“教育即经验的不断改造。”这个改造是指“儿童熟悉而存在于记忆中的过去，眼前的并不断发展的现在，以及充满了希望和惊奇的未来，这三者之间的关联”。[1]游戏转变成课程，将会把幼儿在游戏当中表现出来的兴趣和需要变成持续性的探索活动，其中不仅有幼儿自己的探索，还有在和老师周密计划的活动中的探索，从而使幼儿的经验更加深化、系统。

（2）想象与现实的互动价值。“儿童在游戏中生活于现实以外的一种现实中，即，在游戏中儿童生活于梦想的世界，儿童在游戏中以梦想的方式在自己的心中建构着外部世界。”[2]游戏强调的是顺应儿童的发展、满足儿童的需要，预设课程更强调的是以合乎社会要求的轨道促进儿童的发展，教师需要鼓励游戏的客观因素和主观因素之间保持一种动态的平衡互动，即儿童的情感、幻想以及个人特有的需要和社会现实与社会限制方面保持一种动态的平衡。

3.游戏生成课程的路径

生成课程的来源有多种，儿童的兴趣、教师的兴趣、儿童发展任务、生活中的人们、课程资源材料、意外事件，日常生活等[3]。游戏生成课程主要是指在幼儿游戏中出现的预设课程范围之外的兴趣和内容，并且教师有根据地判断这些

〔1〕约翰逊等：《游戏与儿童早期发展》，华爱华等译，华东师范大学出版社2006年版，第350页。

〔2〕刘晓东：《解放儿童》，新华出版社2002年版，第114页。

〔3〕约翰·尼莫、伊丽莎白·琼斯：《生成课程》，周欣等译，华东师范大学出版社2004年版，第212-213页。

兴趣和内容构建课程能进一步引发幼儿的探究兴趣或获得系统经验，从而随时或者有设计地补充进课程中。比如“探索蜗牛”活动的产生：

今天的天气真不错，做完课间操，老师带领孩子们来到荷花池边，他们自由地观察着、兴奋地议论着。这时，老师听见毛毛在远处喊：“水蜗牛，水蜗牛，我发现了好多水蜗牛。”老师也赶过来，因为她也从来没有听说过水蜗牛，孩子们更是兴奋地围过来。老师趁机帮着孩子们从水里捞上来几只，孩子们呼啦一下围在了一起，有的用手碰一碰，有的干脆把蜗牛捉起来，看着孩子们“乱哄哄”的场面，老师并不干涉，而是以支持、欣赏的态度鼓励他们去草地上捉蜗牛与水里的蜗牛比一比。在与蜗牛的直接接触中，孩子们产生了许多问题：“蜗牛吃什么？”“为什么有的蜗牛生活在水里，有的蜗牛生活在土里？”“蜗牛有没有脚？”“蜗牛是益虫还是害虫？”幼儿就这样对小小的蜗牛产生了浓厚的兴趣。在翻阅了相关书籍之后，老师发现大部分幼儿对蜗牛的外表比较感兴趣，如何引导幼儿更深入地探究自己感兴趣的问题呢？老师设置了一系列的问题：“为什么蜗牛爬过的地方，会有一道白线？”“为什么我们一碰蜗牛的角，蜗牛就会缩到壳里？”“蜗牛是爬行动物吗？”一个以问题为主线，鼓励孩子深入探索蜗牛的活动方案产生了。[1]

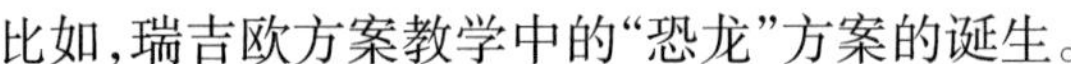

比如，瑞吉欧方案教学中的“恐龙”方案的诞生。

一个秋天刚刚开学的时候，瑞吉欧学校的老师们发现五六岁的孩子带了很多恐龙玩具来到教室里，意大利也像世界上其他国家一样，到处可见恐龙的形象，小朋友通过书籍、报纸、杂志、电影、电视、玩具等获得了大量有关恐龙的知识和形象，而且这些庞大、有力、带有攻击性的恐龙经常使幼儿感到新奇和刺激。当老师们看到孩子们经常玩恐龙和恐龙游戏时，发现幼儿对恐龙的兴趣非常浓厚，而且也认为可以利用这个机会加深他们对恐龙的进一步认识，于是老师决定开始与幼儿进行深入的恐龙研究。[2]

（二）课程生成游戏

1.课程生成游戏

课程生成游戏，教师通过对幼儿游戏的观察，引导幼儿选择那些可能与幼儿的兴趣和需要相匹配的预设课程中的材料或技能，与此同时，教师可采用多种游戏指导策略不露教学痕迹地将科学、艺术、数学等知识领域的内容融入游

〔1〕改编自教师方案展示，http://www.jy135.com/html/changyongziliao/anli/201306/21-48721.html。

〔2〕屠美如：《向瑞吉欧学习什么？——〈儿童的一百种语言〉解读》，教育科学出版社2002年版，第18页。

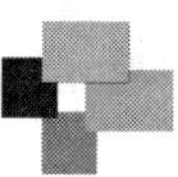

戏活动中。比如,教师为帮助幼儿学会一个具体概念或一项技能而精心安排的练习性游戏就是由课程生成的游戏,它为幼儿提供了在游戏中愉快地重复和创造的情境。再比如,为了让幼儿能主动地学习领域知识而设计的教学游戏。

2.课程生成游戏的两个功能

依据课程生成的游戏与学习指导的先后次序,课程生成的游戏可以具有两个重要的功能:初始学习和练习巩固。[1]

(1)初始学习。尝试性行为是幼儿游戏的常见表现,根据维果茨基的观点"游戏创造了儿童的最近发展区",儿童在游戏中的表现往往高于日常的水平来尝试新的游戏行为,初始学习就开始于这里。初始学习指游戏活动先于学习指导,为儿童提供了学习技巧和概念的最初机会,儿童有机会玩游戏后,教师评估他们对目标技能的掌握程度,然后对通过游戏但还没有掌握技能的儿童提供指导。

(2)练习和巩固。众所周知,重复行为是儿童游戏的一个明显特征,当儿童刚刚获得一种新的经验或学习一种新的技能时,他们就会通过游戏反反复复,不厌其烦地重现,练习和巩固的功能也就体现在其中,而这也恰恰能为教师所用。作为学习之后的巩固和练习,游戏活动在直接学习指导之后进行,为儿童提供了练习所学技能的有趣、有意义的机会。

同一种游戏可以具有以上任何一种功能,其差别在于游戏活动与学习指导活动的先后顺序。游戏的这两种功能都可以被不同学习观和教学观的教师所使用。持传统的、依赖于直接教学的教师可以充分利用游戏的教育性的优点,让游戏为其所教授的经验提供练习和巩固的机会,持建构主义学习观和教学观的教师可以将游戏作为初始学习的机会。

因此,在这里所要强调的是,不是游戏发生,学习与经验一定就蕴含其中并且能被儿童有效获得,因此,在游戏过程中是否获得了教育者所精心设计的、蕴含在游戏过程中,并希望幼儿在游戏中能够获得的学习和经验就显得尤为重要。

3.课程生成游戏的路径

课程生成游戏包含两层含义:其一,基于游戏是儿童的一种活动类型或形式,以之作为幼儿园课程实施的组织形式或手段。其二,基于游戏作为一种童年精神的存在,让游戏精神成为贯穿和融入整个幼儿园课程实施的灵魂或主线。[2]

---

〔1〕约翰逊等:《游戏与儿童早期发展》,华爱华等译,华东师范大学出版社2006年版,第342页。

〔2〕丁海东:《游戏的教育价值及其在幼儿园课程中的实现路径》,载《学前教育研究》2006年第12期。

就第一层含义来讲，在我国的幼儿园实践中，课程生成游戏的典型案例有两类：第一类是游戏区、区域活动的创设以及活动，第二类是教学游戏的设计与组织。同一目标可以通过不同的游戏活动、不同方式来实现，下面的案例中两位教师的做法具有异曲同工之妙。

根据《3～6岁儿童学习与发展指南》的指导，5～6岁幼儿“能通过实物操作或其他方法进行10以内的加减法运算”。幼儿园要求教师“教会孩子数数，并学习10以内的加法”。

小张老师决定将幼儿园里的角色游戏区创设为商店来解决达成这个目标。

小张老师准备了一些小物品作为商店的出售商品，一些过期的购物券，一些有鲜明的数字和图片信息的广告传单，几个计算器，一个日期可以改动的印章，一个可以称量物体的悬挂秤，让孩子们制作了一些1～10面值的游戏币，制作了一些贴在商品上的价格标签，当然价格是10以内的整数。一切准备就绪，商店就要开业了。连续数周商店游戏的环节又可划分为两个阶段：第一个阶段，幼儿在自由挑选、自由买卖的过程中体验数数、根据商品的价格体验加与减，自己不能加减时可以借助计算器来实现。第二个阶段，小张老师设计了给每一个孩子10元钱，让他们能够挑选出正好总额是10元的商品。

小李老师同样设计了商店游戏，这个商店游戏则是借鉴规则游戏的形式而设计的教学游戏。

古董商店（大班）[1]

游戏目标：

1.在游戏中体验用多种方法进行10以内的凑数。

2.理解并遵守游戏规则，感受与团队合作的快乐。

游戏准备：

1.垫子两个，若干工艺品，视频（结合民乐《高山流水》的柔美旋律，配合背景解说，展示若干件颇具“中国风”的古董工艺品）。

2.幼儿有用替代物进行游戏的经验。

游戏玩法：

每组要根据教师为商品给出的价格，让队员迅速凑出正确的钱数并站在垫子上。最先站在垫子上并且钱数正确的一组就能拿走该件商品。

游戏规则：

1.必须在念完口诀后才能开始凑数并站在垫子上。

---

〔1〕上海静安区南西幼儿园设计。

2.指定队员站在垫子上，其他队员站在线后，全队举手示意才算确定答案。

3.先举手且凑数正确的队才算优胜队，才能拿走商品。

延伸游戏活动：

1.准备材料：数字骰子(5～10)，物品骰子(印有6种古董图案)；象征古董的卡牌6种，每种相同的若干张；按铃；2盒不同颜色的代币，分别为5个“1元”、5个“2元”。

2.幼儿在桌子两边面对面而坐，中间一侧放古董卡牌，代币盒置于各人面前，按铃摆放在两人中间。

3.两人互相商量，一人拿数字骰子，一人拿物品骰子，共同发出指令将自己的骰子投到按铃两侧。

4.迅速观察骰子上的数字，例如，数字骰子上显示“6”、物品骰子上显示“唐三彩”，则说明只要一方先凑出6元，就可以得到“唐三彩”卡牌。

5.按照数字骰子的要求迅速用代币凑数。

6.确定答案后迅速按下按铃。

7.没有按铃或后按铃的一方检查对方所拿出的代币是否符合凑数要求。

8.检查确认后，最先按铃的一方获得一张古董卡牌。最先获得4种不同古董卡牌的一方获胜。

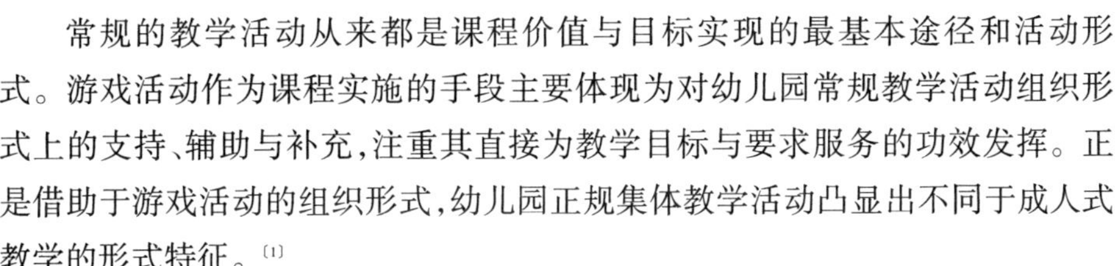
常规的教学活动从来都是课程价值与目标实现的最基本途径和活动形式。游戏活动作为课程实施的手段主要体现为对幼儿园常规教学活动组织形式上的支持、辅助与补充，注重其直接为教学目标与要求服务的功效发挥。正是借助于游戏活动的组织形式，幼儿园正规集体教学活动凸显出不同于成人式教学的形式特征。[1]

课程生成游戏和游戏生成课程之间并没有明确的非此即彼的界限，特别是在幼儿园中，老师们都喜欢将课程和游戏混合起来。

第三节 游戏与幼儿园教学

一、游戏与幼儿园教学的关系

(一)游戏与幼儿园教学关系的现实分析

1.游戏与幼儿园教学是包含关系。刘焱认为“游戏与幼儿园的教学是一种

〔1〕丁海东：《游戏的教育价值及其在幼儿园课程中的实现路径》，载《学前教育研究》2006年第12期。

包含关系，幼儿园教学应当渗透在包括游戏、生活在内的幼儿园一日生活的各个环节中”。[1]游戏确实不能够替代教学，但不是因为教学是有目的、有计划的传授知识、技能的过程，游戏是幼儿已有经验的表现过程，而是因为游戏仅仅是幼儿园教学的主要途径。

2.游戏与教学是并列的两类活动。持此观点者，在幼儿园教育界更为普遍，谢丹认为“在发生论学者看来，游戏与教学是一组同位概念，游戏是自发地对自身潜能的开发活动，教学则是外部文化自觉地对儿童潜能的开发，两者可以整合为一个活动”。[2]丁海东认为“游戏和教学是学前教育实施的两种重要途径。游戏强调顺应儿童的发展，教学则将儿童的发展纳入合乎社会要求的轨道”。游戏与教学的同位与并列也体现在一些幼儿园相关的文件与政策中，比如在1998年颁布的《北京市幼儿教育纲要》中就认为幼儿教育的途径有三个：日常生活、游戏和教学活动。在专家团队对新颁布的《3～6岁儿童学习与发展指南》的解读中也认为，“所谓幼儿园集体教学活动，是作为和一日生活活动、和活动区活动相配合，共同构成幼儿园生活的一类活动”。[3]持此观点者均认为教学和游戏有着各自独特的功能与价值，因此，二者具有不可替代性，同时也倡导游戏和教学的整合。

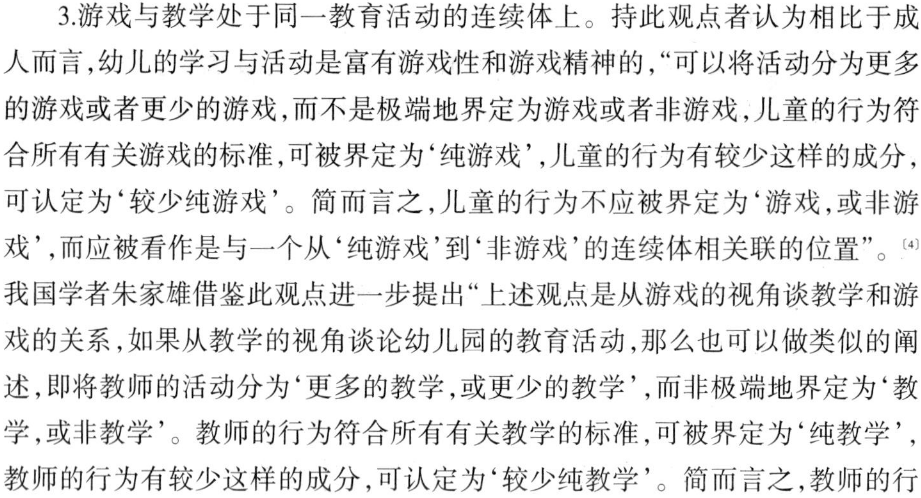

3.游戏与教学处于同一教育活动的连续体上。持此观点者认为相比于成人而言，幼儿的学习与活动是富有游戏性和游戏精神的，“可以将活动分为更多的游戏或者更少的游戏，而不是极端地界定为游戏或者非游戏，儿童的行为符合所有有关游戏的标准，可被界定为‘纯游戏’，儿童的行为有较少这样的成分，可认定为‘较少纯游戏’。简而言之，儿童的行为不应被界定为‘游戏，或非游戏’，而应被看作是与一个从‘纯游戏’到‘非游戏’的连续体相关联的位置”。[4]我国学者朱家雄借鉴此观点进一步提出“上述观点是从游戏的视角谈教学和游戏的关系，如果从教学的视角谈论幼儿园的教育活动，那么也可以做类似的阐述，即将教师的活动分为‘更多的教学，或更少的教学’，而非极端地界定为‘教学，或非教学’。教师的行为符合所有有关教学的标准，可被界定为‘纯教学’，教师的行为有较少这样的成分，可认定为‘较少纯教学’。简而言之，教师的行

〔1〕刘焱：《幼儿游戏教学论》，中国社会出版社2003年版，第242页。

〔2〕谢丹：《论游戏与教学的整合》，载《学前教育研究》2006年第3期。

〔3〕李季湄、冯晓霞：《〈3～6岁儿童学习与发展指南〉解读》，人民教育出版社2013年版，第264页。

〔4〕朱家雄：《从教学的视角谈游戏和教学之间的关系——二谈幼儿园教学的有效性》，载《幼儿教育》2010年第3期。

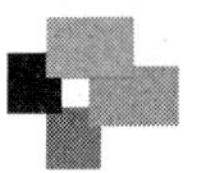

为不应被界定为‘教学,或非教学’,而应被看作是与一个从‘纯教学’到‘非教学’(游戏)的连续体相关联的位置。”简而言之,就是“幼儿园中所发生的教育活动都是‘游戏’和‘教学’不同程度的结合”。

(二)游戏与幼儿园教学关系多样的原因分析

游戏与教学之间的关系之所以存在上述不同的认识,源自于对教学本质认识的不同。刘焱老师之所以提出游戏包含于幼儿园的教学之中,是因为她持一种更为广义的幼儿学习观和教学观,“学习作为一种内部过程,既受到学习者内部状态的影响,也受发生在学习者以外的种种事件的影响。这些外在的事件可以发动、维持、增进、强化学习这一内部过程,当学习的外部事件以某种方法、策略加以设计、组织、实施并能够促进学习时,就称为教学”。[1]所以,她认为教学是教师对幼儿学习活动有目的、有计划地组织和指导。这种组织和指导,从创设有益学习的外部条件的角度来看,既应该包括教师在幼儿学习活动发生现场的直接指导,也应该包括教师不在幼儿学习活动现场的间接控制和继发影响,这种继发影响包括学习环境的创设和组织以及幼儿伙伴之间的交往活动。可见,幼儿园里幼儿所有的学习活动无不存在教师的直接或间接的影响,而同时我们也支持幼儿的学习是广义的学习,依此观点,有幼儿学习存在的地方就有教师的教学。幼儿园从物质环境的布置、心理环境的创设、材料的提供、活动的组织无不渗透着教师的直接或者间接的影响。也就是说,幼儿园里所有的活动即为教学活动,得出的结论只能是游戏包含于教学之中。不过如此界定教学虽体现了教师的教在幼儿园所有活动中的影响,其缺陷却在于教学在外延上包括了游戏,那么游戏与教学的本质是否相同?游戏与教学的本质不同,幼儿在其中发生的学习类型就会有差异,教师对儿童学习的指导自然也会不同,因此,仅从外延上找到二者的关系,不利于我们认识活动的本质属性,也不利于指导幼儿教师的实践。

游戏与教学是并列、同位的教育活动的观点中对教学的认识则专指“集体教学活动”。具体指的是“教师有目的、有计划地组织的、班级所有幼儿都参加的教育活动,包括教师的预设和生成的教育活动,单独的一节课和围绕一个主题展开的系列活动,全班一起进行和分小组同时进行的教育活动”。[2]集体教学活动是我国富有特色的教育活动,在我国很长时间里解决了由于幼儿教育资源稀少和幼儿受教育需求旺盛矛盾的一种有效教育途径。在我国长期的幼儿教

〔1〕刘焱:《幼儿游戏教学论》,中国社会出版社2003年版。

〔2〕李季湄、冯晓霞:《〈3～6岁儿童学习与发展指南〉解读》,人民教育出版社2013年版,第264页。

育实践中，确有其高效、引领幼儿发展、系统性较强等优势，但是，由于集体教学活动具有目标一致、学习内容一致、学习速度和方式一致等与生俱来的特点，难免会与幼儿的需求不完全吻合，特别是在当前强调幼儿主动、个性化发展的观念下，集体教学中导致的幼儿被动、机械、主体性难以发挥，个体差异难以受到关注，发展需要难以得到充分的满足。[1]这就成为人们反对、避讳的一个理由。

认为教学和游戏处在同一教育活动的连续体上，其本质仍然认为游戏和集体教学是不同的两类活动，前者强调顺应儿童发展，后者强调顺应社会的要求，但是它们又具有内在的联系，这个联系就是从不同的方式和途径上都促进儿童学习的发生，进而影响幼儿的发展。"在幼儿园课程中，运用游戏和教学这两种形式的活动，其目的都是完成学龄前儿童教育所要达成的目标。"[2]这个联系还在于教师加强对自由游戏和创造性游戏的指导，从而加强了游戏的教育性，同时也表现为对集体教学活动的游戏化，从而增添了集体教学活动的游戏性。在这个中间地带，两种类型的活动重合交叉，构成了在同一活动中的连续体。因此，无论从我国长期累积的集体教学的优秀理论与经验的角度来讲，还是从更有利于幼儿园实践操作来讲，我们认为游戏与教学既相对独立、不可替代，又因其共同致力于幼儿的学习与发展而有着本质的联系。

二、游戏与幼儿园教学的最优化结合

游戏和教学的不可替代性，正是它们能相互补充、相得益彰的前提。在幼儿园课程和教学活动设计中，实现游戏和教学的结合，不论是设计的活动，还是创设的游戏、教学环境，都要能够如同维果茨基所言，"反映教师为儿童学习而设计的计划，同时也能对儿童的打算有所反映"。[3]

（一）游戏与幼儿园教学优化组合的理论分析

游戏和教学同属于教育关注的范围，都是教育可利用的促进幼儿发展的手段。如前所述，教学的目标是外在的，教师可以通过控制、干预、引导等行为影响儿童的活动，将活动内容、活动规则纳入教学的框架，并适当利用效果的反馈，使儿童意识到学习的严肃认真性，对生活进行积极主动的适应。而幼儿园中的游戏却有着双重目标。对于作为游戏主体的儿童来说，游戏的目标是内在的，为游戏而游戏；而对于教育者来说，游戏是儿童发展的手段，无论是通过环

〔1〕李季湄、冯晓霞：《〈3～6岁儿童学习与发展指南〉解读》，人民教育出版社2013年版，第266页。

〔2〕朱家雄：《幼儿园课程》，华东师范大学出版社2003年版，第73页。

〔3〕朱家雄：《从教学的视角谈游戏和教学之间的关系——二谈幼儿园教学的有效性》，载《幼儿教育》2010年第3期。

境创设间接地表达教育目的，还是通过教学游戏的设计与组织直接表达教育目的，总之，在他们将游戏纳入教育活动之时，便为游戏设立了外在的目标——幼儿发展目标。游戏既是目的，又成为手段。鉴于游戏有其自身独特的教育性，又能与教学活动相结合而实现工具性的价值，那就有两条路径：一是让游戏成为游戏，让幼儿有最大的自由与创造；二是使非游戏活动游戏化，让幼儿在游戏中完成教育任务。只有这样，它才能获得最佳的发展效果。

(二)游戏与幼儿园教学优化组合的实践路径

游戏与幼儿园教学的优化组合主要考察的指标是这两类活动的优势发挥的程度，观念上的价值取向会表现为时间比例等外显指标。

从实行上来分，游戏与教学的结合程度大致可以分为分离式、插入式、整合式三种类型。[1]

1.游戏与幼儿园教学的分离式。在幼儿园课程开发的过程中，游戏与教学可以相对分离，即在幼儿园一日活动安排的某些时段安排游戏活动，某些时段则安排教学活动。这种方法操作简单，容易被老师掌握，更容易被教育管理者所运用。

这种结合方式要想保证高质量的幼儿教育，必须注意以下三点：一是要珍视、保护幼儿的游戏权利，保证幼儿游戏的时间。二是要全面了解集体教学的利与弊，正确看待集体教学的独特功能，提高集体教学的质量。三是要恰当处理一日生活、游戏和集体教学的关系。

2.游戏与幼儿园教学的插入式。在教学中插入游戏或者在游戏中插入教学，这种结合方式经常被使用，游戏可以是教学活动的先导，儿童在游戏中获得经验可以通过教学加以理性化；游戏也可以在教学活动的中间，通过游戏可以体验教学中蕴含的关键经验；游戏还可以是教学的后继活动，教学中儿童习得的知识和技能可以在游戏中得到巩固和运用。可见这种结合方式既适用于一系列教育活动的安排，也适用于一个单独的教育活动的设计。

这种结合方式要注意以下两点：一是要找到两种活动的共同要素，使得两种活动能够自然衔接。二是要剖析游戏活动中富含的教育上可利用的因素，这种因素可以是材料的操作，可以是游戏的内在动机，可以是同伴关系，也可以是环境的布置。

3.游戏与幼儿园教学的整合式。整合是一种最高形式的游戏和教学结合的方式，两种不同性质的活动有机融合在一起，难分彼此。

---

〔1〕朱家雄：《幼儿园课程》，华东师范大学出版社2003年版，第77-78页。

这种结合方式是游戏与教学结合的最高境界，对教师素质提出了更高的要求。“当教育为儿童提供环境的同时，引导儿童进入游戏状态，这种引导不为儿童认识，但为成人所意识到时，两者就融为一个活动。”[1]其核心思想是要幼儿园课程及教学始终体现着游戏的精神，亦即“让儿童的游戏精神成为贯穿整个幼儿园课程实施的灵魂，让整个幼儿园课程的全部实践成为游戏精神恣意张扬的场域”。[2]

小结

游戏作为幼儿的基本活动，是与幼儿年龄特点相适应的学习方式，在游戏活动中发生着大量的学习活动，因此应当被纳入教学指导的范围。教师组织与指导幼儿的游戏活动，目的不仅仅在于让幼儿“玩”，而且还在于引发、支持与促进幼儿的学习活动，使“玩”转化为幼儿的学习经验。

游戏是幼儿的基本活动，在游戏中幼儿通过与物和人的互动形成着个体发展必需的关于物的经验和关于人的经验。游戏也是发展儿童主体性的最适宜的途径，同时是促进儿童个性化发展最适宜的途径。同时在现在高扬和保护幼儿发展权利的今天，游戏不仅作为幼儿发展的途径，更是儿童发展的一种权利，也是儿童生活之必需，因此，游戏应该成为幼儿园的基本活动。

游戏进入幼儿园后需要解决的问题是游戏与幼儿园课程的关系，由于课程观的不同，游戏与幼儿园课程的关系迥然不同。在幼儿园课程即科目及其关系观念下，游戏仅仅作为课程实施的一种工具；在幼儿园课程即活动观念下，游戏就是幼儿园课程的有机组成部分；在幼儿园课程即经验的观念下，游戏与幼儿园课程是一种相互生成的共生关系。

游戏进入幼儿园需要处理的第二个问题就是游戏与幼儿园教学的关系。在我国幼儿教育领域中，游戏与幼儿园教学存在三种不同的观点：游戏包含于幼儿园教学之中、游戏与幼儿园教学并列、游戏与幼儿园教学处在同一教育活动的连续体上。这种差异源自于对教学概念的本质有不同认识。我们认为从抓住活动本质和便于幼儿园教育实践两方面考虑，认可游戏与幼儿园教学既有天然的不同，又有本质的联系，在教学实践中需要将两者优化组合以促进幼儿全面而富有个性的发展。

---

〔1〕刘晓东：《儿童精神哲学》，南京师大教育学博士论文1995年。

〔2〕丁海东：《游戏的教育价值及其在幼儿园课程中的实现路径》，载《学前教育研究》2006年第12期。

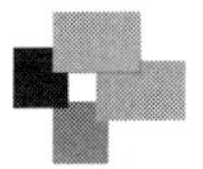

【思考与练习】

1.名词解释:游戏生成教学、教学生成游戏。

2简述幼儿园以游戏为基本活动的心理学基础。

3.简述幼儿园以游戏为基本活动的哲学基础。

4.简述游戏与幼儿园课程的三种关系。

5.请结合实例分析游戏与幼儿园课程关系存在差异的原因。

6.请举例说明游戏与幼儿园课程相互生成的途径。

7.请结合幼儿园实践分析理解游戏与幼儿园教学的三种关系。

8.请举例说明游戏与幼儿园教学的优化组合的实践策略。

【拓展阅读】

1.刘焱.幼儿游戏教学论[M].北京:中国社会出版社,2003.

该书以马克思主义的活动理论为指导,阐明了游戏的基本概念与幼儿园游戏的特点,论述了幼儿园以游戏为基本活动的合目的性与合规律性,提出了幼儿园以游戏为基本活动的教学实践模式和与幼儿年龄特点相适宜的变式及评价幼儿园教学活动的质量标准,解释了幼儿园以游戏为基本活动的实践含义,分析了幼儿园实施以游戏为基本活动的教学模式的可靠性与需要的条件。因此,该书为幼教工作者实现以游戏为基本活动的教育理想提供了理论基础与实践范型。

2.黄进. 游戏精神与幼儿教育[M].南京:江苏教育出版社,2006.

本书是关于游戏与教育关系的一部专论。它独辟蹊径,从人类思想史上游戏精神的演化历程出发,树立了游戏精神在古典、现代和后现代所走过的历程,提炼出游戏精神的内在特征,并以此来观照当前的幼儿教育现实,提出了三个层层递进的命题:游戏是人的存在方式,游戏是儿童的存在方式,游戏是幼儿教育的存在方式,凸显了游戏在整个社会、生活、文化以及儿童教育中的重要地位。对现实的分析中,进一步批判了现有教育中游戏的外在目的、消极被动、封闭重复、虚假体验等反游戏精神的存在。在此基础上,研究者在游戏精神的关照下,从宏观到微观对教育视野中的儿童游戏进行了考察和分析,重新解读了“儿童中心”的内涵,提出了游戏核心价值在于体验,倡导教师与幼儿之间达成对话游戏,倡导游戏和教学从对立走向融合。

实践篇：幼儿园游戏实践

游戏是儿童生来喜欢的。儿童的生活可以说就是游戏。游戏实是儿童的良师。幼稚园应当采用游戏式的教导法去教导儿童。

——陈鹤琴

第六章　幼儿园游戏环境的创设

【本章导航】

幼儿园以游戏为基本活动的实践含义包括两个方面：一是保证幼儿愉快有益的自由活动，二是非游戏活动的游戏化。[1]幼儿园游戏环境的创设是保证幼儿游戏的物质基础，也是落实幼儿园以游戏为基本活动的保证，是教师不可或缺的一项重要工作。本章首先介绍幼儿园环境的概念、特点以及创设幼儿园游戏环境的影响因素和原则，接下来分别从幼儿园室内、室外游戏物质环境的创设和心理环境的创设三个方面，就如何创设提供具体的学习内容。

【学习目标】

1.理解学前儿童游戏环境与条件创设的基本原则。

2.掌握室内游戏环境创设的基本要求。

3.掌握室外游戏环境创设的基本要求。

4.掌握游戏的心理环境创设的核心和基本要求。

〔1〕刘焱：《儿童游戏通论》，北京师范大学出版社2004年版，第310页。

第一节　幼儿园游戏环境创设的基本问题

一、幼儿园游戏环境的概念

幼儿园环境是指幼儿园教育赖以进行的一切条件的总和，既包括人的要素又包括物的要素，从广义来讲既包括幼儿园内的小环境，又包括与幼儿园教育相关的园外的家庭、社会、自然的大环境，从狭义来讲则是指幼儿园的内部环境。[1]本章所讲的幼儿园游戏环境主要是侧重于幼儿园的内部环境，但环境创设的基本原理，则不限于幼儿园内部。

游戏是幼儿身心发展的需要和基本的学习方式，游戏是幼儿在幼儿园生活的基本内容，游戏是幼儿园的基本活动。因此，幼儿园的环境创设的核心也就是游戏环境的创设。为幼儿创设刺激丰富的、能够激发幼儿探索的兴趣、想象和思考的游戏环境，就是为幼儿创设有利于幼儿发展的学习环境。[2]

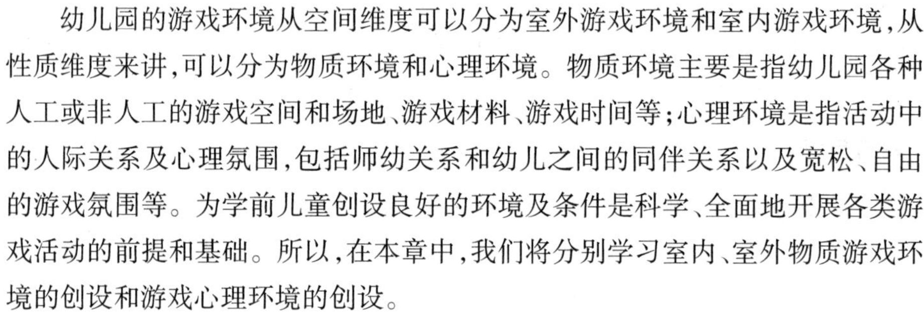

幼儿园的游戏环境从空间维度可以分为室外游戏环境和室内游戏环境，从性质维度来讲，可以分为物质环境和心理环境。物质环境主要是指幼儿园各种人工或非人工的游戏空间和场地、游戏材料、游戏时间等；心理环境是指活动中的人际关系及心理氛围，包括师幼关系和幼儿之间的同伴关系以及宽松、自由的游戏氛围等。为学前儿童创设良好的环境及条件是科学、全面地开展各类游戏活动的前提和基础。所以，在本章中，我们将分别学习室内、室外物质游戏环境的创设和游戏心理环境的创设。

二、幼儿园游戏环境的特点

（一）幼儿园游戏环境的教育性

幼儿园作为专门的教育机构，其环境是在教育目标的指引下，有目的、有计划，针对幼儿的学习特点和发展规律精心设计的，遵照《幼儿园教育指导纲要（试行）》中指出的“环境是重要的教育资源，应通过环境的创设和利用，有效地促进幼儿的发展”，“幼儿园应该为幼儿提供健康、丰富的生活和活动环境，满足他们多方面的发展需求”。幼儿园将各种条件合理分配、优化组合，让幼儿园处处发挥着教育功能，把教育意图渗透在环境之中。正如刘焱指出的“幼儿园的游戏是‘教育性游戏’，这种游戏的特征在于它一方面服务于教育目的，另一方面又使得儿童得到满足与快乐”。教育性游戏同与自然条件下儿童游戏的根本

---

〔1〕李季湄、肖湘宁：《幼儿园教育》，北京师范大学出版社1997年版，第101页。

〔2〕刘焱：《儿童游戏通论》，北京师范大学出版社2004年版，第584页。

区别不在于儿童得到的快感是多少，而在于组织活动的人通过活动所要达到的目的不同。[1]

（二）幼儿园游戏环境的可控性

幼儿园的环境是教师们精心创设的，因此它是一种高结构性的组合，不仅教育性强，其可控性也很强。虽然游戏是一种自由自主的活动，但环境的构成始终处于教育者的控制之下。从游戏材料的选择和投放、游戏活动的设计与组织、游戏氛围的创设，都处在教育的控制之中。教师有效地调控环境中的各种要素，维持游戏环境的动态平衡，使之始终保持在最适合幼儿发展的状态。

幼儿园游戏环境的教育性和可控性是相互促进、相得益彰的，控制性是教育性得以实现的前提，教育性为如何控制指明了方向和标准。

三、影响幼儿园游戏环境质量的主要因素

影响幼儿园游戏环境质量的因素有多种，主要有以下三个方面。

（一）游戏的物质条件

幼儿园的物质条件主要是指进入幼儿园教育过程，发挥直接和间接教育作用的各种物质资源。主要是指幼儿园内自然和人工的物质环境，包括各种设备、游戏资料的配置以及园内的自然景物等。[2]幼儿园的物质条件与教育效果、幼儿身心发展都有密切的关系。物质条件要达到基本的一些要求，比如幼儿人均所拥有的空间、空间品质、玩教具的数量，否则，幼儿的安全健康都不能得到保障，更谈不上幼儿快乐地游戏与发展，谈不上有质量的幼儿教育。

（二）人的因素

物质条件是幼儿园开展游戏必要的、基本的前提性因素，但不是幼儿园教育质量好坏的决定性因素。在基本的标准达到之后，物质条件的改善和教育质量的提高之间并不一定保持正比关系。相反，盲目无度地追求高标准、高规格的话，不仅造成极大的资源浪费，还会带来教育上的负面效应。在物质条件基本达到之后，人的因素才是决定物质环境质量的关键，“在任何环境中，教师都是最重要的元素”。[3]在幼儿园游戏环境创设的过程中，园长的观念和管理水平、教师的观念和专业水平是环境中影响教育质量的最大的因素。[4]

〔1〕刘焱：《幼儿园游戏教学论》，中国社会出版社2000年版，第135页。

〔2〕李季湄、肖湘宁：《幼儿园教育》，北京师范大学出版社1997年版，第99页。

〔3〕Elesnor Reynolds：《早期儿童教育指导》，郭力平等译，华东师范大学出版社2007年版，第64页。

〔4〕李季湄、肖湘宁：《幼儿园教育》，北京师范大学出版社1997年版，第104页。

（三）幼儿园的文化因素

相对于人和物的因素而言，文化较为抽象，但是它对幼儿园环境质量的影响不可忽视。社会文化主要通过园长、教师、家长等作为载体，以其可见的物质形态和不可见的观念形态直接或间接地影响着幼儿园环境的创设。诸如书籍、文艺作品、音乐作品、工艺装饰品、建筑物等均属于物质形态的载体，而社会生活方式、价值观、思维方式、精神风貌等均属于不可见的观念形态。在此过程中，能否对社会文化做出正确、自主、明智、有远见的选择和追求，而不是盲目地跟风、赶潮流、急功近利，这就主要取决于由人对文化的选择与追求。选择和追求的不同会使幼儿园的文化表现出高低和雅俗之分，从而使幼儿园游戏环境的氛围和布置迥然不同，相应地，游戏环境的育人效果也相去甚远。

四、幼儿园游戏环境创设的原则

幼儿园的游戏环境千差万别，在多样性的背后，总是遵循着一些共同的原则，这些原则主要有以下五个方面。

（一）安全性原则

游戏环境和一切设施必须排除危及儿童身心安全与健康的危险因素。除了必须注意活动室光线、色彩、温度、湿度、通风等条件外，特别要注意物品摆放的位置是否合适，活动中的材料对幼儿是否容易造成伤害，如易拉罐制作的炊具有没有尖锐的角等，幼儿在安排的场地空间是否感到压抑，他们之间是否会互相干扰。另外，还要教育幼儿不接近危险品，如电插座、电线等。保证儿童安全是创设游戏场地的第一基本原则。

（二）环境与教育目标的一致性原则

为了保证环境的教育性，必须让环境的每一部分都有利于幼儿全面、富有个性的发展。此原则主要从以下两个方面理解：一是游戏环境的创设对于幼儿的发展要全面，不可偏废，只重视幼儿某一方面发展，忽视其他方面发展的环境是不行的。二是在创设游戏环境时应该明确，环境创设想要达到或者蕴含的教育目标是什么，并且能落实到游戏的月计划、周计划、日计划以及具体的游戏活动中。

（三）主体性原则

幼儿园的游戏环境创设主体性也表现在两个方面，一是幼儿园要创设幼儿熟悉、喜爱和积极投入的环境，让幼儿感觉到自己是环境的主人，能够积极地与环境互动。二是幼儿能积极主动地参与到游戏环境的创设过程中去，这也是幼儿园游戏环境不同于社会上的游乐园的地方。

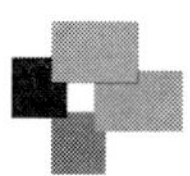

（四）发展适宜性原则

在幼儿发展过程中，各种能力的发展都有一定的顺序和规律，发展的每一阶段都会出现新的能力。好的环境会对人的发展潜能提出挑战，并提供练习的机会。[1]游戏环境必须适合幼儿的年龄特征，适合幼儿身心发展的水平，适合幼儿兴趣、能力、学习方式等方面的差别。这就要求教师对幼儿身心发展特点要有透彻的了解，对构成环境的各种因素要有充分的了解，具备灵活调控游戏环境的能力。

（五）整体性原则

幼儿园的游戏有创造性游戏和教学游戏两大类，创造性游戏又有角色游戏、表演游戏、建构游戏，而教学游戏又涉及各个领域或多个领域的综合。因此，游戏环境的创设是多方面的，既有适合幼儿个性化发展的游戏区环境的创设，又包括各个领域教学游戏环境的创设。另外，幼儿的发展是全面的、整体的，因此，游戏环境的创设也应当是整体联系的，能够将环境中多方面的影响因素加以合理配置和组织建构，形成活动的动态与静态、身体与精神的最佳结合，发挥教育影响的综合整体效应。以游戏场的创设为例，游戏场地不应该只是发展幼儿体力的场所，而更应该是发展幼儿想象力、自信心和创造精神的场所，应该成为对幼儿进行全面发展教育的重要场所。

第二节　幼儿园室内环境的创设

在托幼机构中，室内游戏环境指的是班级室内的全部环境，包括活动室、寝室、楼道、走廊等。在室内游戏环境创设的过程中，首先需要解决的问题就是空间密度。

一、空间密度

空间密度通常指的是每一个幼儿在游戏环境中所占的空间，是室内拥挤程度的指标，其计算的方法是：空间密度=（房间大小-不可用的空间大小）/幼儿人数。数值低表示环境拥挤，数值高表示环境不太拥挤。[2]那么，到底多大的空间密度比较合理呢？史密斯和科纳利在1980年所做的一项研究试图揭示答案。

---

〔1〕玛丽·霍曼、伯纳德·班纳、戴维·韦卡特：《活动中的幼儿——幼儿认知发展课程》，郝和平、周欣译，人民教育出版社1991年版，第1页。

〔2〕约翰逊等：《游戏与儿童早期发展》，华爱华等译，华东师范大学出版社2006年版，第263页。

他们将空间、儿童人数、环境设备均作为自变量，考察了15、25、50、75平方英尺空间密度中儿童的行为，发现人均25平方英尺是一个合理的空间密度。过于拥挤的环境会增加儿童攻击性行为发生的可能，团体游戏明显减少，空间密度过大，跑、追赶、粗野嬉戏活动增加。[1]我国学者朱家雄在1995年比较了3.6m^2、2.4m^{2}和1.2m^{2}三种空间密度下幼儿的行为，得到了类似的结果，认为2.4m^{2}似乎是一个合理的空间密度。国家教育委员会和建设部1988年颁布的《城市幼儿园建筑面积定额(试行)》中有明文规定，如果活动室与寝室分设，活动室的使用面积不小于54m^2。如果寝室与活动室不分设，则活动室面积应为90m^2。按每班30名幼儿计，每名幼儿应占3m^2(包括家具、设备占地面积)。可见，根据科学的研究结果和国家的文件规定，都表明幼儿园里人均为2～2.5m^{2}是一个合理的空间密度。

二、区域环境创设的基本要求

幼儿园的教室里通常都会划分成几个游戏区或者学习区，每个区域都有独特的材料和活动，幼儿在不同的区域与不同的材料互动，从而构建不同的知识和技能。教师的角色是创建区域环境，观察幼儿与材料的互动，在需要时提供帮助与指导。为高效地利用和发挥室内游戏环境的教育功能，室内游戏活动区的设置应符合以下基本要求。

(一)区域活动空间与集体教学活动空间统筹安排

室内区域活动因其能更好地满足幼儿的个体差异，促进幼儿富有个性的发展而逐渐受到幼儿园的接纳与欢迎。研究表明，分成小的区域可以减少噪音和视觉上造成的分心，能让幼儿专注于某一活动，可以创造一种亲密气氛，可以鼓励幼儿的社会性交往与合作。[2]同时又由于我国现阶段班级人数超标，多年来累积的集体活动的优秀经验，以及集体活动在很多时候的必要性，因此，在室内环境创设时首先考虑的就是区域活动空间和集体活动空间的并存。目前来看，我国主要有两种并存的形式，一种可以称之为空间转换，这种形式多见于人数或教室面积达标的幼儿园，在同一个教室里，既有区域活动的空间，同时也有集体活动的空间，幼儿在不同时段可以进行区域活动和集体活动的转换。另一种可以称之为时间转换，往往存在于幼儿人数较多或者教室面积不足的幼儿园。由于空间密度的限制，区域活动空间和集体活动空间不能同时并存，因此，在某

〔1〕约翰逊等:《游戏与儿童早期发展》,华爱华等译,华东师范大学出版社2006年版,第264页。

〔2〕约翰逊等:《游戏与儿童早期发展》,华爱华等译,华东师范大学出版社2006年版,第270页。

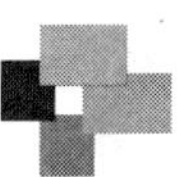

些时段教师进行集体活动，在另一时段教师又可以将集体活动区域临时分割为不同的区域环境。后者是一种不得已的过渡性做法，随着我国幼儿教育事业的发展，逐渐都会转向空间转换。

（二）创设功能多样、符合区域自身特征的活动区

有教师会问，在一个班级的活动室里创设几个活动区会比较合适呢？不同活动区的活动对幼儿发展的价值和功能是有差异的。教师要在认真分析各类游戏教育功能的基础上，结合学前儿童发展实际，设置有利于其身心全面发展的各个活动区。以角色游戏为例，其主要的功能在于增加幼儿的社会经验，发展幼儿的动手能力、语言能力、交往能力和智能，其区域活动的特点是活动性较高，该区域对物质条件的要求是场地相对要宽敞。以建构区为例，其主要的功能是发展幼儿的认知能力，培养幼儿的动手操作能力，其区域活动的特点是活动性较高，该区域对物质条件的要求是场地相对要宽敞、软化地面。以语言区为例，其功能在于培养幼儿的阅读和学习兴趣，发展幼儿听、说、读、写等语言能力，其区域活动的特点是活动性较低，该区域对物质条件的要求是场地光线明亮，避免干扰。因此，功能多样的实现是通过分析每个活动区的活动对幼儿发展的价值，以及幼儿发展的需要来确定，而不是固定的数量来确定的。另外，每个活动区所开展的活动的性质和要求不同，在创设活动区时要根据该区域的活动的要求来选择适合的位置和设备。例如，美工区、语言阅读区、科学区等应设

图6-1 积木区

在光线明亮、比较安静的位置,积木区场地要宽敞些,以方便幼儿的建构活动。表6-1中对不同区域活动的设置条件和要求进行了综合,为学习者提供参考。

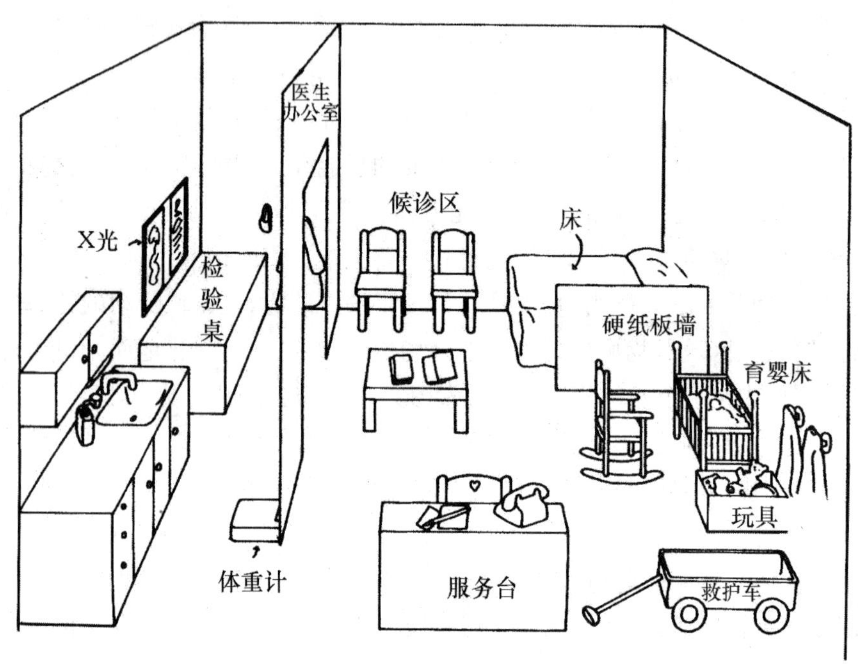

图6-2 角色区(诊所/医院)

表6-1 幼儿园各游戏活动区的功能以及设置条件

设置条件 活动区	功能	性质	设置			备注
		活动性	光线	必要设备	场地	
角色游戏区	增加社会经验;培养动手能力、语言表达能力、交往能力。	高		椅、桌、床、柜等家庭设备;表示各种不同职业的道具;存放材料道具的设备。	场地宽敞	最好便于取水
积木区	发展认知能力、想象力、创造力;培养平衡、手眼协调等操作能力。	高		各种大小、颜色不同的积木;积木架;交通道具;人和动物的小型复制品;材料分类安放的小篮等。	场地宽敞	可考虑与娃娃家邻近,最好有地毯以降噪音
益智区	培养幼儿操作兴趣和手眼协调能力;发展注意广度、记忆力、语言技能。	中度		智力玩具、结构造型玩具等;材料架。		

续表6-1

设置条件 活动区	功能	性质	设置			备注
		活动性	光线	必要设备	场地	
语言区	培养阅读和学习兴趣;发展语言能力。	低	光线明亮	儿童图书;录音机、桌子、书架、地毯、靠垫等。		避免干扰
美工区	初步感受美的能力;喜欢参加艺术活动;能用自己喜欢的方式表现美的能力。	中度	光线明亮	各种纸、颜料、绘画和粘贴材料、装订工具、废旧纸盒等、材料架、桌子、展示板。		便于取水
科学区	培养善于观察、思考、动手动脑的能力,发展幼儿的探索精神。	低	光线好、近窗、有日照	沙、土、水、平衡秤、各种容器及小实验用品;桌子或台架。		避免干扰

(三)建立区域活动规则,赋予环境一定的自治因素

在创设自选游戏环境时,教师要与幼儿共同制定区域环境的规则,赋予环境一定的自治因素,发挥环境的暗示、引导作用,规范、协调和控制儿童的行为。这些规则主要包括以下四个方面:

1.区域活动的时间。主要指的是区域活动何时开始,何时结束。

2.区域人数。有些区域对人数的要求比较高,比如娃娃家、科学区等,因此,就需要对这些区域容纳人数进行限定。

3.玩具和材料的使用规则。比如,轻拿轻放、不抢占他人正在使用的物品、哪里拿放哪里、垃圾处理等。

4.人际交往规则。主要指在区域活动过程中为保证活动正常进行所制定的同伴交往的规则,比如不影响他人、爱惜他人作品、协商、轮流、等待等。

这些规则在不同的活动室里表现的方式可以说是精彩纷呈。比如,在一些需要限定人数的区域设有与人数相应的小脚印、小帽子、插卡兜等,引导幼儿自动调整人数;小班玩具架有相应材料的标记,指导幼儿按类收放;小班图书区墙上布置了两个娃娃一起看书的形象,暗示和引导幼儿要共享材料,安静认真阅读。

(四)游戏活动区设置应体现层次性和渐进发展性

首先,同类区角,大、中、小班的设置各不相同。譬如,小班幼儿刚从家庭进入幼儿园,活动区设两个“娃娃家”,可以使幼儿感到亲切适意,从而较快适应幼

儿园的生活；中、大班则要增加邮局、小吃店、超市等需要更多社会经验的角色游戏区。第二，同类材料，体现不同水平要求，提供不同水平的指导。比如积木区成套积木的提供，小班提供24块一套的成套积木即可，大班则需投放48块以上成套积木，并且要投放一半以上的自然物品等功能开放的建构材料。第三，根据游戏活动的开展，有计划地更换材料。教师还要注意有计划地逐步投放或更换游戏材料，变换玩法，不断激发幼儿发展的新需要。例如，中班教师随着幼儿游戏能力的增强，将益智操作区体积较大的积塑更换下来，增添数学天平、魔方等。

三、室内游戏场地的整体规划与布置

游戏活动区的室内整体规划与布置是游戏区设置实现整体优化、发挥整体效应的核心要求，也是创建合理有效的室内游戏环境关键的环节。教师在具体规划和合理布置众多的区域时需要考虑以下几点。

（一）活动区之间的界限分明

所谓界限分班即各活动区要划分清楚，界限分明，便于幼儿开展活动和教

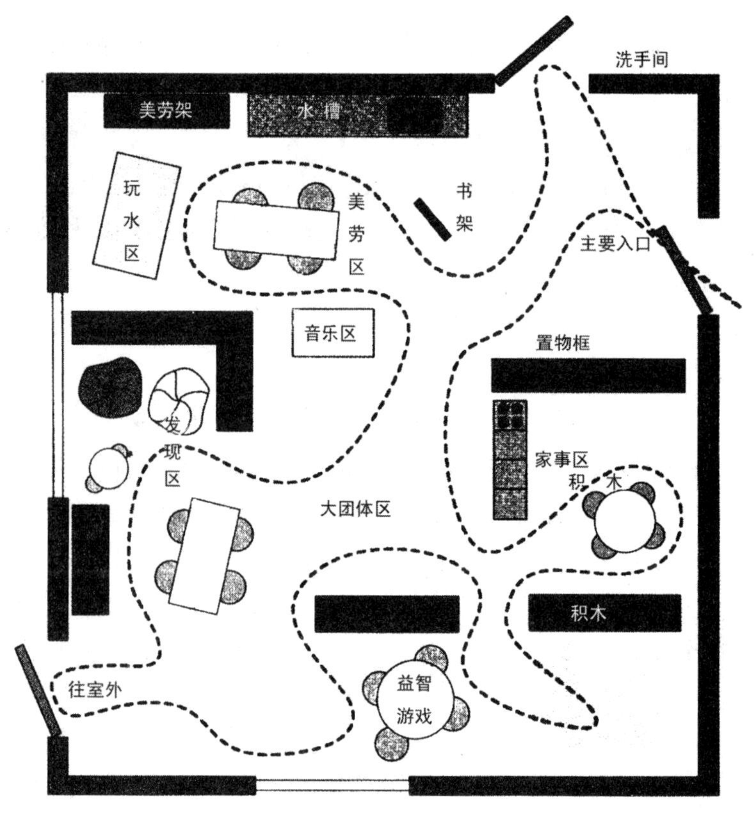

图6-3　各活动区示意图

师进行管理。在划分界限时,除了考虑美观、漂亮之外,更要从教育的角度出发来设计。活动区之间的界限有以下三种形式的划分:

1.平面界限的划分。教师通过地面的不同颜色、图案或质地来划分不同的区域。如在娃娃家里的地面上刷上温暖的红色,在积木区的地面上铺上地毯等,让幼儿看了一目了然,很快就会记住不同的区域。

2.立体界限的划分。教师运用架子、柜子或其他物体隔离划分出不同的区域,形成封闭或开放的空间。值得注意的是,教师运用的隔离物不可太高,最好适合幼儿的视线和高度,以便他们能够清楚地辨认区域,也便于教师及时观察、干预幼儿在各个活动区中的活动。

3.悬挂不同标牌或装饰物。教师可以用写有相关活动区的文字、图片或装饰物帮助幼儿区别各个区域。

在清楚划分各个区域的同时,还要注意在活动室内留出足够的便于幼儿进出的通道,保证活动区活动的顺利开展。

(二)活动区之间的性质相容

所谓性质相容是指在布置活动区时,注意将性质相似的活动区相邻或者接近,以免相互干扰。美国学者布朗把活动区的性质描述为静态-动态、用水-不用水两个维度,把活动区归为下述四大类:

静态、用水:科学、手工区、美工区

动态、用水:玩沙区、玩水区、娃娃家区

静态、不用水:图书区、数学区

动态、不用水:音乐区、益智区、积木区

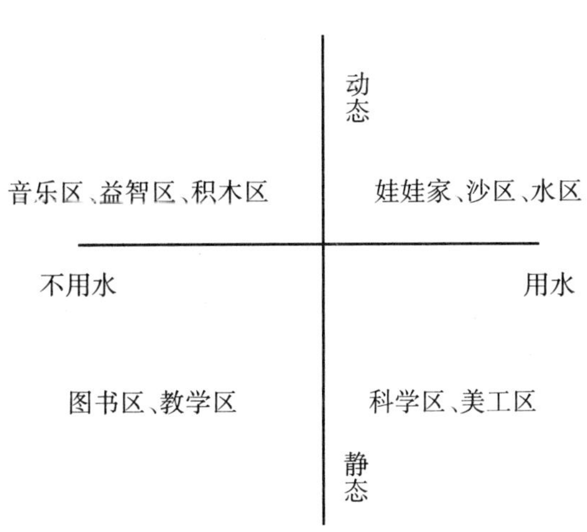

图6-4　活动区之间的相容性

(三)各活动区之间的转换与整合

所谓转换即划分各个区域或安排区域活动时,也要考虑幼儿可能出现的将一个活动区的活动延伸转换至其他活动区的需要,从而实现活动区之间的整合。在活动室经常出现的转换有:积木区的活动成果可能作为角色游戏区的道具或设备;幼儿在科学区的活动成果可能会延伸到美工区,如幼儿在科学区观察了金鱼以后,可能就想把金鱼在水里游的情景画出来,科学活动中收集的观察材料作为艺术活动的材料;为配合主题或单元活动实现同一目标,不同区域活动相互配合,比如为获得排序的经验,积木区、艺术区、数学区均可投放排序材料,组织排序的活动,不同幼儿在不同区域可获得相同的经验。

第三节　幼儿园室外环境的创设

研究表明,在室内和室外环境下幼儿倾向于从事不同认知形式的游戏活动,大肌肉运动的游戏在户外环境中更为普遍,建构性游戏则多发生在室内。更何况幼儿在户外游戏,可以经常接受空气的温度、湿度、气流的刺激和阳光的照射,呼吸新鲜空气,能增强对外界环境的适应能力,加强机体的新陈代谢,促进其生长发育。幼儿在户外奔跑追逐、攀登钻爬跳跃,使身体基本活动能力得到锻炼,可以提高身体活动的协调性、灵敏性、柔韧性等。户外游戏活动对于幼儿身心健康发展具有重要意义。

一、室外游戏场地的类型

最初的游戏场地是在没有规划的邻里、乡间进行,直到1880年以后,人们开始致力于建立专门的游戏场地。[1]经过了百余年的发展,游戏场有了令人兴奋的新变化,创造出了更适合儿童发展的游戏环境。户外游戏场地从结构特征上可分为以下几种。[2]

(一)传统游戏场

传统的游戏场地的基本特征是由铺着土块、沥青、混凝土、砖的平坦的地面构成游戏场地,场地上零星安放一些固定的、铁质的常规运动器材,如秋千、滑梯、攀登架、跷跷板、转椅等,游戏场也往往由栅栏围着。可见传统游戏场地最

〔1〕约翰逊等:《游戏与儿童早期发展》,华爱华等译,华东师范大学出版社2006年版,第270页。

〔2〕约翰逊等:《游戏与儿童早期发展》,华爱华等译,华东师范大学出版社2006年版,第278-285页。

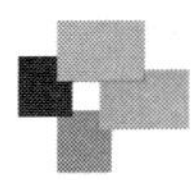

大的特点是，设备器材结实牢固，经久耐用，不需要太多的维修保养；也为孩子们的大肌肉活动提供了大量的空间和设施。但是它的缺陷也显而易见：第一，固定设施的使用方法非常有限，容易使孩子们感到枯燥乏味，其结果就是孩子们使用它们的频率逐渐减少或者玩的时间减短；第二，这种场地鼓励大肌肉运动，而戏剧性和社会性游戏鲜有发生或水平较低；第三，安全问题，坚硬的地面和铁质的材质往往是儿童受伤的罪魁祸首。

（二）创造性/现代游戏场

创造性游戏场地一般经过一定的设计和规划，提供多样化的游戏设施，旨在引发儿童多样化的游戏经验。相对于传统的游戏场发生了如下的一些变化：第一，游戏设备的材质是由木材、塑料、挑选的金属构件构成的，提高了材质的安全性和新和性。第二，创造了多功能组合性的运动设施，把各种单一功能的运动器械组合成一个整体，使之产生有机联系。第三，在创造性游戏场地上安放了可移动的设施和器械，形式多样，每种设备有多种用途，比如，三轮车、小推车、可移动的平衡木、沙箱、可滚动的轮胎、大纸板箱等，儿童可根据自己的想象来使用它们，引发的多为想象性游戏。第四，对游戏场地进行了区域划分：有坚硬的沥青或水泥地面，主要供孩子们骑车等；有铺有沙子、木屑、橡胶等的软地面，提高了游戏活动的安全性；供孩子们游玩或坐的绿化地面。还可能会开辟了自然区域，如池塘里的游鱼和蝌蚪、种植角和动物角，展示一些自然生物。儿童在创造性游戏场地上活动，大大增加了想象性、合作性，提高了游戏的层次性。

（三）冒险性游戏场

冒险性游戏场地是一种非正式的游戏场地，是利用自然环境及各种废弃物规划的游戏场地，除了储物架和储藏室外，各种设施都是临时的，由孩子们自己建筑，用木材、绳索、缆绳轴、轮胎、砖块等进行各种创造性的活动，可以不断地拆掉重建，比如在高低不同的土坡上钉有木桩，让孩子知道如何谨慎地避开障碍物；特意开辟的坑坑洼洼的泥地上雨天积了水，还有泥泞的小路，让孩子体验路滑该怎样保持走路时的平衡；设计低矮的窗户，教孩子们如何在危急时翻爬等。冒险性游戏场地的优点在于游戏的种类繁多，以及环境中多样多功能的材料带来的创造性和灵活性，还有儿童能够自己构造和建构的胜任感和责任感以及相应的建造技能的获得，甚至儿童由于不断地面临挑战而产生持久的兴趣。当然，其缺陷也是显而易见的，首先的争议就在于冒险性游戏场地的危险性；其次在于启动费、养护费、游戏带头人的费用不菲。

二、室外游戏场地的设计

(一)室外游戏场地的设计特点

目前关于室外游戏场地具有什么样的特点还存在争议,但是有一点是共同的,就是致力于能为儿童提供多样的、高水平的游戏活动,而多样和高水平的游戏活动往往需要以下条件。

1.连接性

增加单个器材复杂性的最好办法就是将器材连接起来,将独自摆放的平台、滑梯、轮胎、爬网连接起来,会增加很多玩法,同时也会鼓励儿童从一项活动转换到另一项活动,持续游戏,并可提高幼儿之间的社会互动。

2.材料的灵活性

灵活性是指材料可以被摆弄、组合和改造的程度,材料越具有灵活性,儿童就越有多种办法来使用它,因此,材料的灵活性与材料的复杂性与是否能吸引孩子密切相关。

3.逐渐递增的挑战

逐渐递增的挑战性是指每个活动都具有不同的难度,让不同年龄和不同水平的孩子都有适合其发展的活动。以滑滑梯为例,短而坡度不大的滑滑梯更适合年龄较小的儿童,较高、较长、较陡的滑滑梯则更能给年龄大的儿童带来乐趣。

4.不同类型的游戏和多样的经验

理想的游戏场应该能够给儿童提供所有类型的游戏。各种锻炼器材可以促进大肌肉运动游戏,发展力量、平衡感和协调能力,沙、石、木块会引发孩子们的建构游戏,连接的平台、跷跷板等能引发更多的社会交往活动。多种类型的游戏自然会促进多样经验的获得,游戏场应该是一个微型的世界,能够给儿童提供世界上存在的各种感官、认知、社会经验。

(二)室外游戏场地设计的基本原则

1.安全性

室外游戏场地是儿童进行奔跑、跳跃、攀登等较剧烈运动的场所,因此,一个良好的户外游戏场最重要的特征是它的安全性。只有在安全的环境下儿童才可以去冒险、探索和实验,才能感觉真正的自由。安全的保证包含两个层面的含义:设计与督导维护。一是从设计方面来说,游戏场应该以儿童为中心,限制少、选择多,同时便于教师的照管;地面以坚实、平坦的土地、沙地、草地为宜,尤其是摆放游戏器材的地面,要进行软化;游戏器材的选择和摆放应重其安全、耐用,具有皮肤亲和性等特点,比如游戏设备要有多个出口,秋千、荡船等动态

性的设备之间保持足够的距离等。二是从督导维护方面来讲，大型的活动设备要定期检查维修，将安全隐患排除在儿童游戏活动之前，儿童的活动材料也要进行相应的检查。

2.整合性

室外游戏场地是幼儿园整体规划的重要组成部分，也是满足幼儿多方面发展需要的独特场域，所以，应该与幼儿园整体设计做整体规划。主要从场地规划、器材的连接等方面整体考虑。从场地规划来看，各个区域之间应该有交叉通道将各个区域连接起来，以便于提供给幼儿自己选择的机会。从器材的连接上来讲，在室外游戏场地创设时，应先将一些永久性的器械设备，如滑梯、秋千、平衡木、爬网、跷跷板、攀登架等布置在一起，可以促使幼儿从一项活动转移到另一项。同时，根据设备的数量与场地面积的大小，合理安排一些可以根据季节和活动需要调整的活动性器械。如低矮的小平衡木，便于幼儿钻爬的旧汽车轮胎等，这样可以增加幼儿活动的灵活性和复杂性，同时也实现了活动之间的转换。

在场地规划和器材的连接上，应该考虑活动的动静交替。在安静的、活动量较小的区域，可以放置水箱、沙坑、钻圈、拱形门等设备和器械，在吵闹的、活动量较大的区域，可放置滑梯、跷跷板、秋千等器械，也可以依据地形的自然条件，构筑小山包、独木桥、铁索桥、攀登树等富有自然情趣的活动条件。从安静的、活动量较小的区域到运动量较大的、吵闹的区域，可设计一些过渡环节，使活动量由小增大。如用大石块排成“小河中的桥”，让幼儿跑过“河”，锻炼平衡的能力。从运动量较大的、吵闹的区域到安静的区域，也可设计一些环节，使活动量逐渐由大变小。

3.发展适宜性

室外游戏场地和幼儿园的所有活动一样，应该具有发展适宜性的特点，空间、设备、玩具结构与类型均应适合幼儿的发展。发展适宜性从难度和多样性两个方面考虑。从难度方面来讲，室外游戏场地要有能够满足不同年龄幼儿的活动、游戏难度的空间和器材、设备，不同年龄的幼儿都能在游戏场中找到适合自己年龄的游戏活动。从多样性上来讲，“一个合理的室外游戏场是能给予幼儿参与符合他们需求和能力活动的机会，一个有品质的室外游戏空间，可以刺激幼儿参与身体的、社会的、装扮的和创造性的游戏，并发展身体、情感、社会性、认知等所有方面的技能”。[1]

〔1〕汤志民:《幼儿学习环境设计》，五南图书出版公司1990版，第372页。

4.创造性与因地制宜

每一个室外游戏场都是独一无二的。游戏场是一种游戏的环境,它需要设计,才能显出其蕴含的教育理念,才能显出其教育的特色,不应该是千篇一律的,正如“每一个游戏环境必须给予独特的精神,即特色,其所创造的场地的意义影响到使用者的心智、想象力和对场地的认知”。一个富有创造性的游戏场地,更能激发幼儿的想象力和创造性。每所幼儿园都有自己独特的地理位置,幼儿园游戏场地的创造性要能够因地制宜,如,一个幼儿园进门是一条之字形的弯曲小路通向活动室,路边小池边是一个江南农村常见的水车,水车旁边还连接着一个脚蹬滚筒。再如,另一个幼儿园园内有一小山坡,在规划时并没有将其夷为平地,而是设计成了幼儿的游戏乐园。

(三)室外游戏场地创设的基本构成

1.空间大小

我国《幼儿园工作规程》规定,在幼儿园,儿童每日户外活动的时间不得少于2小时,寄宿制幼儿园不得少于3小时,高寒地区在冬季可酌情减少。由我国城乡建设环境保护部、国家教育委员会颁布的《托儿所、幼儿园建筑设计规范》规定:“托儿所、幼儿园室外游戏场地应满足下列要求:一、必须设置各班专门的室外游戏场地。每班的游戏场地面积不应小于60m^2。各游戏场地之间宜采取分割措施。二、应有全园共有的室外游戏场地,其面积不宜小于下列计算值:室外共有游戏场地面积(m^2)=180+20(N-1)(注:180、20、1为常数,N为班数,乳儿班不计)。”

2.幼儿园室外游戏场地的区域划分与基本材料构成

我国幼儿园室外游戏场地基本划分为五个区域。

(1)集体活动区。主要是供多班幼儿集体活动、做操、进行体育活动的场所。一般要求场地宽敞平整,进行软化处理。

(2)运动器械设备区。器械设备区放置各种大、中型体育活动器械与设备,如滑梯、秋千、平衡木、爬网、跷跷板、攀登架等,以供幼儿练习与发展基本动作,促进大肌肉动作的发展,锻炼身体活动能力。

(3)种植养殖区。一般供幼儿种植蔬菜、花草,喂养一些小动物,为幼儿提供观察和体验播种、栽培、施肥、浇水等种植活动以及喂养、养护小动物的机会,让幼儿理解植物生长的过程、影响植物生长的外界环境因素等,让幼儿获得养护小动物的爱心与经验。

(4)玩沙区。沙是一种充满魅力的自然材料。沙子是一种多变的建构材料,玩沙可以为幼儿提供丰富的感官刺激。在使用沙子造型的过程中可以使幼

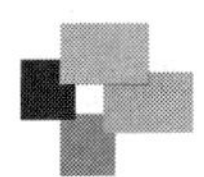

儿精细动作获得发展，也可以让幼儿在玩沙的过程中认识沙子的物理特性，提供创造性表达与探索的机会。

（5）玩水区。水是不同年龄儿童一致的最爱，户外游戏场应该给幼儿提供玩水的机会，玩水游戏可以帮助幼儿获得沉与浮、轻与重、满与空、湿与干等经验。玩水区可以提供塑料铲子、提桶、勺子等开放性的材料，丰富水的游戏。

三、室外游戏场地设计的评价标准

每个幼儿园的室外游戏场有不同的区域、不同的设备，弗罗斯特提出了室外游戏场的10条评价标准，引用在此，为创设适合和促进幼儿身心全面发展的室外游戏场地提供参考。

表6-2　游戏场评价标准[1]

（1）鼓励幼儿游戏	吸引人的、容易接近
	开放的空间和令人放松的环境
	从户内到户外畅行无阻
	有适合不同年龄的设备和设施
（2）刺激幼儿感官	在比例、亮度、质地和色彩上的变化和对比
	多功能的设备
	给幼儿多种经验
（3）激发幼儿好奇心	可以让幼儿自己加以变化的设备
	可以让幼儿进行试验和建构的材料
	植物和动物
（4）满足幼儿基本的社会和身体需要	给予幼儿舒适感
	设备和器械的尺寸适合幼儿的身材
	具有体能上的挑战性
（5）促进幼儿与环境之间的互动	能为幼儿的行为提供一定的规范的、摆放整齐的储藏室
	可供幼儿阅读、玩拼图或者独处的半封闭空间
（6）支持幼儿与其他幼儿的交往	各种不同的空间
	足够大的空间可以避免冲突
	能够促进儿童社会性行为的设备和设施
（7）支持幼儿与成人的交往	易于保养和维护的设备设施
	足够大和使用方便的储藏室
	方便教师观察监督的空间结构
	供幼儿和成人休息的空间结构

〔1〕刘焱：《儿童游戏通论》，北京师范大学出版社2004年版，第602页。

续表6-2

(8)丰富认知的游戏	功能性的、体能性的、大肌肉运动的、活动性的
	建构性的、创造性的
	扮演角色的、假装的、象征的
	有组织的、规则的
(9)丰富社会性的游戏	独自的、独处的、沉思性的
	平行的、肩并肩的
	合作性的相互关系
(10)促进幼儿社会性和认知发展	提供渐进的挑战性
	整合室内和室外的活动
	成人参与幼儿游戏
	成人与幼儿定期共同制订计划
	游戏环境的动态与变化

四、充足而合理的室外游戏时间

充足的游戏时间是保证儿童游戏权利得以实现的决定性条件。因此,为儿童创设游戏环境与条件时,一定要注意提供充足的游戏时间,并合理安排。

在托幼机构的教育工作计划的拟订中,要使游戏落实到每天的教育活动里面。要从整体观念出发,与上课和其他活动统一安排,确定自选游戏在整个教育日程中的位置,分配一定的时间。而教学游戏作为教学的形式(或手段)而存在,主要是体现于各领域的较正规的集体教学中,其时间是渗透于整体的教学计划之中的。

在幼儿园的一日生活的作息制度的安排上,上午和下午都可相对固定地安排一段较长的自选游戏和自由活动的时间,都应在1小时左右,并在制度上加以保证。教师要认真执行作息制度,保证较长的、较为集中的自选游戏时间,使游戏能够很好地开展,充分满足幼儿的游戏愿望。

一日生活的其他环节及零散时间,也应尽可能地利用起来开展各种游戏,从而使游戏真正成为幼儿园的基本活动。具体参见表6-3。

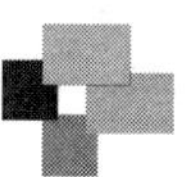

表6-3　幼儿一日生活中游戏时间安排

游戏时间	游戏类别	备注
入园、早饭后、课间、离园前	桌面游戏、积木游戏、语言趣味游戏、拍手游戏等	开展活动量较小，材料便于收放的游戏
课后、午点后	角色游戏、表演游戏、区角游戏等	时间较长，可以是教师组织，也可由幼儿自由选择
各生活过渡环节	听故事、手指游戏、猜谜语等	开展短小简便或不需要游戏材料的游戏
外出散步	体育游戏、音乐游戏	注意根据前后活动选择适度活动量的游戏，如晚饭后散步，尽可能开展活动量小的游戏。
晚饭后(寄宿制园)	散步、看电视、讲故事等	尽量安排自由游戏或小组游戏

第四节　幼儿园心理环境的创设

健康、活泼、生动的游戏活动的开展，不仅有赖于良好的物质条件，更有赖于良好心理氛围的建构。心理环境是指活动中的人际关系及心理氛围，包括师幼关系和同伴关系以及宽松、自由的游戏氛围等。幼儿只有在轻松、愉快的精神状态下，才能积极、主动地参与到游戏中去，全身心地投入到游戏中的想象和创造。为此，创设积极、健康的心理环境不仅直接影响到了幼儿的活动，也间接影响到物质环境与幼儿的互动及其结果。心理环境创设的核心是建立融洽、和谐、健康的人际关系。[1]在幼儿园中，师幼关系、同伴关系以及教师之间的关系是重要的心理环境。

一、建立积极、和谐的师幼关系，保障幼儿的心理安全和自由

(一)支持幼儿的学习与游戏，形成积极的环境气氛

研究表明，幼儿能否得到广泛的支持是其道德、自尊心、使用工具的能力以及社会行为等方面发展的关键变量。[2]教师的支持是与幼儿建立良好关系的基本条件。调查表明，能力强、学习好的孩子正是经常受到老师支持的孩子。因此，我们一定要多给孩子以支持、肯定、接纳、认可、赞扬，在形成积极的环境气

〔1〕袁爱玲:《幼儿园环境创设的实践标准》，载《学前教育研究》1994年第2期。

〔2〕袁爱玲:《幼儿园环境创设的实践标准》，载《学前教育研究》1994年第2期。

氛上下功夫。

(二)恰当使用规则,形成有序、有效的秩序环境

幼儿园中的规则如果是公开的、人道的,就会形成一种支持的气氛。在这种气氛中,儿童就不会认为规则对他们有威胁,相反,规则的重要性在于它能给幼儿选择如何行动的机会。正是这种行为的选择和后果的体验才能帮助幼儿发展自控能力。在支持的环境气氛中,其规则和限制应该具备如下特征:

1.规则和限制必须是人道的。幼儿园不准有使幼儿自我感觉很坏的规则。

2.规则和限制不应该是武断的。成人会对一些无合理解释的规则和限制生气,幼儿亦然。他们生气不一定表现在语言上提出质问,而是表现在行为上。

3.规则应该是公开的而不应该是隐蔽的。即规则既明确又明白,不能让幼儿自己猜想。

4.规则的描述应该是积极的。规则的陈述要集中到所希望的积极行为上,例如"不要用他人的毛巾"的陈述就不如"用自己的毛巾,这是你自己一个人用的毛巾,上面有你的名字"的陈述积极。

5.理由充足合理的规则必须坚决执行。

(三)教师与幼儿充分交流技巧

教师通过语言和非语言的交流向幼儿传递温暖、接受、支持、教育等信息。要实现这样的交流,必须注意如下交往技能。

1.用合适的身体位置与幼儿交谈。交谈时教师与幼儿的水平距离和垂直距离都不宜太远,否则既影响师生亲密关系的建立,又影响交谈结果。与幼儿交谈的最好位置是蹲下来靠近幼儿。

2.亲密的身体接触。身体接触是交流的重要组成部分,亲密的身体接触可以强化语言的作用,当与幼儿谈话时轻轻摸着他们的肩或背,更容易吸引和维持幼儿的注意。

3.轻柔的语调和语气。人们的各种情绪都会在语调和语气中反映出来。幼儿很小的时候就对成人语调语气的变化敏感。研究发现,当幼儿听到成人带有生气或焦虑的语调语气时,往往会表现出不安和混乱的行为。

4.积极的倾听方式。在积极气氛中,成人往往很注意倾听孩子的讲话。这种方式的好处一是表现成人对孩子说话的支持,从而提高他们讲话的信心;二是成人可以准确了解幼儿的讲话内容,从而提高教育的针对性。可以说,教师积极的语言、热情的态度、亲密的动作都是与幼儿建立良好关系最基本、最重要的条件。

二、建立和谐的伙伴关系，让幼儿感到在集体生活中的愉快和自信

（一）重视同伴关系在儿童发展中的重要价值

“同伴交往的经验构成了幼儿发展的一个重要背景，在这个背景中幼儿获得了大量的影响其一生的技巧、态度和经验”[1]，“人际交往中的某些技能、经验只有在地位平等的基础上才能获得，这是幼儿与成人之间的垂直关系背景所不能给予的，也是不能替代的”[2]。皮亚杰强调同伴之间的认知冲突在儿童发展中的作用，提出交往经验能给儿童带来积极的、适应性的发展结果。[3]“儿童之间的合作也同样重要，同伴合作最利于鼓舞儿童真正交流思想和进行讨论，也就是说最利于培养批判态度、客观性和推理思考的能力。同伴是许多社会化学习的来源。”[4]良好的同伴关系可以帮助儿童发展社会知识和社会技能，吸收社会经验，培养社会责任感和增强情感支持。而不良的同伴关系则会带来消极的后果，“由于同伴在自我效能的发展和发挥作用方面起主要作用，因此，中断或贫乏的同伴关系，都将给个体效能的发展带来灾难性的影响”。[5]总之，同伴关系对幼儿当前心理发展和以后的适应均有重要意义，良好的同伴关系有助于幼儿认知、情感和社会性的发展。

（二）帮助幼儿建立和发展良好的同伴关系

1.创造更多的同伴交往的机会

同伴关系是在同伴交往过程中逐渐发展起来的。教师在一日生活、游戏、教学活动中要为幼儿创造更多的交往的机会，比如在课程设置上增加游戏活动的比例，在活动形式上增加小组或个体活动等，基于幼儿的经验选择活动内容等均可增加幼儿之间的交往与沟通。

2.提高幼儿的同伴交往能力

幼儿的口语沟通能力和解决冲突的能力在幼儿同伴关系的发展中尤为重要。促进幼儿的口语沟通需要发展他们自我表达、理解他人以及发展他们听和说的能力；幼儿的冲突是其沟通不畅的最激烈的表现形式，教师帮助幼儿正确

---

〔1〕William Damon，Nacy Eisenberg，Handbook of child psychology，Volume3: Social，Emotional and Personality Development，1997年版，第620页。

〔2〕庞丽娟：《幼儿同伴交往类型、成因与培养的研究》，北京师范大学博士论文，1991年。

〔3〕皮亚杰：《皮亚杰教育论著选》，卢濬译，人民教育出版社1990年版，第73页。

〔4〕A.班杜拉：《思想和行动的社会基础——社会认知论》，林颖等译，华东师范大学出版社2001年版，第126页。

〔5〕A.班杜拉：《思想和行动的社会基础——社会认知论》，林颖等译，华东师范大学出版社2001年版，第588页。

对待冲突、解决冲突的策略，通过冲突理解人际交往的规则、认识自己和别人的权利、克服自我中心等。

三、建立相互尊重、相互配合的合作关系，使幼儿受到潜移默化的影响

幼儿园管理人员与教师之间、教师与教师之间要相互尊重、相互配合，形成和谐的人际关系和良好的园风，使幼儿从中受到潜移默化的影响。

小结

幼儿园游戏环境的创设是保证幼儿游戏的物质基础，也是落实幼儿园以游戏为基本活动的保证，是教师不可或缺的一项重要工作。

游戏是幼儿园的基本活动，环境是幼儿开展游戏的物质和心理前提，幼儿园环境是指幼儿园教育赖以进行的一切条件的总和，既包括人的要素又包括物的要素，幼儿园的环境具有教育性和控制性，控制性是教育性得以实现的前提，教育性为如何控制指明了方向和标准。幼儿园的环境创设应该遵循安全性原则、环境与教育目标的一致性原则、主体性原则、发展适宜性原则、整体性原则。

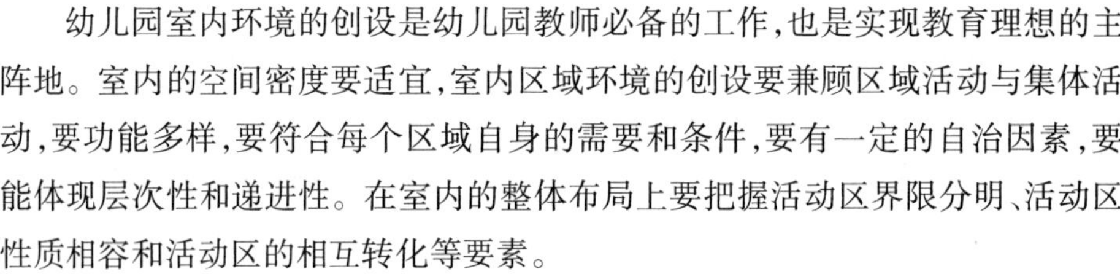

幼儿园室内环境的创设是幼儿园教师必备的工作，也是实现教育理想的主阵地。室内的空间密度要适宜，室内区域环境的创设要兼顾区域活动与集体活动，要功能多样，要符合每个区域自身的需要和条件，要有一定的自治因素，要能体现层次性和递进性。在室内的整体布局上要把握活动区界限分明、活动区性质相容和活动区的相互转化等要素。

幼儿园室外环境创设中，我们了解室外游戏场地的类型有传统型、现代型和冒险型，三类游戏场地的优势均可用于幼儿园室外环境的创设。多样和高水平的游戏活动往往需要游戏设备的连接性、材料的灵活性、逐渐递增的挑战和不同类型的游戏和多样的经验，需要时间的保证，需要活动区域的划分和相应的游戏材料的提供。

健康、活泼、生动的游戏活动的开展，不仅有赖于良好的物质条件，更有赖于良好心理氛围的建构。心理环境是指活动中的人际关系及心理氛围，包括师幼关系和同伴关系以及宽松、自由的游戏氛围等。幼儿园心理环境的创设的核心在于在幼儿园中师幼关系、同伴关系以及教师之间的关系的健康发展。

【思考与练习】

1.名词解释：幼儿园环境、幼儿园物质环境、幼儿园心理环境、空间密度。

2.简述幼儿园环境的特点。

3.简述幼儿园环境的创设原则。

4.请结合实例论述如何创设幼儿园室内区域环境。

5.请举例说明幼儿园游戏场地的三种类型及其特点。

6.请结合实例说明高水平室外活动需要的条件。

7.请举例说明幼儿园室外环境如何创设。

8.请结合实例解释如何创设幼儿园的心理环境。

【拓展阅读】

1.戴文青.学习环境的规划与运用[M].台北:心理出版社,2002.

环境对人有强烈的暗示性,能导引行动的方向与内涵。台湾学者戴文青基于对幼教工作的理想、执着以及累积多年的投身幼教现场的宝贵经验写就此书。该书首先分析了环境与行为的关系、幼儿本质与学习的基本信念,接着讨论了规划学习区的基本原则,再进一步详述各类学习区域的规划要点、活动示例及老师在幼儿游戏活动中所应扮演的角色,最后阐明观察工作的重要性。该书从活动的设计、环境的规划,到幼儿学习的观察评量,无不透露着作者严肃认真的态度、丰富专业的素养。该书不仅为学前教育专业的专业学习提供指导,也为在职幼儿园老师规划幼儿活动与学习环境提供了参考。

2.汤志民.幼儿学习环境设计[M].台北:五南图书出版公司,1990.

幼儿教育与学习环境息息相关,这是作者贯穿于该书的深刻理念。这个理念深刻地体现在这本历时九年才铸就的《幼儿学习环境设计》中。该著作分为三篇:理论篇主要探讨幼儿学习环境设计的理念,梳理了学习环境创设的六大理论基础,分析了环境设计与幼儿行为之间的关系;实践篇分别论述了室内、室外和大人区的学习环境设计与配置;实例篇介绍了中、日、美、英、法、德、丹麦、挪威、澳洲等12个国家的24个幼儿园的配置实例。全书结构以理论研究和环境设计与配置实例为经,以幼儿学习环境设计为纬,逐层分析,严谨有序;论述图文并茂,巨细不遗,是一本不可多得的全面研究幼儿园环境设计的好书。

第七章　幼儿园游戏计划的制订

【本章导航】

幼儿园组织和实施游戏活动的路径有两条，一是通过室内外游戏环境的创设，鼓励幼儿的个性化的创造性游戏，这类游戏从本质上来讲是真正的游戏，其组织形式上往往以个别或小组的形式来进行，强调幼儿自主、自愿根据自己的意愿和经验进行选择，其教育目标是隐含于游戏环境的创设之中，其目标是个别化的、一般性的。二是通过集体活动的游戏化来实现，这类游戏从本质上来讲，是游戏化了的教学活动，其组织形式以集体或小组为主，注重每个幼儿都能参加，其教育目标是普遍性的、直接的。无论环境的创设以及在环境中活动的组织与实施，还是教学活动的游戏化，都需要教师精心地计划、组织，并在实施过程中对幼儿游戏进行观察，在观察的基础上进行指导。本章主要学习幼儿园游戏活动计划的制订，幼儿园游戏计划的制订从两个层面来学习：一个是游戏活动的整体计划，将游戏放在幼儿园整体的活动计划中来进行；二是具体游戏活动方案的制定。

【学习目标】

1.能陈述学前儿童游戏计划制订的要求。

2.能陈述游戏活动周计划的基本结构。

3.能根据幼儿的年龄班制订游戏活动的周计划。

4.能陈述游戏活动的基本结构。

5.能根据幼儿所在年龄班制定不同领域的游戏活动。

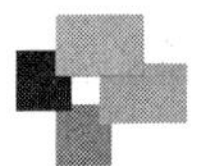

第一节　幼儿园游戏活动的计划

幼儿园是一个对幼儿实施有计划、有目的、有组织的教育影响的学前教育机构。学前儿童游戏一旦被纳入教育实施的领域，就不再是纯粹自然发生发展的活动，而具有了教育性。在托幼机构中的儿童游戏作为对学前儿童进行全面发展教育的重要内容或形式，与其他的活动等一样都应被教育者纳入有目的、有计划的教育教学影响过程中。游戏计划的制订是切实将游戏纳入有目的的教育过程的关键，同时可以增强教师开展自选游戏的目的意识，指导其游戏行为。没有教师对学前儿童游戏实施和组织，单纯具备游戏环境与条件，并不能必然导致游戏教育价值和教育任务的实现。

一、幼儿园游戏计划制订的基本要求

学前儿童游戏实施计划的制订，是切实实现将游戏纳入有目的的教育过程的关键，同时，可增强教师开展游戏的目的意识，指导其教育行为。一般来说，游戏教育计划的制订应符合以下几点要求。

（一）从教育的整体观出发制订游戏计划

游戏计划只是教育工作计划的一个部分，所以在制订游戏计划时，首先需要从幼儿园整体教育目标出发，确定游戏活动的目标，幼儿游戏活动的目标，服务于幼儿园教育的整体目标。其次，在计划游戏活动时，要统筹考虑游戏与集体教学、一日生活等之间的联系，多样的活动共同为实现幼儿园教育的目标而设计。

（二）游戏教育计划具有层次性

制订游戏计划是有层次的。新学期开始，教师应制订出游戏的学期计划。结合其他工作计划的落实，可以将学期计划划分为若干阶段。随着各种教育活动的开展，在各个阶段中，儿童的游戏水平也在不断地发展，游戏的需要也不断变化。因此，教师在制定阶段发展目标的同时应分析上一阶段儿童开展游戏的状况和发展需求、知识基础、玩具材料的使用状况等，及时制订、调整该阶段游戏的发展目标和实施计划，考虑在该阶段中为儿童提供哪些方面的发展机会，创造怎样的有利条件，较细致地制定出指导重点，使教师的工作思路更加清晰，并通过具体的活动计划来实现。因此，学前儿童游戏计划可分为学期计划、阶段计划、周计划、日计划。从实践的角度来考虑，周计划的制订最重要，也最关键。

表7-1 游戏活动计划的层次与内容

内容种类	具体内容
学期计划	1.基础分析(儿童原有游戏基础分析) 2.学期发展目标和总要求 3.游戏主题及阶段安排的初步计划
阶段计划 (以主题划分)	1.确定目标 2.游戏材料的提供 3.指导要点:①游戏规则的制定和掌握;②材料的使用;③游戏前的指导;④观察重点;⑤游戏内容的发展;⑥游戏的评价
周计划	把阶段计划转化(分解)为每周活动中的具体要求和安排
日计划	根据周计划及前一天儿童的游戏情况制订执行计划。要求活动具体,方案完整,时间明确。

(三)游戏计划的制订要基于幼儿的实际发展水平和特点。

在制订游戏计划的过程中,教师还要考虑儿童现实的发展水平,基于儿童的现实发展水平和特点制订游戏计划,才能更加贴近儿童的实际,才能更好地确定哪些教育目标可以通过游戏手段来实施;通过游戏可以发展儿童哪些能力;教师在游戏中要观察儿童的哪些表现与水平等,从而有效地保证通过游戏促进儿童全面和谐、富有个性的发展。

(四)兼顾创造性游戏和教学游戏

如前所述,创造性游戏和教学游戏是幼儿园游戏的两种最主要的类型,在制订游戏计划时,既要保证幼儿有充足的时间参与自由游戏、区域活动,又要保证集体教学活动的游戏化。

二、游戏活动周计划的制订

教师对学前儿童游戏实施的计划制订通常以周为时间单位。教师根据学期的总目标,以及阶段的教育计划的目标和重点,制订周计划。周计划所包括的内容大致如下。

1.游戏目标的确立。教师首先依据各活动类型的教育功能和本班幼儿实际发展的水平、特点,结合教育总目标和阶段目标的重点加以确立。

2.适宜活动的安排。目标的实现赖于适宜的活动,因此,根据确立的目标

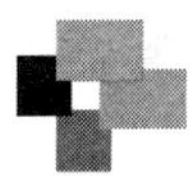

和幼儿水平,已经进行过的活动等安排或者组织适宜的活动内容。在安排内容时要统筹游戏与教学活动、生活活动的相互联系。

3.游戏材料的投放。依据游戏目标以及活动内容决定游戏材料的投放和游戏空间的安排。

4.指导方式。根据具体的游戏活动、幼儿的水平和特点具体考虑合适的指导游戏的方式。

5.注意事项。主要指如何与家长配合,在材料的准备、经验的准备以及行为习惯的培养等方面要求家长所做的工作。如何针对幼儿的特点或游戏特点确定游戏指导的侧重点等。

6.游戏活动效果。主要指游戏过程中对游戏目标确立是否合理、游戏内容安排和组织是否适宜、游戏材料准备是否适当、对幼儿游戏的指导是否恰当等做出记录与分析。

为了记录、交流、分析的方便,幼儿园往往采用表格的形式表达游戏计划。表7-2和表7-3中的形式可供参考。

表7-2　第___周室内自选游戏周计划表[1]

班级______大一班______

教师______

本周活动重点 ____________________　　日期______

活动区域 项　目	美工区	益智区	建构区	科学区	……
发展目标	1.能够综合运用线条和图案装饰瓶子。 2.创造性地进行瓶子的制作活动。	1.比较球体在不同坡度、不同粗糙程度的坡面上的滚动速度。 2.体验科学小实验的猜想、记录、验证等过程和方法。	1.在观察和认识的基础上搭建科技馆。 2.通过分工、合作,探索比例、对称、力等概念。	进一步探索生活中有哪些食物中含有淀粉。	
游戏内容	瓶子上"画画做做"	斜面上的球	搭建科技馆	哪些食物中有淀粉?	

〔1〕陈帼眉:《学前儿童发展与教育评价手册》,北京师范大学出版社1994年版,第940页。

续表7-2

项目＼活动区域	美工区	益智区	建构区	科学区	……
设备材料和游戏场地	线条图案，作品欣赏，各种瓶子、已裁好半成品的瓶子及其他废旧辅助材料，毛笔及白色丙烯颜料等刷色工具，班级环境中布置的瓶子创意作品。	1.用瓶子自制的不同坡度、不同粗糙程度的斜坡游戏玩具。 2.小球。猜想记录表。		西红柿、饼干、黄瓜，还有一些幼儿自带的食物、淀粉水、纸、毛笔。	
指导方式	1.将教师做好的瓶子装饰物和线条画投放在环境中，起到隐形的支持作用。 2.鼓励幼儿创造性地装饰花纹，分享花纹的表现形式及排列布局。 3.在评价环节中将幼儿的作品布置在环境中供大家欣赏。	1.引导幼儿大胆猜想小球在不同斜坡上的滚动快慢。 2.引导幼儿在同一斜坡上、铺垫不同材质的坡面感受小球滚动的速度。 3.鼓励幼儿用自己喜欢的方式将探索实验的结果记录下来。		1.为幼儿提供记录本，鼓励幼儿结合淀粉与碘酒进一步尝试实验，将探索的结果进行记录。 2.利用区域评价，将结果与小朋友们进行分享。	
注意问题					
游戏效果记录					

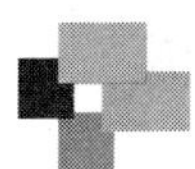

表 7-3　某班第____周教学游戏计划表

本周教育重点__________________　　　　　　　　　　　　　　班级______

游戏时间	游戏类型	游戏名称	游戏目标	游戏地点	组织形式	备注
9月4日	科学游戏	数字大战	练习巩固10以内自然数的加法	室内	集体	
9月6日	音乐游戏	两只懒乌鸦	能用歌声表现懒乌鸦的形象，发展幼儿的表演能力和想象力	室内	小组	根据天气情况可调整到室外
9月7日	语言游戏	动物园	用本周美工活动中折叠的小动物创编故事	室内	小组	
9月8日	体育游戏	勇敢的小兔	练习四散追逐跑，发展幼儿的灵活性	室外	集体	

注：活动的具体内容见具体的游戏方案。

第二节　幼儿园游戏活动方案的设计

幼儿园游戏活动方案是教师对游戏活动的具体安排。学期计划、月计划以及周计划最终都是通过游戏活动方案来落实的。因此，教师应根据幼儿身心特点和发展水平以及本阶段的教育目标与工作重点，选择合适的游戏活动内容，并科学合理地设计出游戏活动方案。

一、游戏活动方案的主要结构

教学游戏的方案主要包括以下内容：

1.游戏目标

确定游戏活动目标，并使之具体化。游戏活动目标是指通过具体的游戏活动期望幼儿获得的经验，也就是说具体游戏活动所要取得的成效。游戏活动目标是阶段幼儿发展目标、幼儿的发展水平以及游戏活动的内容、性质来确定的。在确定游戏活动目标时应注意：第一，以幼儿发展的角度表述目标，而不是从教师教学行为的角度表述。第二，具体、清晰地写出预期达到的活动目标以及需要的条件。在此需要进一步说明的是，对于区域活动的目标，往往更多的指向于幼儿的一般发展，所以，目标会更为一般，对于教学游戏的目标，往往指向于幼儿具体的经验的获得，所以表述会更为具体。

2.游戏准备

游戏活动的准备工作是游戏活动顺利开展的前提和保证。一般来说,游戏活动的准备工作包括:

(1)游戏时间的确定。游戏时间的安排是开展游戏活动的前提与保障。

(2)游戏空间的规划。游戏空间的规划应考虑游戏场地的大小与参与幼儿的人数之间的比例是否合理、场地的选择是否适合、所选择游戏内容的开展是否有利于幼儿的交往以及是否安全、卫生、美观等因素。必要时可以设计出游戏空间的平面图,以确定游戏空间规划的合理性。

(3)游戏材料的准备。游戏材料的准备除了考虑投放数量及安全因素以外,还应注意材料的多功能性,以引发幼儿好奇和探究的心理,发展幼儿的创造性。

(4)游戏经验的准备。游戏经验的准备是游戏活动开展之前,幼儿应该具备的和将要进行的游戏行为紧密相关的经验。一方面可以促进已有经验的练习和巩固;另一方面有利于新的知识经验的学习和掌握。

3.游戏玩法

游戏过程主要指游戏活动的时序设计。设计好游戏开展的时间进程,也就是说,幼儿参与活动时,应该做些什么,怎么做,可能会发现哪些问题,应该采取什么方法等。玩法还应确定游戏活动组织的形式,是集体、小组还是个别。

4.游戏规则

游戏规则主要指幼儿进入游戏环境应该遵守的活动规则,以及允许或禁止出现的游戏行为。

5.游戏评价

在游戏活动结束后,教师对本次幼儿的游戏活动效果进行分析,总结经验,发现不足,及时调整,为下一次游戏活动的计划提供基础。

我们可以根据以上结构和步骤来书写教学游戏活动方案,其表达方式可以使用表格,也可以直接用文字来书写。

二、游戏活动方案举例

(一)教学游戏活动方案设计

实例1:体育游戏

乌龟和兔子

班级:中(二)班　　参与人数:28人　　指导教师:×××

游戏时间:2012年9月13日　　游戏地点:幼儿园草坪

一、游戏目标

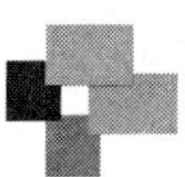

1.练习手脚着地屈膝爬行。

2.练习模仿小兔子跳。

二、游戏准备

1.平整的游戏场地一块(约50 m^2),最好是草地。

2.兔子头饰14个、乌龟头饰14个。

三、游戏玩法

1.扮演角色,活动身体。

(1)幼儿每人选择一个头饰(一半幼儿戴兔子头饰,一半戴乌龟头饰);

(2)根据自己选择的头饰做不同的动作;

(3)同伴互换头饰,并相应地调整自己扮演的角色。

2.爬爬跳跳,练习屈膝爬及轻轻跳。

3.龟兔赛跑。

(1)把幼儿分成两队,每队分为两组,分别为兔子组和乌龟组,分列场地两端。

(2)游戏开始,兔子队排头向乌龟队方向跳跃前进,到乌龟队起跑线前拍一下排头幼儿的手,自己排到队尾。同样,乌龟队排头向兔子队方向屈膝爬行,到兔子队起跑线前拍一下排头幼儿的手,自己排到队尾。直到最后一个幼儿通过为止,以速度快的一队为胜。

(3)幼儿互换角色,游戏重新开始。

4.游戏结束,整理场地。

四、游戏规则

1.在游戏中注意保持自己所扮演的小动物的行走特征;

2.注意只有当兔子组的幼儿跳到乌龟组的起跑线时,乌龟组幼儿方可开始爬行。

五、游戏评价

幼儿对自己所要扮演的角色“乌龟”和“兔子”产生了极大的兴趣,尤其是对它们行走动作的模仿,因此,更能帮助他们对动作要领的理解与掌握。但是,有个别小朋友在加快速度的同时仍要保持爬行动作的正确性方面有一定困难。另外,在以后的活动中注意继续加强小朋友的竞争意识。

实例2:综合游戏

翻骰子[1]

一、游戏目标

1.按指令迅速翻动骰子,发展动作的灵敏性。

2.按指令迅速辨别单数、双数,辨别球体和圆柱体,发展数字和图形辨别能力。

二、游戏玩法

1.将幼儿分成两组,每组前面放置一个得分标志牌。

2.根据开始指令(音乐开始),在规定的时间内两队分别将指令要求的骰子面翻出朝上(第一轮翻指定颜色,第二轮翻指定数字类别,第三轮翻指定形状)。

三、游戏规则

1.遵守游戏指令,在音乐响起时开始翻骰子,音乐停止时必须停止行动。

2.翻好的骰子放在原地,不要随意搬动,不能用力挤、压、抛。

3.不能停在一个骰子旁边阻止其他幼儿的行动。

四、游戏结果

按正确指令翻出数量多的一组为胜。

实例3:社会领域游戏

运球[2]

一、游戏目标

1.培养幼儿的合作意识,提高幼儿的合作技能。

2.提高幼儿的语言沟通能力。

二、游戏材料

1.中间剖开的长约30厘米的PVC管20个(10个做黄色标记,10个做绿色标记)、塑料小球2个(黄色和绿色各1个)、玩具盒2个(黄色和绿色各1个)。

2.场地中央分别用黄色、绿色即时贴,贴出两个跑道,跑道的长度与10个PVC管连接起来的长度一致。

三、游戏的玩法

第一轮:

1.每个幼儿挑选一种颜色的PVC管,自然将幼儿分成两组,每组分别站在相应颜色的跑道上,拿起手中的PVC管组成一个滑道。

---

〔1〕整理于2009年上海儿童游戏节徐泽民教师的活动实录。

〔2〕改写于兰州石化集团幼儿园曹老师的公开教学。

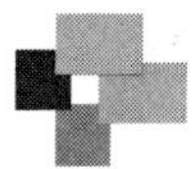

2.教师将相应颜色的小球放入滑道起点，小球从起点处开始通过每个人手中的滑道，最后顺利落入终点处的玩具盒。

第二轮：

将终点的玩具盒向后移动3个PVC管长度的距离，小球从起点处开始通过滑道，最后顺利落入终点处的玩具盒。

四、游戏规则

1.幼儿的手不能碰小球。

2.放置在终点的玩具盒不能随意移动。

3.滑道不能中断。

五、游戏结果

先顺利将小球运送到玩具盒者为胜。

(二)区域活动的活动方案举例

实例1:小班表演区活动设计[1]

一、活动目标

幼儿能跟随《小青蛙学游泳》的音乐大胆运用肢体动作表现小青蛙 。

二、活动准备

音乐《小青蛙学游泳》、圆形的“蘑菇池”。

三、活动指导

1.教师与幼儿一起表演1～2遍，以自身的情绪、动作、表情带动幼儿。

2.利用区域评价和邀请观众的方法，给幼儿创造展示的机会，激发幼儿的表演兴趣。

实例2:中班建构区中的数学[2]

一、活动来源

在一段时间里，中一班的孩子萌发了为建构区的自制汽车搭建停车场的想法。

二、活动目标

1.使幼儿认识不同材料的属性。

2.使幼儿能对不同属性的材料进行选择与简单测量。

---

〔1〕改写于北京市一日活动设计。

〔2〕李季湄:《回到基本元素去——走进新〈纲要〉》，北京师范大学出版社2006年版，第49页。

三、材料准备

提供了大量的材料，长短、宽窄、大小不同的正方形和长方形的板材。

四、活动指导

1.引导儿童了解一些停车场的特点和不同停车场的结构。

2.引导幼儿根据汽车的大小、高矮设计停车场。

3.引导幼儿搭建节省空间型的停车场。

五、活动评价

1.经过了七八次的努力，幼儿在保持平衡方面认识到用两个圆柱体支撑一个正方形不如三个、四个稳固。

2.在选择材料方面，幼儿知道运用比较测量的方式选择长短、薄厚、高矮适宜的积木搭建。

3.在空间上，幼儿知道了立体型的停车场更加节省空间。

4.鼓励幼儿不断调整材料，最终了解了汽车大小和积木空间的大小的关系，建构了数学经验，形成了建构技能。

实例3:科学区的活动

莲雾果的生长秘密[1]

一、活动来源

幼儿园里果树繁多，教师们利用便利的资源开展了一系列关于果树的活动。

二、活动目标

1.培养幼儿在生活中学习的兴趣与习惯。

2.发展幼儿观察、记录、分析莲雾生长的全过程的能力。

三、活动准备

1.与幼儿一起绘制了观察记录表。

2.与幼儿一起制订了观察记录的时间计划。

四、活动过程

沿着莲雾果生长的过程记录：莲雾开花时，带着孩子们连续认真观察，自己记录；莲雾结果了，孩子们开心地观察记录；莲雾果成熟了，变成红色了，同样引导孩子们记录。

五、活动评价

〔1〕改编于李季湄:《回到基本元素去——走进新〈纲要〉》，北京师范大学出版社2006年版，第232页。

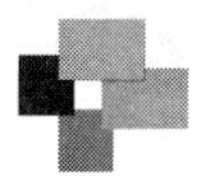

1.幼儿园的自然环境给孩子提供了一个连续的、随时观察学习的机会,信息的获取是完整的,改变了过去此类活动过于跳跃的现状。

2.孩子们从中发展了观察、思考、分析的能力,有助于其学习能力的培养。

另外,有些幼儿园习惯于将文字表述的形式转变为表格表述,下面的表格形式可以作为一个参考。

<table>
<tr><td colspan="7">游戏名称</td></tr>
<tr><td>班　级</td><td></td><td>参与
人数</td><td></td><td>指导
教师</td><td></td><td rowspan="2">备 注</td></tr>
<tr><td>游戏时间</td><td></td><td>游戏
地点</td><td colspan="3"></td></tr>
<tr><td>一、游戏目标</td><td colspan="5">目标1:
目标2:</td><td></td></tr>
<tr><td>二、游戏指导</td><td colspan="5">重点:
难点:</td><td></td></tr>
<tr><td>三、游戏准备</td><td colspan="5">场地准备:
游戏材料准备:
经验准备:</td><td></td></tr>
<tr><td>四、游戏过程</td><td colspan="5">游戏开始:
游戏过程:
游戏结束:</td><td></td></tr>
<tr><td>五、游戏规则</td><td colspan="5"></td><td></td></tr>
<tr><td>六、游戏评价</td><td colspan="5">幼儿自己的评价:
教师的引导性评价:</td><td></td></tr>
</table>

小结

无论游戏环境的创设、在环境中活动的组织与实施，还是教学活动的游戏化，都需要教师精心的计划、组织，并在实施过程中对幼儿游戏进行观察，在观察的基础上进行指导。本章主要学习幼儿园游戏活动计划的制订，幼儿园游戏活动的制定从两个层面来学习：一个是游戏活动的整体计划，将游戏放在幼儿园整体的活动计划中来进行；二是游戏活动方案的制定。

就游戏活动的计划而言，首先明确游戏活动的计划是幼儿园整体活动的计划的组成部分，也具有层次性：学期计划、单元计划、周计划、活动计划。因此，幼儿园游戏计划的制订要纳入幼儿园整体计划之中，还要基于幼儿的发展水平和发展经验来制订，并且还要兼顾区域活动的计划和教学游戏。

游戏活动的周计划在教师的游戏计划中处于核心地位，其结构一般由游戏目标的确立、适宜活动的安排、游戏材料的投放、指导方式和注意事项等构成。

学前儿童游戏活动的方案的主要结构：游戏目标、游戏材料、游戏玩法、游戏规则和游戏评价等，在具体的方案设计的时候，可以适当增加和减少某些结构。本章的第二节提供了教学游戏方案和区域活动的方案，可以提供一些学习参考。

【思考与练习】

1.请陈述学前儿童游戏计划制订的要求。

2.请陈述游戏活动周计划的基本结构。

3.请根据幼儿的年龄班制订游戏活动的周计划。

4.请陈述游戏活动的基本结构。

5.能根据幼儿所在年龄班制定不同领域的游戏活动。

【拓展阅读】

玛丽·霍曼，伯纳德·班纳特.活动中的幼儿——幼儿认知发展课程（幼儿园教师手册）[M].郝和平，周欣，译.北京：人民教育出版社，1995.

《活动中的幼儿——幼儿认知发展课程（幼儿园教师手册）》译自美国海伊斯科普教育科学研究所编写和出版的一本幼儿教师工作手册。这本书是该研究所多年来对幼儿进行教育实验和研究的成果。他们以皮亚杰的认知发展理论为基础，吸取现代教育学和心理学的研究成果，建立起了一种颇具特色的幼

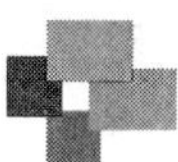

儿认知发展课程，其主导思想就是让幼儿在主动的活动中学习并获得发展。

该书的引言定位了本书的适应性——双语双文化的学前教育研究，本书的第一部分沿着教室的物质环境的布置，一日活动的安排以及教师如何制订计划三大要素进行阐述，第二部分围绕幼儿认知发展的主动学习、语言、经验与表征、分类、排序、数概念、空间关系和时间关系等关键经验，详尽介绍了如何发展幼儿关键经验的活动。

第八章 幼儿园游戏的组织与指导

【本章导航】

儿童的游戏发展不是一个自然而然的过程，没有成人对游戏的指导，游戏就不会产生，或者就会停滞不前。教师对幼儿游戏的指导是实现游戏的发展价值和教育功能的重要手段。因此，本章着重介绍了指导幼儿游戏的一般策略，即以自身为媒介、以材料为媒介以及以幼儿为媒介，说明了指导幼儿游戏的具体方法，包括言语指导与非言语指导方法。同时，从我国幼儿园游戏教育实际出发，依据游戏的教育功能分类，详细地阐释了角色游戏、结构游戏、表演游戏和规则游戏的含义、特点、结构，结合实例深入分析了不同类型游戏的指导要点，为在幼儿园教育实践中设计与指导幼儿游戏提供支持。

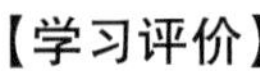

【学习评价】

1.理解幼儿游戏的一般策略。

2.理解指导幼儿游戏的具体方法。

3.了解并掌握角色游戏的特点与结构。

4.了解并掌握结构游戏的特点与结构。

5.了解并掌握规则游戏的结构。

6.能结合实例，正确指导幼儿的角色游戏。

7.能结合实例，正确指导幼儿的表演游戏。

8.能结合实际，理解并运用结构游戏的指导方法。

9.能结合幼儿园教育内容，编制智力游戏。

10.能依据规则游戏的结构因素，设计规则游戏。

第一节　幼儿园游戏指导的一般策略与方法

苏联心理学家认为,孩子不是生来就会游戏的,没有成人对游戏的指导,游戏不会自然而然得到发展。没有教育的作用,游戏就不会产生,或者就会停滞不前。为了使幼儿掌握游戏的方法,成人的干预是必要的。游戏的教育价值的实现和游戏本身的发展,取决于成人对游戏的指导。

如果说,为儿童创设游戏的环境条件,以及制订游戏计划与设计游戏方案,是对儿童游戏活动的外部帮助和支持,是一种场外指导,那么教师对儿童游戏过程的介入和指导,就是对游戏活动本身的现场指导。教师对游戏过程的指导是游戏实施计划得以实现的关键环节。

一、幼儿园游戏的指导策略

对于教师来说,在游戏过程中的现场指导是一个开放性的与儿童互动的过程。这种互动过程,要求教师应掌握一定的技巧或策略,并具有较强的随机应变能力,在实践中能够灵活机动地运用,所以游戏中的指导充分体现了幼儿教师教育工作的科学性、艺术性和创造性。按照游戏指导中发挥作用的媒介的不同,指导可以分为三大类:以自身为媒介、以材料为媒介和以儿童为媒介。

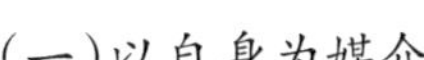

(一)以自身为媒介

以自身为媒介的指导策略是指在游戏过程中教师介入的方式。一般有以下三种指导方式或策略。

1.平行游戏策略

平行游戏策略是指教师接近儿童,并与他们用相同的游戏材料玩一样的游戏,但在游戏过程中不与儿童交往,不参与儿童游戏,目的在于引导幼儿模仿。这种指导策略往往用于结构游戏与表演游戏之中,效果较显著。例如,幼儿坐在地板上玩结构游戏,教师可和幼儿靠近坐着,用同样玩具玩游戏。教师可以偶尔发表一些评价性的看法,但无特指对象,也不与幼儿交谈,旨在吸引幼儿的注意,引起模仿,以期达到指导目的。

实例:

一个男孩在用积木搭“大高楼”,但他把小块积木放在下面,大块积木放在上面,因此“大高楼”总也搭不高、“站不稳”。教师发现这种情况后,便坐到他身旁去,但没直接搭理他,也拿一堆积木来搭“大高楼”,一边搭一边说:“我想搭个高高的大楼,怎么搭呀?先把大积木放在下面,小积木放在上面,这样我的大高楼就搭得高高的了。”老师的举动引起了小男孩的注意，小男孩看着老师的行动，然后也照老师的样子拿起了积木，把大积木放下面，小积木放在上面，搭起了高楼。

平行游戏充分运用暗示原理，使幼儿在无意识中接受指导。实质上，教师的游戏是以一种含蓄隐蔽的示范方式指导幼儿游戏。对幼儿而言，是偶尔观察到了正确的游戏方法或玩法，他自己并没有意识到这是教师有意识的“诱惑”。这种暗示性指导方式的最大优点在于，既实现了教师的指导意图，又不影响幼儿的游戏进程。它最大限度地避免了指导成为干扰的可能。因而，平行游戏策略是教师指导幼儿游戏的首选策略。

2.合作游戏策略

合作游戏策略也叫交叉式介入法，是指当幼儿有教师参与游戏的需要或教师认为有指导的必要时，由幼儿邀请或教师自己以合作者的身份加入游戏，通过教师与幼儿之间的游戏角色互动，实现指导的目的。教师可以根据游戏情境的需要对幼儿的语言和动作做出应答性的反馈，也可以偶尔提出问题。合作游戏策略不是教师传授游戏方法，而是以暗示的方式引导幼儿合理展开游戏情节。因而，应避免直截了当的指令，尽量防止幼儿放弃游戏主动权而服从于教师的“调遣”。

比如，教师扮演“邻居”到娃娃家，假装发现娃娃发烧，并劝“爸爸、妈妈”应带娃娃到“医院”看病或请医生，使原本平淡的游戏情节得以扩展。在“邮局”游戏中，教师扮演“寄信人”却假装不知要写邮址或贴邮票，贴多少钱的邮票等，吸引邮局“工作人员”主动前来介绍，丰富了游戏中幼儿的角色对话。在“菜市场”游戏中，教师扮演顾客，专买“市场”上没有的东西，如“海带”“乌龟”，引发幼儿自己寻求代替物，用纸条代替“海带”，用小扁瓶子代替“乌龟”，发挥了幼儿的积极性和创造性。

实例：

某大班角色游戏区，一个孩子倒骑在凳子上，玩起了开出租车的游戏。他边转动方向盘，边东张西望并自言自语，可是没人和他一起玩。没有乘客，孩子一会儿就有点烦了。这时，老师走了过来：“哎，司机师傅，我要去火车站，你能送我吗？”

这名孩子立即兴奋了起来，高兴地说：“快上来吧。”

老师站着不动，为难地说道：“我的行李放在什么地方呢？”

孩子从凳子上起来，接过老师手里的行李，放进了“车后厢”。

老师坐上了出租车，又向孩子问道：“这是我第一次到××城市来，你能给我

说说我们去火车站要经过哪些地方吗?"

孩子高高兴兴地向老师介绍起沿途风光。

合作游戏策略的关键在于把握介入游戏的契机。如果贸然加入可能引起儿童的警戒。所以,在儿童没有直接邀请的情况下,比较妥当的方法是,以一个与游戏情境相关的角色参与游戏。例如,儿童在玩"商店"的游戏,教师可以"顾客"角色自然加入游戏。一旦进入游戏情境,教师必须严格按照角色规范采取行动,但可以利用角色之间的关系采取隐蔽的方式控制游戏的发展。

3.领导游戏策略

领导游戏策略是由教师提议或事先设计一个游戏,并在指导游戏时扮演一个关键的角色,至少部分控制游戏的进程。这种指导方法常常传授一些新的规则和玩法,一般用于表演游戏和规则游戏。指导游戏一般采取两种方式:外部指导和内部指导。外部指导就是教师不参加游戏,而从游戏本身的特点和教育意图对游戏做出评价和建议,鼓励儿童游戏;内部指导就是教师参加到游戏中去担任一个角色,领导儿童共同游戏。在游戏过程中,教师演示儿童没有采取过的游戏行为,用行动和语言进行示范和讲解,与合作游戏策略不同之处在于,在领导游戏策略中,教师处于控制地位。

外部指导实例:

某中班积木区,两个幼儿把积木散落得到处都是,但没有搭建任何作品。老师发现了,走了过来说:"你们在搭动物园吗?"老师见他们没有吭声,便拿起一块积木接着说:"你们想用这个给大象建个大房子吧,嗯,不错,又大又结实。"说着用手里的积木搭了一个房子的造型。两个孩子在老师的语言提示下,搭起了动物园……老师看他俩玩了起来,然后才慢慢走开了。

内部指导实例:

某小班幼儿在玩小兔子的游戏。但是在游戏过程中,小朋友忘了自己是"小兔子",总是跑来跑去。老师发现了这一情况,马上自己也扮演了兔妈妈的角色,轻轻跳跃着进入游戏场地,边跳边说:"孩子们,快来看,妈妈给你们带来了新鲜的蘑菇。"其他小朋友看见,赶紧做小兔子跳跃状,跳了过来。老师又紧接着以"妈妈"的身份,纠正了"兔宝宝"的动作。

领导游戏策略适合于还未进入角色的儿童。这些儿童通常缺乏游戏意识或游戏技能,难以在教师的平行游戏策略和合作游戏策略中接受指导。在规则游戏的组织过程中,领导游戏策略便于教师对游戏过程进行调控,从而有效地把握游戏的进程。但是,领导游戏策略的弊端在于教师难以把握对游戏的控制程度和干预时机。因为,任何时候由教师控制游戏总有一种潜在的危险存在,即儿童可能中止游戏，并且不利于儿童独立性和自信心的发展。长此以往，会造成儿童在游戏中对教师形成依赖感。

（二）以材料为媒介

除了以自身为媒介去指导儿童游戏以外，教师还可以通过提供或改变设备与材料的方法来影响儿童，潜移默化地影响和规范孩子的游戏行为，支持和引导儿童在游戏中的学习和发展。例如，教师在结构游戏区的地毯边上贴了4双小脚印，这就意味着这里只能进去4个人。当4双小脚印上放满了鞋子以后，有个小姑娘也很想进去玩，但是，她只是在结构游戏区边上徘徊、观望，始终没有进去。原来，蕴含于环境之中的"规则"——这里只能进4个人，在影响与控制着这个小姑娘的行为。再如，给儿童提供需要多人合作才能玩的综合型玩具，让儿童寻找同伴一起玩，促进其游戏的社会性行为水平的提高，或者提供可以一物代替多物的材料，培养和发展儿童创造想象的能力等。还有，幼儿游戏时，是给他们每人1个球还是2～3人1个球，取决于教师的教育意图。如果想让幼儿练习拍球的技能，教师就会给幼儿每人准备1个球；如果想让幼儿学习分享、轮流与等待，那么让2～3个幼儿玩1个球就比较妥当。这种经过教师设计的教育环境，是会"说话"的，可以发出特定的信息，影响和指导幼儿的行为。

（三）以儿童为媒介

儿童与成人的互动固然重要，但是，它不能代替或取代儿童与伙伴之间的互动。游戏是儿童学习与伙伴交流、互动的很好机会，教师要充分利用儿童伙伴互动这一因素，支持和引导儿童的游戏和发展。例如，建议儿童结成小组，共同探索解决问题的方法。

实际上，在游戏中的教师指导是综合运用多种媒介、多种方法对儿童游戏施加影响的过程。

在以上三类不同的指导策略中，以材料、儿童为媒介的策略和以自身为媒介中的平行游戏策略、合作游戏策略都是间接的指导方式或策略，它们都是运用了暗示原理，都很容易让儿童体验自主的感受。

专栏

游戏中心课程中的指导策略

在游戏中心课程中，教师可能会选用的主要游戏指导策略从教师最间接的角色到最直接的角色呈现出连续过渡状态，如下所示：

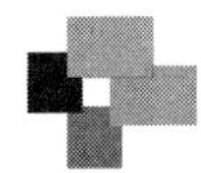

间接指导	舞台监督
↑	艺术家学徒
	监护人
	平行游戏者
	旁观者
	参与游戏者
	介绍人
↓	故事讲述者
直接指导	游戏导演

【资料来源】王银玲:《游戏中心课程》,载《学前教育研究》2000年6期。

二、幼儿园游戏的指导方法

在学前儿童游戏的现场指导中,教师使用言语方法是非常重要的,而非言语的运用更能显示出教师指导的艺术性。在上述任何一种指导策略的运用中,特别是以自身为媒介的指导,都不能离开言语和非言语方法的运用。

(一)言语指导

言语是教师作用于儿童的重要影响手段,在作为游戏者身份的游戏指导中,教师的言语往往是游戏中角色的语言表达,是角色的语气、语调。而作为旁观者,教师指导言语则是成人或教育者的言语表达,具有比前者更明显的教育意图和成人期待。作为旁观者的言语指导可分为两种:一种是直接方式,它表现为教师对儿童的明确指示、直接教授、具体指挥等。这种方式只有在特殊情况下才可采用,如游戏中出现了较严重的危险因素或违反常规的现象,或者游戏需要教师教授儿童才会玩且儿童又是初次玩(如下棋)等。另外,在游戏的开始和结束时也常运用。教师采用这种方式指导,游戏会暂时终止或被打断。因此,在儿童正常的自由游戏进行中,一般不宜采用。另一种是间接方式,重在启发、诱导、暗示儿童如何去做,它具有普遍的适用性。

言语指导主要包括以下几种具体策略。

1.询问

主要是用于了解幼儿游戏的现状及幼儿的具体想法,鼓励幼儿用语言描述自己的行为或所发生的事情,宜用亲切平和的语气,例如,“你能给老师讲讲你捏的是什么吗?”“你在做什么呀?”“发生了什么事?”……询问可以帮助教师了解幼儿的真实想法,同时也鼓励幼儿用言语整理、表达自己的想法与做法。

2.提示或建议

主要是当幼儿遇到困难或不知所措、缺乏目的时，教师用言语试探地或协商性地暗示幼儿去做什么和如何做，帮助幼儿明确想法，确立游戏的主题，明确自己的角色，扩展游戏内容，开拓幼儿的思路，促进游戏的顺利开展。如“你们想玩医院的游戏吗?”“娃娃家的娃娃是不是饿了?”“做饭了吗?”……

3.评论

主要是教师对游戏中幼儿的行为表现进行评价，表扬和肯定正确的，也可以指出不足或提出建议。评论以鼓励、表扬为主，对幼儿表现出的正向的游戏行为加以肯定并提出希望。教师可对正在进行的幼儿游戏做个别式的评论，也可在游戏结束时进行总结性的评论。如“这个房子是你建的吗？真漂亮。”“今天阳阳扮演的交警，坚持值班，没有离岗，真不错!”……

4.描述

主要是教师通过对幼儿游戏的观察，用语言描述幼儿的行为，使幼儿对自己的行为以及行为的意义有更明确的意识，同时，教师的语言也为幼儿描述自己的行为提供了“范例”。这种描述，还可以传递教师对于幼儿活动的关注与理解，起到“肯定”与“鼓励”的作用。如，一个幼儿在用纸盒子做“蛋糕”。他先用红纸把盒子整个包起来，然后再对它进行装饰。他从图片上剪了一朵花，把它贴到盒子上去，但是贴的位置偏向左边。他把花小心翼翼地揭了下来，对准中间位置，粘好。教师一直在关注着这个男孩的行为。这时，她走过去，说:“哦，你发现歪了，偏在了左边，所以你又揭下来，重新贴，把花放在正中间，这样左右两边就对称了，更好看了，对吧?”通过教师的这种“描述”，不仅使幼儿体验到教师对自己行为的关注与理解，而且教师也不失时机地把“对称”这个词介绍给了幼儿。使用“描述”策略的基础是对幼儿行为的细致观察和对幼儿行为意图的准确判断，切忌缺乏观察与了解的主观臆测。

5.重述

是指教师在与学前儿童的交谈中，采用有变化的句子结构，重新叙述儿童刚才所讲的话，为儿童提供正确的句子结构或不同的句型，使儿童了解到可以用不同的“话”说同一件事。重述具有纠正、示范的作用，但又不会伤害儿童说话的积极性。例如，一个小女孩抱着玩具娃娃，高兴地对老师说:“她好了，吃药了。”老师重述:“哦，你给娃娃吃了药了，所以她的病好了。”

6.提问

是指教师采用问题的形式，鼓励和引导儿童探索、思考与表达。所提的问题以开放性问题为宜，尽量少提儿童只需简单回答的问题。例如，“你怎样变出

了这么好看的橙红色?”“我们怎样才能知道这里有多少块积木呢?”“为什么红车比蓝车跑得快呢?”

(二)非言语指导

除了言语的方法以外,教师也要充分利用自己的表情、眼神、手势、动作、身体运动的方向等非言语的手段,来支持和帮助学前儿童在游戏过程中的学习。

实例:

老师让幼儿做头饰,做好了以后可以戴到头上玩。这个班里有个小女孩,是全班最小的。她按照纸带上现成的印子粘好头饰后,戴到头上,发现头饰太大了,一下子滑到脖子上。这时,她看着别的孩子已戴着头饰玩起来了,显得很着急;她用眼睛看着老师,希望得到老师的帮助。但是老师没有走过来,只是远远地看着她,对她笑着点点头。老师的动作和表情使女孩明白老师不会过来帮她做,老师希望她自己解决。女孩低下头继续摆弄头饰,她不时地抬头看一眼老师,老师每次都报以微笑。老师的关注使女孩坚持探索。她尝试着用各种办法来使头饰适合自己,摆弄了许久,还是没有找到解决的办法,小脸憋得通红。她用求助的眼神看着老师。这时,老师在远处用手对她做了一个“折叠”的动作,小姑娘马上明白了,她把头饰的带子折叠了一小段,弄短了,粘好后高兴地把它戴在了头上。老师在远处朝小女孩笑着点点头。

在这个例子中,老师并没有说一个字,但是她很好地帮助幼儿解决了问题。可见,“教”不一定要用“说”的方法。在游戏过程中,教师无论是以游戏者的身份,还是旁观者的身份,都应当根据实际情况,灵活综合地运用言语和非言语的方法进行指导。

三、幼儿园游戏现场指导中应把握的要点

(一)以观察为依据,确定指导的必要性

实施指导,观察先行。对游戏的指导要基于对儿童游戏真实状况和儿童心理状态的充分了解。只有通过观察才能够了解儿童对于当前活动的兴趣、已有的经验或存在的问题,方能够准确地做出是否介入以及选择如何指导的判断。这种观察既可以通过站在旁边看、听或与儿童交谈来进行,也可以通过与儿童共同游戏来进行。通过这种观察,教师可以判断儿童行为的意义,确定指导的必要性和针对性,有的放矢地引导幼儿获得发展,并使游戏得以延伸。可见,观察是游戏指导的前提和依据。

教师要想通过观察得到准确有效的信息,必须掌握一定的方法。一般来讲,游戏观察的方法主要有以下几种。

1.扫描法

扫描法即时段定人法，即对全体幼儿平均分配时间，在相等的时间里对每个幼儿轮流进行扫描式观察。使用扫描法教师应首先选择一个合适的位置，以保证所有幼儿均在视线之内。该方法适合于了解全体幼儿的游戏情况，一般在游戏开始和结束的时候选用较多。可以帮助教师判断空间和材料是否符合幼儿活动的需要，发现可能会引起纠纷的事件，了解游戏开展中有哪些主题，每个幼儿选了哪些主题、扮演了什么角色、使用了哪些材料等。

选用这种方法，可以按照预先规定的时间间隔来进行，如每10分钟进行一次。一般用表格的形式记录。将所要观察的内容事先用表格的形式准备好，游戏开始时，就直接将所观察的内容在表格内做记号即可。不仅简便易行，而且可重复使用，便于前后比较。表8-1就是对幼儿参与游戏情节所扮演的角色的观察记录。

表8-1　幼儿参与游戏情节情况的观察表

内容 / 角色 / 姓名	餐厅				娃娃家				医院				×××			备注
	顾客	服务员	厨师	×××	爸爸	妈妈	客人	×××	护士	医生	病人	×××				

2.定点法

定点法即观察者固定在游戏中某一地点进行观察，把进入此游戏区的幼儿作为观察对象。适合于了解一个主题或一个区域中幼儿游戏的情况，可以获得幼儿玩具材料使用的情况，该区域幼儿参与人数等，有助于教师了解环境创设是否有效，是否需要投放新材料等。也可以帮助教师比较全面地了解某一个主题的开展情况，了解幼儿的游戏经验。

3.追踪法

追踪法即定人不定点法。观察者事先确定一到两个幼儿作为观察对象，观察他们在游戏活动中的活动情况。被观察的幼儿走到哪里，观察者就追随到哪里。适合于观察了解个别幼儿在游戏全过程中的表现，了解其游戏发展的水平，以获得更为全面关翔实的信息。

这种方法可用实况描述法进行记录，必要时可配以一定的图示。就是将所看到的观察对象在游戏过程中的活动详细记录下来，最后分析整理，有针对性

地提出策略。

(二)确定指导的时机

教师在幼儿游戏中的指导,除了要注意指导的必要与否以及方式方法的适宜性以外,还要注意指导的时机。儿童游戏活动开始时的兴趣和愿望的激发、启动,结束时的总结性评论,都是游戏指导的重要环节。而在游戏的进行过程中,教师作用于儿童同样也有一个最佳时机问题。萨顿·史密斯(Sutton Smith,1974年)认为,教师在主观状态不佳的某些情况下,最好不要介入儿童的游戏,比如,自己不想与孩子玩的时候;觉得自己的介入会干扰孩子的游戏时;认为介入儿童游戏仅仅是一种责任,而不能从中享受乐趣时;感到身体太累、心事太重时。这说明教师所把握的干预时机不仅指儿童游戏的客观状态,还包括教师干预的主观心态,即一方面儿童游戏确实需要教师的介入和帮助,另一方面教师确实具备投入儿童游戏的满腔热情和精力,两者都是直接关系到游戏干预效果的重要因素。

(三)把握好指导对象的范围

教师在班级中对幼儿游戏过程的指导,往往是以个别教育方式来进行的但必须立足于对全体儿童的游戏活动全面掌握和关注的基础之上,做到对个别幼儿游戏的个别指导和对全体幼儿游戏进行的一般性指导相结合。教师应注意避免单一性集体指导和整齐划一的要求(特别是在集体形式的教学游戏开展中),同时又需注意指导范围不能局限于某个儿童身上,特别是在儿童的自由自选的游戏开展中,做到对指导对象范围的科学、合理把握。例如,某班教师依据上周积木区和娃娃家游戏存在的问题,确定这两个区域为指导的重点。在自选游戏过程中,教师既要关注各活动区游戏的全面开展,同时又深入这两个活动区,给予具体和更有针对性的影响。

(四)将总结性评价作为推进幼儿游戏的方法

评价是教师了解游戏开展情况、有效指导和深化游戏的一个不可缺少的环节。教师在幼儿游戏活动结束时,针对不同游戏的内容和特点,对幼儿在游戏中的行为进行评价或引导幼儿进行自评以及幼儿之间互评。使幼儿从简单地模仿成人、反映现实生活中得到升华,培养幼儿对人对事的正确态度和遵守规则的行为,最终达到在游戏中促进幼儿体、智、德、美全面发展的目标要求。一般教师对幼儿游戏活动的评价方法有以下几种。

1.反映式评价

反映式评价是指教师有目的地通过幼儿对现实的反映加以引导的一种评价方法。这种方法教师一般问:“今天你做了什么？是怎么做的？为什么？”例如，教师询问在“娃娃家”中扮演“妈妈”的幼儿今天干了什么时，幼儿说：“我的小宝宝生病了，我带着她到医院去打针了。”教师问：“你怎么会想到这样做呢？”“因为我生病时，爸爸妈妈就带我到医院去看病，所以我也要这样做。”接着，教师可以鼓励“妈妈”做得好，并教育其他幼儿向她学习。这种评价调动了幼儿观察、关心周围事物的积极性，也有利于组织集体对个人加以引导，通过集体对个人的肯定，使个人增强信心，激发下次继续做好角色的愿望。在反映式评价中，还可以通过集体群策群力的方法，想想怎么做还可以玩得更有趣，不断使游戏在原有基础上提高。

2.交往式评价

交往式评价是指教师请有关角色的双方双向地进行评价的一种方法。例如，教师可以问：“今天医生是怎么为病人看病的？”有“医生”说：“我先问他哪里不舒服，他说肚子疼，我说可能是吃冷饮太多了。我给他开了药，提醒他不要忘记吃药，叫他穿厚点。我还叫其他病人不要插队。”接着教师问“病人”是否满意，“病人”说：“他给我看病我很满意，吃了他开的药，我的肚子马上不疼了。只是他看病时对病人太凶了，我不满意。”教师就请小朋友说说医生看病时应该怎样对待病人，并指出病人看病要排队，遵守秩序。这种评价教师容易发现问题，并对幼儿的行为习惯进行指导，促使幼儿的交往能力以及评价自己和他人的能力的提高。

3.情感式评价

情感式评价是向幼儿进行情感教育的一种评价方法。比如，教师可以在“娃娃家”游戏结束时，问小朋友：“今天娃娃家谁当奶奶？家里其他人是怎样对待奶奶的？”这时，“奶奶”赶紧说：“他们对我可好了，盛的第一碗饭先给我，不要我做家务，我觉得很开心。”教师高兴地表扬了“娃娃家”的小朋友待“奶奶”真好，是一个爱长辈的好孩子。又如教师问：“今天游戏你玩得高兴吗？”这类问题反映游戏时的情绪情感，实质上是游戏愉快功能的体现，一般适合在小班幼儿游戏中使用，以激发他们下次友好地一起玩的愿望。

4.创造式评价

创造式评价是教师培养幼儿创造思维和动手能力的评价方法。教师问幼儿：“今天你在游戏中发明了什么？”幼儿说：“我发明了一台饮料机。”“为什么要发明饮料机呢？”幼儿解释说：“因为有顾客要买一杯饮料，我们店里只有瓶装的，没有一杯一杯卖的，所以我发明了一台饮料机。”然后再请小朋友讲讲他是怎么制作饮料机的。这种评价有利于教师有目的地使幼儿在活动中不满足于对已有生活经验的简单重复，培养幼儿开拓创新的意识。有的教师扮演“顾

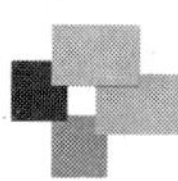

客”，到店里买一束花送给朋友，可是店里没有花，“售货员”说：“麻烦你稍微等一下。”然后马上把教师窗台上放的塑料花，拿来卖给“顾客”。教师以“顾客”的身份赞扬“售货员”服务态度好，肯动脑筋，这样可以培养幼儿灵活利用环境的能力。

5.参与式评价

参与式评价是让幼儿学习对人对己评价的一种方法。例如，在小组游戏结束后，教师问：“今天你们小组谁玩游戏玩得最好？你玩得怎么样？有什么不好的地方吗？”有小朋友说：“今天收门票的工作人员工作很认真，仔细检查大家的票。”“店里的经理表现不好，一直跑来跑去的，叫他不要乱跑，他不听，一点都不像经理。”……这样，教师可以了解到幼儿对人对己评价的特点。一般来说，幼儿的自我评价与客观评价有一定的距离，让幼儿学习自我客观地评价，能促进幼儿自我认识的发展，有利于幼儿在游戏中关心他人、互相督促、共同进步。因此，教师要注意将幼儿的自评和互评结合起来。

教师作为幼儿游戏的评价者，不是直接面对幼儿去评判幼儿游戏的好坏，更主要的是以自己的积极态度和兴趣去影响幼儿的游戏活动，鼓励幼儿游戏。研究资料表明，如果教师表现出对幼儿游戏的关注，幼儿就会认为自己的游戏活动很有价值，游戏的积极性就很高。所以，成人在场与不在场，参与与不参与，对幼儿游戏的影响是很大的。

第二节　幼儿园不同类型游戏的指导

在我国幼儿园中，最为常见的游戏分类是按教育功能进行划分的。这种分类可以帮助老师更好地了解游戏的特点，并将游戏与其他教育形式相结合。因此，本节对游戏的指导，着重于在教育功能进行分类的游戏，分析其结构，以加强对幼儿园游戏的指导。

一、角色游戏的组织与指导

（一）什么是角色游戏

角色游戏是幼儿通过扮演角色，运用模仿和想象创造性地反映现实生活的一种游戏。“娃娃家”“医院”“小吃店”“百货商店”“汽车”等都是幼儿喜欢的角色游戏主题。现实生活是角色游戏的源泉，可以说，没有生活就没有角色游戏。想象力的发展构成了角色游戏发展的心理基础，玩具和游戏材料是角色游戏得以开展的物质基础。幼儿通过扮演角色，在假想的动作、情景和物体中，反映他们眼中的世界。

角色游戏是幼儿期典型的游戏形式，也是幼儿最喜欢的游戏。据一项对486名幼儿游戏兴趣的调查[1]，在所有的游戏类型中，位于首位的就是角色游戏。并且，从小班到大班，幼儿对角色游戏的兴趣有逐渐增长的趋势，直至6、7岁才逐渐下降。各类游戏所占的比率分别为：角色游戏41.8%，积木和胶粒游戏34%，体育游戏11%，智力游戏4.6%，此外，其他游戏如表演游戏、沙水游戏、看图书等共为8.6%。

儿童角色游戏的发展受各种因素的影响，如幼儿园和家庭的设施、玩具，幼儿自身的健康状况与身心发展水平，成人（尤其是教师）对角色游戏的重视程度，幼儿角色游戏时间的长短与次数，以及成人（教师）对角色游戏结束的评价水平等。

（二）角色游戏的发展

在学前期，幼儿的角色游戏大致经历了两个阶段。

1.个别动作阶段

个别动作阶段主要表现出以下活动水平：

（1）摆弄形象玩具，不断重复成人的个别动作和简单语言而无角色意识，如一女孩一直抱着“娃娃”在摇晃，但她未意识到自己真正扮演的角色是“妈妈”。

（2）出现与角色名称相联系的个别游戏行为和简单语言，知道自己是某一种角色。

（3）出现了与角色有关的简单情节，但情节互不联系。

这一阶段角色游戏水平主要是模仿成人的个别行为和动作，依赖于形象逼真的模拟玩具。这类玩具一般功能固定，特征鲜明，具有较强的主题暗示性。

2.有联系的情节阶段

这个阶段主要表现出以下水平：

（1）幼儿开始重视情节，出现了连贯的、有序的情节，内容细致、复杂，替代物品增多，如幼儿在“医院”游戏中按照一定的顺序展开情节：先排队挂号，在医生处看病，拿上处方去药房取药，然后去护士处打针。

（2）在情节丰富的基础上，各个角色间的配合、合作关系提高，游戏中体现出的角色合作关系明显超过原先的同伴关系，如“医院”游戏出现给“娃娃”看病、打针的情节，医生、护士、患儿与家长等角色产生了不同的分工与合作，游戏逼真，体现出人与人之间的关系及一些内在规则。

---

〔1〕黄人颂：《学前教育学》，人民教育出版社1989年版，第257页。

(三)角色游戏的构成要素

角色游戏的构成要素是角色游戏必不可少的基本要素,通过对角色游戏构成要素的分析,可以帮助教师进一步深入了解角色游戏的实质,在此基础上进行有针对性的指导。艾列康宁对角色游戏进行了分析,提出游戏的结构包括四个方面:一是角色;二是游戏行为,儿童通过角色行为来实现自己扮演的角色及角色关系;三是游戏式地运用物体,用游戏物体代替真实物体;四是游戏间的真实关系,表现为各种评议和意见,借以调整游戏的进程。萨米勒克斯则提出了角色游戏的六个因素:模仿的角色,假装品代替真实品,假想动作与设想情景,持续性,与其他儿童的相互交往,通过语言交流思想,并以这六个因素来评价游戏。结合我国实践,我们认为儿童角色游戏的结构包括五个因素。

1.角色的扮演

角色扮演是角色游戏的核心。幼儿在角色游戏中,总是改变自己的身份而以一种想象的身份——角色出现的,并以所扮演的角色自居。也就是说,幼儿在游戏中把自己当成另一个人,并以假想中的人物的表情、行为、语言出现,如把自己当成“妈妈”给“娃娃”做饭、洗澡,哄“娃娃”睡觉等,上街买菜说“我去买菜啦”。

幼儿在游戏中撇开自己,扮演角色,要求达到一定心理水平,即了解和认识角色的活动,并将头脑中已有的人物表象加以组合,来创造新形象,幼儿在游戏中表现了自己对这些角色的认识与体验。角色的扮演是建立在幼儿的表象基础上,通过想象和模仿创造出来的,它有利于幼儿自我意识的发展。

2.对物品的假想

游戏总离不开玩具或游戏材料,“过家家”要有娃娃,要有锅碗瓢勺;“开医院”要有听诊器、针、药;“开超市”要有各种各样的蔬菜、水果及称量工具……这些材料(工具)并不是真的,往往是用其他物品(包括玩具)代替的,即所谓的以物代物。而这种代替功能也不是固定不变的,幼儿可以根据游戏的需要而变换物体的用途。比如几片绿色的纸片,在“过家家”时可以代替蔬菜,“开医院”时就变成了中药,这就是所谓的一物多用。

在游戏中以一物品代替另一物品,要求幼儿的想象力达到一定的水平,能从过去感知的物体中,分析出个别特性,并结合成一个个体,形成表象。起初,幼儿能以相似物代替所需物品,如用一根冰棍代替注射器,用圆形的瓶盖代替听诊器。其后,能用其他物品代替所需物品,只要能完成某一游戏动作,无须太相似的物品来替代。再后来,幼儿能用想象中的物品代替所需物品。假装动作的产生,标志着幼儿完成了通过想象对物品进行的假想,说明幼儿已能摆脱眼前对实物的知觉,学会以表象代替实物,作为思维的支柱,使实物的游戏意义比本来真实意义占优势。

3.对动作、情景的假想

动作和情景是幼儿实现角色扮演的基本手段。在角色游戏中,幼儿不是单纯地玩玩具,而是通过使用玩具的动作来表现假想的游戏情节,并且通过假想各种游戏情景来表达自己的认识与体会。起初,儿童的动作接近于现实,是对现实生活中某个角色典型动作的模仿,如模仿妈妈哄婴儿睡觉的动作,而后是幼儿的自编动作,这往往是概括了的动作,是建立在想象基础上的对不同职业行为的整体概括,而非某个人的动作翻版。例如,"医院"里有"医生"和"护士",演"医生"的小朋友很想给"娃娃"打针,就拿起针筒,"娃娃妈妈"说:"不行,医生不打针的,是护士打针。"动作构成了角色游戏规则的一部分,这些动作必须为同伴所接纳、赞同,否则就会受到批评和拒绝。

儿童通过对物品、对动作的假想,创造了游戏情景,他们可以把小椅子排成一排,就成了假想的"公共汽车","公共汽车"周围的空间被想成密封的"车体",对于不按规定"地点"上车的孩子,公共汽车的"售票员"就会严厉制止,并提醒道:"车还没有停,你怎么能随便上车?"这种假想的情景引起幼儿进一步的想象。

4.社会交往

角色游戏中的幼儿存在着大量的社会交往。游戏中的社会交往是两个或两个以上的游戏者出于自身的需要,运用言语性或非言语方式交流信息、交流感情,从而实现相互的交往。角色游戏中,幼儿面临着两种交往关系,一是游戏中的角色交往关系,以游戏角色的身份交流,用接近角色形象的口吻谈话,如一个女孩边哄着怀里的"娃娃",一边说:"不要哭,不要哭,妈妈马上就给你做好饭。"二是现实中的同伴关系,如商量游戏主题、分配角色等有关的事,"我们玩什么呢? 玩医院的游戏吧。""好呀! 让我当医生吧,你来当病人。"

众多的角色、情境、游戏内容的表现和展开,都要依赖于幼儿间的社会交往。

5.游戏的内容——主题和情节

主题是指游戏的题目,情节指具体游戏过程。据对城市幼儿园32个班的角色游戏主题的一项调查,其出现频率顺序为:娃娃家、汽车、医院、理发店、食堂、电影院、火车、照相馆、百货公司、菜场、动物园、图书馆、加工厂。随着幼儿对社会生活的逐渐了解及自身的发展,游戏主题不断丰富,情节日趋复杂、多样。

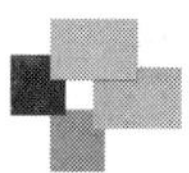

影响幼儿选择游戏主题的因素主要有：

(1)幼儿对社会生活内容的熟悉程度。幼儿游戏内容来自现实生活，因此，幼儿选择什么主题的游戏首先取决于幼儿对某一社会生活内容的熟悉程度，幼儿是否了解角色的活动。

(2)有愿意扮演的角色。幼儿通常愿意扮演他感兴趣的人物，或是角色游戏中动作语言较多的，且占支配地位的角色，如医院中的医生、娃娃家中的妈妈、商店中的售货员。

(3)有吸引幼儿的游戏材料或游戏情节。儿童游戏的主题由他们所熟悉的家庭生活，逐渐过渡到幼儿园生活，再逐渐扩大到社会生活。

(四)角色游戏的指导

游戏是幼儿园教育的形式，要实现游戏的教育作用，必须有教师的指导。

1.游戏前的准备

角色游戏的准备是教师指导幼儿游戏的第一步。角色游戏的准备包括三个方面，一是丰富幼儿的生活经验；二是为幼儿开展角色游戏提供必要的物质条件；三是保证充足的游戏时间。通过时空及游戏材料构成一定的游戏情境，借助游戏情境的吸引力，诱导幼儿进入游戏状态。另外，丰富幼儿的生活经验，激活已有的感情经验，转化为内部的游戏动机，驱动幼儿投入角色游戏之中。

(1)丰富幼儿的生活经验

开展角色游戏首先要丰富幼儿对周围生活的知识与经验，现实生活是幼儿角色游戏的源泉，幼儿掌握和积累的知识经验愈丰富，游戏内容也愈充实、新颖。幼儿的生活经验来自于家庭和幼儿园的学习与生活，老师应通过多种途径，如教学、日常生活、参观、郊游、节日、影视作品、图书等拓展幼儿的视野，帮助他们积累生活印象。老师在引导幼儿观察周围生活时，不只要观察和认识事物间的关系，而且要引导幼儿认识成人的劳动的社会意义以及人与人之间的关系。否则，幼儿在游戏中只能机械地模仿成人社会中的活动，而不能理解成人劳动的社会意义，其结果必然导致幼儿游戏内容贫乏。苏联幼儿教育工作者柯罗列娃的研究证实[1]，当第一次带幼儿参观火车站时，只向幼儿介绍了火车，火车站、售票口等实物。回到幼儿园后，教师为幼儿准备了游戏材料，帮助幼儿分配了角色，但幼儿仍不会玩“火车站”的游戏。第二次参观火车站时，主要向幼儿介绍了火车站上人的活动及其社会意义，参观后幼儿立即开展了“火车站”游戏，而且游戏时间持续了很久。这说明，只有当幼儿理解了成人的活动内容及

〔1〕黄人颂：《学前教育学》，人民教育出版社1989年版，第269页。

社会意义，才能体验活动带来的乐趣，才能主动地、趣味盎然地去装扮，去创造性地反映生活。

(2)提供必要的游戏条件

幼儿进行角色游戏的物质条件指游戏场地、设备、玩具和游戏材料。这些物质材料不仅能激发幼儿的游戏兴趣，而且也是教师影响幼儿游戏行为的手段。幼儿玩什么，怎么玩，都与游戏场地的结构特征、游戏时间的长短、玩具的性质与数量有关，幼儿游戏对于物质环境的这种依存性为我们通过游戏实施教育提供了可能性。因此，为幼儿提供必要的物质条件是教师组织与指导幼儿游戏活动的重要环节。

固定的游戏场所和设备能吸引幼儿进行游戏，也便于幼儿开展游戏。所以教师应在活动室或室外设置一些固定的游戏场地，如在活动室内可根据孩子们的兴趣设置"娃娃家"、积木区、图书区、科学发现区、自然观察区、美工区等，为每个游戏区配备必要的玩具和游戏材料。以下是可供参考的游戏区材料配备：

角色游戏区：不同性别、职业的服饰与道具，衣服可穿脱的娃娃，小床或摇篮，小推车适合不同主题的玩具如餐具、炊具、医疗器具、商店的商品等，可供幼儿自制玩具或作为替代的各种废旧物品。

积木区：各类小中大型积木，积木架，积木游戏时需要用的道具如娃娃、小动物、树、小汽车等。

图书区：适合幼儿认知特点与水平的各类图书，适合幼儿身高的图书架，一小块地毯，供幼儿倚靠的软垫。

科学发现区：能引起幼儿对科学兴趣的物品如磁铁、凹凸镜、电灯、电池、说明杠杆原理的吊车模型等。

自然观察区：饲养金鱼或热带鱼的鱼缸，供幼儿陈列收集到的动植物的架子(也可放在窗台上)，培养豆芽、萝卜头、白菜头的器皿，记录天气变化的图或表。

美工区：供幼儿使用的桌椅、画架、材料架、各种美术材料和工具，如水彩笔、蜡笔、橡皮泥、胶水、圆头剪刀、白纸、彩色纸、毛笔等。

需要注意的是，为开展角色游戏创设物质条件并不是教师自己的任务，而是教师激发和调动幼儿共同参与布置游戏场地，制作玩具和游戏材料，让幼儿参与的过程也是教育的过程，是培养幼儿的动手操作、学习与创造的重要过程。在制作与投放玩具的过程中，教师还应注意让幼儿形成必要的游戏常规，以确保游戏材料的有效运用和游戏的安全开展。

(3)保证充足的游戏时间

充足的游戏时间是幼儿深入地开展角色游戏的保证。只有在较长的游戏时间里,幼儿才能经协商确定游戏主题、发现游戏伙伴并分配角色、准备游戏材料、计划并展开游戏情节等。因此,教师在安排幼儿的一日活动时,必须保证每天幼儿都有一定的自由游戏时间。一般来说,在幼儿园中,除了每天都有一定的自由游戏时间以保证幼儿开展自发的角色游戏外,还要保证每次游戏时间不得少于30~50分钟。因为角色游戏所需时间较长,如果时间过短,幼儿就不能在老师指定的时间内完成游戏,这样必然影响到幼儿游戏的结果。而且,在经历了多次没有完成的游戏活动后,幼儿就会放弃进入“角色”的努力,从而影响到幼儿进一步从事角色游戏的兴趣。

2.帮助幼儿确定游戏主题

角色游戏的主题反映了幼儿对周围社会生活的认识,主题不应由教师硬性规定,而应当由幼儿自己来确定。不同年龄幼儿的思维发展水平不同,确定游戏主题的意愿与能力也各不相同。小班幼儿产生的模仿成人活动的愿望,但仅停留在角色动作的模仿上,不会明确提出游戏主题,因此老师可以利用玩具或启发性的语言,帮助他们确定游戏主题。例如,一个3岁多的女孩儿抱着“娃娃”,不知所措,呆呆地坐在小椅子上,老师可以启发孩子:“你的宝宝怎么哭了? 是不是饿了。”待幼儿能按主题进行游戏时,则进一步启发幼儿独立地或经过同伴商议后提出游戏主题。

3.引导幼儿分配与扮演角色

角色游戏中幼儿最为关心的就是自己扮演什么角色,他们往往只考虑个人的愿望而不善于分配角色,容易出现因分配角色而产生的冲突。因此,教师应在游戏过程中,逐步教会幼儿一些分配角色的方法,如自我推荐、别人推选、轮换等,避免争执。在幼儿后期还可以通过协商的方式分配角色,提醒幼儿游戏的集体性,培养幼儿独立解决冲突的能力和合作意识。

幼儿在扮演角色时,一开始热衷于对角色动作的模仿,角色意识却不明确,需要教师不断地给予启发,帮助他们明确自己在游戏中的角色身份。如一个“娃娃家”中的“妈妈”,看见旁边“水果店”的买卖热闹,按捺不住,跑去买起了东西,而将怀里的“娃娃”扔在地下。教师看见后,大声提醒道:“这是谁家的宝宝在哭? 哪个粗心的妈妈把宝宝掉在地上了?”

教师通过游戏的方式,提醒幼儿的角色意识,保证幼儿角色扮演的稳定性。

4.指导幼儿丰富游戏情节

教师指导角色游戏的任务之一,就是通过各种方法,丰富游戏情节,促进游戏情节的发展。丰富角色游戏的情节，教师首先要观察和了解幼儿的游戏，分析游戏开展的情况，分析幼儿在游戏中的表现及存在的问题，无论是因为内容乏味、幼儿缺乏兴趣导致游戏难以开展，还是由于幼儿不熟悉角色活动根本无法扮演，还是出现了不当的游戏行为，针对具体情况，教师选择介入幼儿游戏的适宜的指导方式与方法。

教师介入幼儿角色游戏的方式有两种，即外部指导和内部指导。外部指导是指教师不参加游戏，而是从游戏本身的特点和教育意图，通过语言提示或语言提问、评论，以及适时地拿出玩具和游戏材料，鼓励幼儿运用角色行为；内部指导就是教师直接参加幼儿的游戏，扮演其中的角色，以游戏者的身份进行指导。

外部指导实例：

一个3岁的女孩抱着“娃娃”不停地摇晃，嘴里还嘟哝着什么，却不知该如何玩游戏。这时，老师走了过去，亲切地说：“你的小宝宝怎么了？饿了吧！快给他做点饭。”教师的语言提示，帮助这个女孩确定了游戏主题，明确了角色以及角色活动。

内部指导实例：

在公共汽车的游戏中，当汽车到站时，“乘客”一哄而上，抢着上车。这时，老师可以角色的身份说：“我也来乘车，我该排在谁的后面？”这样可以引导幼儿排队上车。

在“医院”游戏中，医生和病人兴致勃勃地在看病，但药房的药剂师们因为无事可干而百无聊赖。这时，教师可以药房主任的身份，带领幼儿采“草药”，制作药丸等，丰富幼儿的游戏。

5.指导幼儿愉快结束游戏

在结束游戏时，老师的指导有两个方面：

一是教育和督促幼儿收拾、整理玩具和游戏材料，清理游戏场地。从小班开始，教师要逐渐教会幼儿收拾玩具或场地的方法，这是培养幼儿爱护玩具、整洁有序、互助友爱的良好行为与品德的有效手段，也是幼儿继续开展游戏的前提条件。

二是总结性评价游戏。评价游戏是老师指导游戏，提高幼儿游戏水平的方法之一。评价由教师和幼儿共同参与进行，游戏评价应根据教育目标与游戏特点，对游戏的内容与幼儿在游戏中的表现进行恰如其分的评价，表扬表现好的幼儿，鼓励水平高的游戏行为，也要指出游戏中不当的行为。

二、结构游戏的组织与指导

(一)什么是结构游戏

结构游戏,也称建构游戏,是指幼儿利用各种不同的结构材料如积木、积塑、沙、土等,进行建筑和构造的游戏。结构游戏的取材范围非常广泛,有专为结构游戏设计生产的材料,如积木、积塑、雪花片、趣味插子、金属结构件等,也有取材于自然,利用沙、石、土、雪、水、竹、枝条、树叶等自然材料,还可以利用废旧物品和半成品开展游戏,如挂历纸、纸盒、易拉罐、饮料瓶等。因此,幼儿的造型活动和造型材料产品极其丰富。

结构游戏和角色游戏都是通过幼儿的想象,创造性地反映生活。所不同的是角色游戏是通过扮演角色来反映周围生活,反映人与人的交往,而结构游戏是通过使用一些结构材料来建筑或构造各种建筑物或物体,通过手的操作及其成品,反映他们对周围事物的印象。结构游戏具有操作性、艺术性、创造性、成型性的特点。操作性是结构游戏的核心,在结构游戏中,幼儿通过手的操作,把一个个零散的结构元件按照一定的结构方式,结构成造型各异的物体。结构游戏是一种立体造型艺术,幼儿摸索并遵循艺术造型的规律,如色彩的协调,比例的合理、对称,拼搭出充满童稚色彩的艺术品。建构游戏是一种创造性的活动,在结构游戏中,结构材料是零散的、可塑的,没有死板的规则限制,幼儿可以根据自己的愿望和想象去构思和建造,这种创造来源于现实生活,增强了记忆、激发了幼儿的联想、想象和活动积极性。结构游戏对幼儿的吸引力还在于游戏的直接结果能构成具体的物体,它是可见的成功,为实现这一目标,儿童在结构游戏过程中能克服困难、坚持到底,当构成一件物体后,儿童会感到无比喜悦,体验到一种成就感。

(二)结构游戏的发展

幼儿结构游戏的发展经历一系列的阶段,它是在婴儿发展了手的抓握能力和小肌肉精细动作的能力时开始的。

1.摆弄、重复练习阶段

婴儿在七八个月时,发展了抓握能力,能抓握住较小的结构材料。在一岁半左右,开始模仿着堆叠,如堆叠两块方积木,以后堆叠积木数量逐渐增多,从中获得满足,增强了自信心和主动性。这一阶段儿童游戏的兴趣主要集中在无意识地摆弄物体或重复练习某个动作上。

2.简单物体阶段

儿童通过感知和操作结构材料,对结构材料的性质、特点更加了解。通过日常生活中对物体、建筑物的观察,儿童积累了越来越多的周围事物的表象,具有了一定的空间知觉和形状知觉，于是在掌握了一定的操作技能后，就能够综合地运用操作技能，充分发挥结构材料本身的特点，创造性地进行建筑和构造活动。在这一阶段，儿童能够较为逼真地反映日常用品、建筑物、动植物，能够发挥想象和创造，赋予结构物以崭新、独特的意义。游戏的目的性进一步增强，发展了分工合作、团结友爱的良好品质和能力。

积木游戏是结构游戏的一种，幼儿园开展得较早，有人研究了3～6岁幼儿积木游戏的发展阶段，与上述阶段基本相近。

(1)先拿着玩，不会搭；

(2)能用几块积木堆叠成简单物体(汽车、椅)；

(3)能进行排列，把积木平铺或堆高；

(4)能架空搭出门；

(5)能使建筑物搭成四周被围状，有一定空间；

(6)能搭较复杂的物体或建筑物(亭、楼房、火车)，但形象不够逼真；

(7)能按特定的建筑物或物体进行堆搭，形象逼真，能对称或装饰。

不同幼儿在结构游戏发展阶段上存在着个别差异，但总的趋势是随着年龄的增长，发展的水平越来越高。

(三)结构游戏的构成因素

在幼儿园教育中组织和开展结构游戏是全面发展教育的重要内容与手段。对结构游戏的指导应考虑结构游戏的特点、教育功能以及幼儿的身心发展水平与幼儿的游戏水平。

1.选择结构材料

对游戏材料的选择是结构游戏的起始环节。幼儿对游戏材料的选择具有如下特点：

(1)幼儿选择游戏材料与建构主题的关系，随着年龄的增长而逐渐密切。研究表明[1]，小班幼儿在选择结构材料之前，感兴趣的仅仅是材料本身，他们还不能对游戏主题进行思考。即使中大班幼儿，也有部分幼儿是在建构过程中，逐渐明确建构主题的。大班幼儿在选择结构材料时有更多的思考，其选择更多地与建构主题——最后建构物有关。

(2)建构材料的丰富程度影响幼儿对材料的选择。在材料丰富时，可以看到幼儿明显的选择过程，但在材料匮乏时，幼儿就会为争取材料来不及构想建构的主题。

〔1〕丁海东：《学前游戏论》，辽宁师范大学出版社2003年版，第394页。

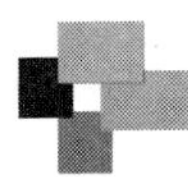

(3)幼儿对成品玩具和自然材料的选择倾向性受幼儿生活经验和个性特征的影响。

2.构想建构主题

建构主题就是幼儿在结构游戏中要建构的物体。幼儿对建构物的假想具有年龄差异,不同年龄的幼儿对最后建构物假想的时间是不同的。小班幼儿在建构活动之前,通常没有清晰的构想,中大班幼儿有些在材料选择前就有了构想,有些则是在建构活动过程中逐渐形成和完善其构想的。

3.构建物体

结构游戏的核心要素就是建构,即幼儿的操作。幼儿对建构物的操作水平往往受材料性质、活动空间、活动时间、活动人数以及教师的指导的限制,也受到幼儿自身生活经验以及其空间想象力、造型能力和表现力的限制。

4.对建构物功能的假想与利用

幼儿对建构物功能的假想存在着差异,有些幼儿在构想建构物时就开始想象建构的功能,有些幼儿在建构活动过程中逐步形成对建构物功能的假想,有些幼儿则在建构物完成后开始想象其功能。对建构物功能的利用与角色游戏相关,即幼儿利用建构物进行角色游戏,比如用大型积木搭建的城堡演变成了角色游戏中白雪公主的房子,构建的枪、汽车等成了角色游戏中的道具。

(四)结构游戏的指导

不同年龄的幼儿或同一年龄的幼儿,由于其身心发展水平和知识经验不同,游戏发展的水平与特点也各不相同,结构游戏的目的性、技能技巧和建构物体的形象性、创造性各不相同。对幼儿的结构游戏进行指导,必须遵循幼儿游戏的发展水平和结构游戏的特点,又必须保证发挥幼儿的主动性和创造性。幼儿结构游戏的指导应把握四个要点。

1.丰富幼儿对物体(包括建筑物)的认识

丰富幼儿对周围物体的认识,是开展结构游戏的基础。幼儿只有对周围物体和建筑物有了一个细致的了解,留下深刻的印象,才能在建构活动中进行内容丰富的建构。认识物体的主要途径是观察。因此,在日常生活和幼儿教育活动中,老师应有意识地引导幼儿观察周围各种不同的物体及建筑物,引导他们概括物体各部分的轮廓或外形特征,了解物体的结构与色彩特点。

2.提供结构游戏的材料和场地

结构材料是结构游戏的物质基础,不同的结构材料要求有不同的建构方法与技能,同时决定了幼儿将获得什么样的经验和发展。因此,教师应为幼儿准备大量的、不同类型的材料。按照原料构成,结构材料可分为以下几类:

(1)木质结构材料,如积木、木珠、木螺丝结构玩具等。

(2)金属结构材料,常见的有金属长条片、圆轮、螺丝、螺帽等。

(3)塑料结构材料,胶粒、雪花片、积塑片或积塑块、齿形积塑、趣味插子、太空积木、塑料螺丝结构件等。

(4)其他材料,主要指自然界或日常生活中的自然物或废旧物品或原料,如木棍、纸张、绳子、易拉罐、火柴盒、各种纸盒等,以及玩沙、玩水、玩雪的游戏中的沙、水、雪、石块等。

除此之外,教师还应为幼儿的建构活动提供一些必要的辅助材料,如小汽车、小树枝、小动物或人物等,以及彩笔、剪刀、黏合剂等,幼儿可以利用这些物品和工具,在建构的物体或建筑物上进行装饰。

教师在为幼儿提供结构材料时,需要注意以下三点:一是结构材料应放置在与幼儿身高相当的积木架或玩具柜内,一方面能引起幼儿对结构材料的兴趣,主动进行建构活动,另一方面也便于幼儿在游戏时间内能自由取放。二是在一定时期内为幼儿提供的材料不宜过多,以3、4种为宜,但数量应多一些,以方便每个幼儿都有操作的机会。三是结构材料可轮流投放,在孩子们玩了一段时间后,不喜欢玩了,对结构材料失去了新鲜感,教师可以将这些玩具或材料收回,放置起来,过一段时间再拿出来。

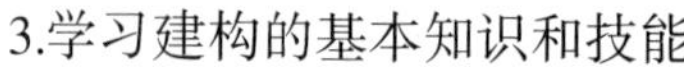

3.学习建构的基本知识和技能

建构活动需要一定的知识技能,幼儿只有掌握了必需的建构知识和技能,才能独立地进行建构与游戏,他们的创造性和主动性才能得以体现。因此,对幼儿结构游戏的指导,让幼儿学习和掌握建构的基本知识和技能是必要的。教师应按照幼儿建构活动的发展规律,通过示范、讲解、建议及幼儿自己的不断练习,以及幼儿同伴间的相互模仿、评价等,引导幼儿掌握与其发展水平相适应的结构知识技能,提高其建构水平。

通常小班幼儿需要学习的建构知识与技能有:认识结构材料,包括能叫出结构材料名称,认识结构材料的形状、大小、颜色等等;学习铺平、延长、围合、盖顶、加宽、加高等建构技能;学会识别上下、中间、旁边等方向;会用材料搭建简单物体,并能表现物体的主要特征,如房子、汽车等。

中班幼儿需要学习的建构知识与技能有:认识高低、宽窄、厚薄、轻重、长短、前后等,会选择利用结构材料,较正确地建构物体,能与同伴合作共同搭建一组主题游戏,如公园、热闹的大街、我们的幼儿园等主题。

大班幼儿需要学习的建构知识与技能有:学习区别左右;建构的物体要求整齐、匀称,结构更复杂、更富于创造性;会使用辅助材料装饰、美化建构物。对

大班幼儿来说，更多的是鼓励他们有目的地、创造性地表现物体，鼓励他们学会合作，共同建构。

4.在结构游戏中，培养建构的目的性和坚持性

结构游戏的目的性，不仅支配着幼儿的建构活动，而且也是评价幼儿游戏水平的重要指标。

小班幼儿结构游戏的目的性不明确，在结构活动前往往不清楚自己要建构什么，结构游戏受结构材料特点的影响。教师可用提问或游戏的口吻引导幼儿"你在搭什么"启发幼儿建构的目的性，也可通过给建筑物命名的方法，加强幼儿结构游戏的目的性。中大班幼儿已能在成人帮助下提出游戏目的，教师指导的重点在于要求幼儿独立提出游戏目的，并能以游戏目的来支配自己的建构活动，鼓励克服困难以实现建构目标。

总之，对结构游戏的指导在于丰富幼儿对周围事物的印象，通过各种方法教幼儿学习必要的结构知识和技能，提供各种类型的结构材料和适宜的场地、时间，制定必要的活动常规，在此基础上鼓励幼儿富有创造性地建构，在建构过程中培养幼儿建构的目的性和坚持性。

三、表演游戏的组织与指导

(一)什么是表演游戏

表演游戏是幼儿根据文艺作品中的情节、内容和角色，通过语言、表情和动作进行表演的一种游戏。幼儿的文艺作品主要有童话、故事、诗歌等。

表演游戏与角色游戏、结构游戏都是幼儿的一种创造性活动，都是可以培养幼儿的主动性、创造性的游戏，三者既相互联系，又相互区别。

表演游戏和角色游戏都是通过模仿和想象扮演角色的活动，从自己的表演中得到满足，但在表演游戏中，幼儿按照童话或故事中的情节扮演一定的角色，按作品规定的内容进行创造性表演，角色的语言、动作、表情等想象与创造的成分受作品的制约较大；而在角色游戏中，游戏主题、情节和规则(玩法)都是按照幼儿自己的意愿设计的，幼儿是根据自己的生活经验来创造性地反映周围的现实生活。从表面看来，表演游戏与幼儿的文艺表演有相似之处，它们都以文艺作品为依据，但两者也是不同的。幼儿艺术活动，是在成人的指导传授下，由少数几个幼儿表演，大多数幼儿欣赏的；而幼儿表演游戏，不是为了表演给别人看，是"自得其乐"，是为了满足自身游戏的需要，并从中得到愉快和满足。因此，在表演游戏中幼儿只表演自己最感兴趣的内容和最喜欢的情节，只扮演自己最喜爱的角色，无须像表演节目那样恪守老师的要求与规定。表演游戏具有戏剧性、游戏性、创造性的特点。

(二)表演游戏的种类

以幼儿游戏中的表演样式和表演手段分析,幼儿园常见的表演游戏可分为以下几种。

1.剧目表演游戏

是指幼儿通过扮演剧目中的角色来进行表演的一种游戏,包括表演故事、童话剧、歌舞剧等。剧目表演是表演游戏中最常见的形式,都是由幼儿自己选择角色,满足于自己玩的欲望。例如,白雪公主、小红帽、卖火柴的小女孩等。

2.桌面材料表演游戏

是指幼儿运用各种玩具材料,通过自己的语言(如作品中角色对白、独白和旁白等)和操作进行表演的一种游戏活动。幼儿在这类游戏中既表演又导演,还操作着各种玩具材料,活动内容丰富,幼儿的主动性和积极性能得到更好的发挥。

3.沙盘(箱)表演游戏

是指在沙盘(箱)中布景,如放上树、花草或小家具,运用各种材料制作作品的人物形象,在沙盘背景中进行表演的游戏。这类游戏也可在草地上进行。在这种自然条件的场景下进行表演游戏,会使幼儿更加怡然自得和无拘无束。

4.木偶表演游戏

幼儿用木偶来表演歌、舞、故事、童话及诗歌的游戏称木偶表演游戏。木偶本来专指用木头制成的玩具,现在幼儿园中的木偶,在材料的制作上已经扩大,泛指用各种材料(木、布、纸)制成各种玩偶,不仅有人物造型,还有各种动物、植物造型等等。木偶分为布袋木偶、杖头木偶、提线木偶和手指木偶以及借助于各种小瓶等制作的简易木偶。由于幼儿年龄小,手指小肌肉的灵敏性和协调性较差,适合表演布袋木偶和简单的手指木偶。布袋木偶主要是通过幼儿的手指、手掌活动来进行操作表演的。手指木偶是幼儿在手指上套上或画上简单头饰进行的简单表演游戏。杖头木偶和提线木偶因其制作和操作复杂,适合成人给幼儿表演。

5.影子表演游戏

是根据光学原理所造成的物体阴影来进行的一种表演游戏。由于“影子”的神秘和多变,加上道具材料简便,每个幼儿都能通过自己的身体或手的各种动作、姿态看到自己留下的变幻莫测的影子而深受幼儿喜爱。

(三)表演游戏的构成要素

1.表演素材

主要指故事、童话、诗歌等,这是表演游戏的依据。在幼儿园中,有许多孩

子们喜闻乐见的表演素材，如《拔萝卜》《三只小羊》《卖火柴的小女孩》等。

2.表现作品的能力

即用生动的语言、丰富的表情、夸张的形体动作再现作品的内容。

3.道具

因表演的类型不同其道具各不相同。在剧目表演中，需要表现作品角色的服装、服饰；在桌面游戏中，需要表现角色的玩具和操作材料；在沙盘游戏中，需要沙盘以及各种人物和动物玩具，背景材料等；在木偶表演中，需要各类人物造型或动植物造型的木偶道具。

（四）表演游戏的指导

1.选择适合幼儿表演的作品

表演游戏是以童话或故事为依据的，因此选择适合幼儿表演的作品是首要环节。表演游戏所选用的作品应具有以下特点：①教育性。所谓教育性是指选择的作品，必须思想健康，有教育意义，内容活泼，符合幼儿的年龄特点与生活经验，与教育任务一致。②戏剧性。作品要有一定的戏剧成分，重点突出，情节起伏，引人入胜，生动有趣。③有简明对话和适当的表演动作。④道具简单，易于布置与组织。

符合上述要求的作品很多，比如《三只蝴蝶》《拔萝卜》《小兔子乖乖》《狼和小羊》等，都是幼儿园表演游戏常用的素材。

2.帮助幼儿理解作品

教师有感情地讲述故事，并通过提问帮助幼儿掌握故事的内容与情节，领会作品的主要线索。在讲述中，教师要运用高低、强弱、停顿的语言技巧，表现作品中不同角色的特点，使形象栩栩如生，同时激发幼儿游戏的愿望。

3.帮助幼儿组织与开展游戏

表演游戏的组织工作较复杂，需要教师的帮助和支持。首先，教师帮助儿童准备简单的道具，布置游戏表演的场地；其次，通过与幼儿协商，帮助幼儿分配角色。开始时，可以请语言表达能力和表演能力强的幼儿担任主角，以后鼓励幼儿轮流担任主角。在游戏过程中，鼓励幼儿自己用语言、手势有感情地表演，必要时，教师以游戏者的身份参与游戏表演，提醒幼儿，帮助幼儿解决困难。最后，游戏结束后，提醒或帮助幼儿收拾道具，整理场所。

四、规则游戏的组织与指导

（一）什么是规则游戏

规则游戏（games或 games with rules）是由成人创编的、以规则为中心的游戏。心理学家维果斯基认为规则游戏是有“明显的规则和隐蔽的想象情景”

的。规则游戏侧重直接显性地完成一定的教学任务或目标，所以规则游戏常常作为幼儿园教学的有效手段或形式，在幼儿园教师组织的教学实践中被广泛运用。由于外显的规则及明确的任务，与创造性游戏相比较，幼儿在规则游戏中自主控制的程度相对较低。

规则游戏的突出特点是规则性。规则是规则游戏的核心，主要是用来协调游戏者之间关系的一种行为准则。事实上，游戏都是有规则的，只是不同类型的游戏，其规则的意义不同而已。象征性游戏和规则性游戏的区别，就在于其规则是为不同的行为需要而存在的。在象征性游戏中，规则是为协调角色和保持装扮世界的情景而存在的，因此它隐含于角色之中，作用在于表现人物和人物之间的关系，具有一定的灵活性，随着游戏情节的变化，可以在任何时候被游戏者本人发动，规则的个人随意性较大。而规则游戏中的规则是在游戏开始前就决定了的，并且是由游戏者一致通过的，一旦游戏开始便不允许随意更改，除非游戏者都同意才可更改并重新开始游戏。规则游戏的规则具有"约定"的性质，既可以是参与游戏的儿童自己的"约定"，也可以是成人或年长儿童的"传递"，它在限定的角色内支配游戏者能做什么，不能做什么，所以规则游戏中的行为远比象征性游戏中的行为更有限制，更规范化。正由于规则游戏中的动作行为比较规范、严格，因而容易重复和模仿。

规则游戏的另一个特点是竞争性。在象征性游戏中，幼儿是以行为过程本身为目的的，隐含于角色中的规则仅仅是行为规则，以行为本身为满足，比如"做饭"仅仅是做，并不在意最后是否真的做出了饭。而规则游戏则不然，他们是为了结果，为了取胜而游戏的。因此，游戏者的竞争意识鲜明，为了最后的胜利，游戏者往往要付出一定的意志努力或智慧，但必须在规则的规范下进行，没有规则控制的胜负是没有意义的。

(二)规则游戏的类型

在我国幼儿园，常用的规则游戏主要有音乐游戏、体育游戏和智力游戏。

1.音乐游戏

音乐游戏是指在歌曲或乐曲的伴奏下进行的一种游戏活动，具有音乐和动作相配合的特点。它是以发展幼儿的音乐能力即音乐的感受力、记忆力、想象力、表现力以及节奏感为主要目的的游戏活动。

音乐游戏有音乐，有情节，有角色，有动作，有规则，游戏的内容、角色、动作等与音乐相符。游戏过程中，幼儿必须遵守游戏的规则，游戏才能继续下去。

音乐游戏从内容上分，可分为有主题的和无主题的音乐游戏两种。有主题的音乐游戏有主题、情节、角色，要求幼儿在游戏中根据音乐扮演不同的角色，

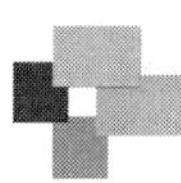

用动作和表情表现音乐。例如“猫抓老鼠”,这个音乐游戏是根据歌曲旋律的特点和歌词的内容,分别由一部分幼儿扮演猫,一部分幼儿扮演老鼠,还有一部分幼儿用手环抱在一起作为粮仓。主题情节是老鼠出洞到粮仓偷粮食,小猫抓老鼠。规则是全体幼儿共同唱“猫抓老鼠”的歌曲,第一段时小猫出现,并随着歌词内容做简单动作;唱第二段时老鼠出场,并随歌词内容做出老鼠的动作。歌声一结束,猫开始抓老鼠,抓到后游戏结束。幼儿回到原位,重新分配角色,游戏继续开始。老师可以根据游戏主题内容编出简易动作和队形,准备一些教具,带领幼儿进行游戏。无主题音乐游戏无主题、情节和角色,常有竞赛、追逐或表演的性质。比如,“击鼓传花”“占椅子”“丢手绢”等。

2.体育游戏

体育游戏是以促进儿童身体发育和机能协调发展为主要目的和内容的游戏。通过游戏可以使儿童身体的各种生理器官和系统得到活动,促进骨骼和肌肉的成熟,加速身体的新陈代谢。体育游戏也发展走、跑、跳、钻、爬、攀登、投掷等基本动作和基本技能,增强了对肌肉运动的控制和协调。在完成游戏任务时,需要幼儿克服困难,付出努力,发展了幼儿的自我控制能力和意志品质。体育游戏因简便易行、生动有趣、富有娱乐性和竞争性而深受幼儿喜欢。

体育游戏的形式很多, 按动作性质划分,可分为奔跑游戏、跳跃投掷游戏、平衡游戏等。按增进身体素质划分,可分为速度游戏、力量游戏、耐力游戏、灵敏游戏等。按游戏的结构性分析,一种是结构和规划较复杂的体育游戏,如“小马运粮”,另一种是主要由儿童自己玩的体育游戏,这种游戏一般结构较松散、规则简单,如拍球、投沙袋、抢椅子、躲猫猫等。按有无情节划分,可分为有情节游戏或无情节游戏。还可按活动量大小划分,有无竞赛因素划分,分队或不分队划分。

3.智力游戏

智力游戏是为发展幼儿智力而设计的游戏活动,它是以生动有趣的方式使幼儿在愉快的学习活动中运用已有的知识和技能进行活动,完成增进知识,发展智力为目的的游戏。智力游戏是幼儿园教学活动常用的形式之一,它将教学因素和游戏形式紧密结合,使幼儿轻松愉快地学习。

智力游戏的种类繁多,从游戏的作用来看,有发展感知能力的游戏,如“小动物的叫声”“奇妙的口袋”;有发展观察力的游戏,如“什么东西不见了”“什么地方不一样”;有发展记忆力的游戏;发展想象力与创造力的游戏;发展思维能力的游戏,“智慧树”“谁最高? 谁最矮”;发展语言的游戏,说相反话、接龙等。

以智力游戏使用的材料不同,游戏可分为操作游戏,这是通过手的操作进行的游戏，如拼图、镶嵌板、拼拆玩具等；图片游戏，如配对、接龙、纸牌游戏等；棋类，如五子棋、跳棋等，以及教师根据教育内容自制的环保棋、交通安全棋、行为习惯棋、登山棋等。

按照幼儿的学习内容，智力游戏还可分为语言游戏、计算游戏、科学游戏等。

规则游戏的特点是把正规学习的任务和游戏的形式结合，它符合幼儿学习兴趣性强、坚持性差的特点，使幼儿以愉快的情绪在轻松、有趣的氛围中积极、主动地学习。在这种学习过程中也培养了幼儿遵守规则与要求的意识，与同伴合作互助的良好品质，以及勇敢、自信的个性品质。

（三）规则游戏的结构要素

规则游戏的构成要素有四个，即游戏的任务、构思、规则和结果，它们是相互联系、相互作用、综合地体现在每一个规则游戏之中，缺一不可。

1.游戏任务

游戏的任务即游戏的目的，一般是根据幼儿特点和教育要求提出的。游戏不同，游戏的任务各不相同，如训练感官，发展幼儿感知能力；语言描述，发展口语表达能力；练习分类与归纳，发展思维能力等等。

2.游戏构思

游戏的构思就是指游戏的玩法，是为了实现游戏任务对儿童活动提出的要求，其中包括游戏的开始、进行和结束。游戏的构思应根据游戏的任务和幼儿游戏活动的特点来提出，要能引起幼儿对游戏的兴趣和调动他们的积极性，使幼儿愿意进行游戏，愿意主动地完成游戏任务。

例如，游戏“说反话”，请幼儿相互接半句话，如“大树粗、小树……”，“大树高、小树……”等，看谁出的题目多，看谁答得又快又对。这个游戏主要是通过说反义词的形式在幼儿中相互配合进行，它既能激起幼儿游戏的兴趣，又能丰富幼儿的词汇。

3.游戏规则

游戏的规则就是关于游戏动作的顺序以及在游戏中被允许和被禁止的活动的规定，这是规则游戏的核心因素，是游戏顺利进行的保障。

游戏规则在游戏中起指导、组织、约束幼儿行为的作用，是幼儿在游戏中必须遵守的。游戏规则不仅可以提高游戏的趣味性，保证游戏的正常进行，而且遵守规则需付出一定的努力，可以培养幼儿守规律、诚实、友爱、克服困难等优良品质。对小班的幼儿，游戏应多通过实物、玩具、简单的动作来进行，对中班和大班要逐渐要求多运用思维和语言进行游戏。

4.游戏结果

游戏结果是幼儿游戏中要努力达到的目的和要完成的游戏任务。游戏的结果一方面说明了幼儿完成游戏任务情况,另一方面反映了幼儿掌握知识和智力发展的情况。良好的游戏结果可使幼儿获得满足的体验,并能激发幼儿继续学习的积极性和主动性,激发他们对学习的兴趣。

(四)规则游戏的指导

规则游戏有其特有的结构要素,即明确的游戏任务、玩法、规则和结果,在设计与指导幼儿的规则游戏时,必须符合其特有的结构要素,保证游戏功能的实现。规则游戏的指导有以下步骤:

1.选择和编制适宜的规则游戏

规则游戏的形式多样、种类繁多、难易有别,且游戏目的各不相同,因此在选择和编制幼儿规则游戏时,应根据幼儿的年龄特点及本班幼儿的实际水平,根据教育目标和要求进行挑选或改编。

(1)幼儿的发展水平

幼儿的年龄特点和发展水平是选择和编制规则游戏的首要因素。比如,音乐游戏的选编要符合幼儿的音乐发展水平,在音域、节拍、节奏、速度等方面各年龄段的要求有所不同。通常,小班幼儿的节拍应为2/4或4/4拍,速度适中,音域在c^1←(d^1—a^1)→c^2;中班幼儿的节拍可以增加3/4拍,速度可较快或较慢,音域在b←(c^1—b^1)→d^2;大班幼儿的节拍可扩大到6/8拍,速度可很快或很慢地变化,音域范围在b←(c^1_1—c^2)→e^2。

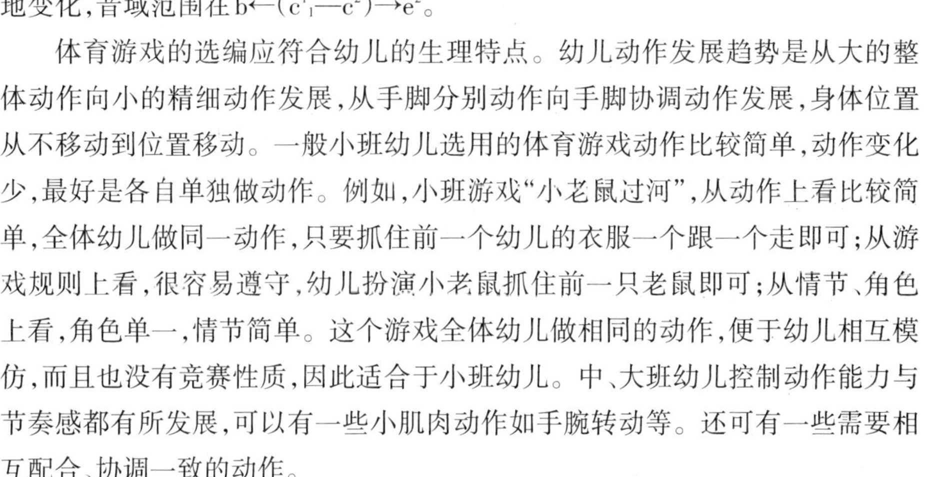

体育游戏的选编应符合幼儿的生理特点。幼儿动作发展趋势是从大的整体动作向小的精细动作发展,从手脚分别动作向手脚协调动作发展,身体位置从不移动到位置移动。一般小班幼儿选用的体育游戏动作比较简单,动作变化少,最好是各自单独做动作。例如,小班游戏“小老鼠过河”,从动作上看比较简单,全体幼儿做同一动作,只要抓住前一个幼儿的衣服一个跟一个走即可;从游戏规则上看,很容易遵守,幼儿扮演小老鼠抓住前一只老鼠即可;从情节、角色上看,角色单一,情节简单。这个游戏全体幼儿做相同的动作,便于幼儿相互模仿,而且也没有竞赛性质,因此适合于小班幼儿。中、大班幼儿控制动作能力与节奏感都有所发展,可以有一些小肌肉动作如手腕转动等。还可有一些需要相互配合、协调一致的动作。

(2)幼儿园教育任务

规则游戏的内容与要求应与幼儿园教育任务的相应部分紧密结合,在幼儿园教育目标的规范下,在轻松愉快的游戏中完成教学任务。比如体育游戏要能促进幼儿身心健康发展。选编的游戏应以发展幼儿某一基本动作或培养幼儿某种技能为主要目的,如游戏"小马运粮"要发展幼儿助跑跨越跳动作;"小猴子进城"主要培养幼儿正面钻的动作;游戏"给小动物喂食"主要发展幼儿的平衡能力,"摘苹果"主要发展幼儿的跳和攀爬能力。这些游戏都有明确的动作目的,明确游戏目的后才能有效地确定游戏的内容、玩法规则等。游戏也应当具有对幼儿进行品德教育的价值,规则游戏要遵守规则,这是培养幼儿组织性、纪律性的有效手段,能培养幼儿在集体活动中控制自己的行为,增强责任感。通过游戏还能培养幼儿的集体荣誉感和积极向上、机智勇敢、团结友爱、胜不骄、败不馁等优良品质。

(3)生动性、趣味性

生动性、趣味性本身就是规则游戏的一个特点,表现为游戏内容丰富,情节起伏,道具要生动形象,游戏的过程具有竞赛成分,游戏的结果有胜负之分。这样的游戏对幼儿才能具有吸引力,才能调动全体幼儿参加游戏的积极性,并使幼儿从游戏中获得快乐及心理上的满足感。如果幼儿对某一游戏没有兴趣,就难以实现其教育作用。

2.做好游戏前的准备工作

规则游戏前的准备工作包括:

(1)熟悉游戏,制订活动计划

游戏前教师应熟悉游戏,根据幼儿的情况制订游戏活动的计划。熟悉游戏第一,要分析游戏的目的、要求、规则和动作的难度。第二,要结合本班幼儿的动作、体力、智力情况和心理动态做具体分析,找出游戏中的难点,选择恰当的指导方法和步骤。如教师在指导幼儿玩音乐游戏之前,对游戏要做认真仔细的分析。首先要分析游戏音乐的结构、性质、情绪、风格、形象特点,分析音乐与动作空间的相互关系,考虑如何引导幼儿感受理解音乐,其次要分析游戏的内容、主题、情节、角色、动作等组成因素,最后要分析游戏的规则,注意规则与音乐的联系,哪些是幼儿容易违反的游戏规则。第三,要做好了解幼儿的工作。帮助幼儿做好进行游戏的知识准备和心理准备,以利于在游戏中激发幼儿的主动性、积极性和创造性。

(2)物质准备

物质准备即做好场地、器材和道具等的准备工作,这是规则游戏顺利进行的保证。比如,在体育游戏中,场地地面要平整清洁,地面标示要鲜明,游戏的玩教具和头饰数量要充足,色彩要鲜艳,这样能增加游戏的情趣和气氛,激发幼儿的兴趣和美感。易损坏玩教具要有备用的。安放的器械要牢固,注意安全,

并要根据游戏的内容考虑安放的位置。一些小型体育游戏的器械数量要充足，达到人手一份。在音乐游戏中，根据游戏的内容，做好场地的安排，队形的排列，准备好教具、头饰、角色、服饰等，有预见性地做好一切准备，使音乐游戏活动愉快而顺利地进行。在智力游戏中，老师也要根据游戏内容准备相关的材料。

物质准备不仅是游戏顺利进行的保证，而且也是对幼儿进行品德教育的重要手段。教师进行物质准备工作时，还可以吸引年龄稍大的幼儿帮助规划场地，安放轻的器械，放置游戏物品，以培养幼儿乐于为集体服务的品德，也激发了幼儿对游戏的兴趣。

(3)知识与技能的准备

规则游戏是以一定的知识和技能为基础的，如音乐游戏的重要特征就是在音乐伴随下游戏，游戏的音乐有歌曲和乐曲两大类。所以在游戏前应事先让幼儿欣赏游戏的音乐或学习游戏的歌曲，同时启发幼儿对音乐的感受，并通过一定的方式和语言、动作把这些感受表达出来，直到幼儿完全熟悉音乐。在体育游戏前，要让幼儿学习游戏中主要的动作要领，并进行练习。

游戏的主要角色和做示范的幼儿可以事先培养、挑选，有的儿歌动作可以在游戏前让幼儿掌握，有的情节可先给幼儿讲述。

3.向幼儿介绍玩法和规则

规则游戏是有一定的玩法与规则的，幼儿只有明确了规则，掌握了玩法后才能顺利进行游戏。因此，教师应以简明生动的语言、适当的示范，帮助幼儿了解和掌握游戏的玩法与规则，通过多种形式指导幼儿复习和练习，以使幼儿能独立地开展游戏。

比如在音乐游戏中，教师可通过语言讲述、故事、图片、直观教具等向幼儿介绍音乐游戏的名称、内容、主题思想、角色，引起幼儿的兴趣。特别要讲清楚音乐与规则之间的关系，使幼儿明白音乐游戏以音乐为信号。教师要特别强调幼儿经常容易犯规的竞赛性游戏的规则。体育游戏也是如此，对于有情节的游戏，教师应先讲游戏名称，接着讲游戏的玩法即情节、角色之间的关系，怎样做动作等，然后提出游戏的规则，示范游戏中的动作。

教师在讲解时，应站在幼儿都看得见听得清的地方。老师也可以边讲解边示范，帮助幼儿理解游戏。简单的游戏可部分示范，较复杂的要全部示范，也可请幼儿出队协助教师示范。

在幼儿学会后，教师要鼓励幼儿独立地、积极地开展规则游戏。在幼儿游戏过程中，教师要督促幼儿遵守规则，保证游戏的顺利开展和游戏任务的完成。

规则游戏对于幼儿的发展具有独特的价值,但是要充分实现规则游戏的发展价值,教师必须重视指导游戏的方式和方法。

小结

儿童不是生来就会游戏的,没有成人对游戏的指导,儿童的游戏不会自然而然得到发展。指导幼儿游戏的策略主要有三种,即以自身为媒介(平等游戏策略、合作游戏策略与领导游戏策略)、以材料或玩具为媒介和以儿童为媒介。而指导幼儿游戏的方法主要是通过言语指导(询问、建议、重述、评价、提问等)与非言语指导(表情、眼神、手势、动作、身体运动的方向等)两种方式实现的。

在我国幼儿园中,最为常见的游戏分类是按教育功能进行的,对幼儿园游戏的指导也着重于此。角色游戏的指导从以下几方面着手:做好游戏前的准备工作,包括丰富幼儿的生活经验,提供必要的物质条件,保证充足的游戏时间;帮助幼儿确定游戏主题、引导分配与扮演角色、指导幼儿丰富游戏情节、总结性评价提高幼儿游戏水平。对结构游戏的指导在于丰富幼儿对周围事物的印象,通过各种方法教幼儿学习必要的结构知识和技能,提供各种类型的结构材料和适宜的场地、时间,制定必要的活动常规,在此基础上鼓励幼儿富有创造性地建构,表演游戏的指导在于选择适合幼儿表演的作品,帮助幼儿理解作品,帮助幼儿组织与开展游戏。

规则游戏有其特有的结构要素,即明确的游戏任务、玩法、规则和结果,在设计与指导幼儿的规则游戏时,必须符合其特有的结构要素,保证游戏功能的实现。规则游戏的指导有以下步骤:选择和编制适宜的规则游戏;做好游戏前的准备工作,包括熟悉游戏,制订活动计划;做好物质准备和知识技能的准备;向幼儿介绍玩法和规则。总之,只有在教师的科学指导下,幼儿游戏的发展价值和教育功能才能得以实现。

【思考与练习】

1.概念解释:平等游戏策略、合作游戏策略、领导游戏策略。

2.简述角色游戏的特点与结构。

3.结构游戏的特点与构成有哪些?

4.幼儿积木游戏经历了哪些发展阶段?

5.幼儿园表演游戏有哪些种类?

6.规则游戏的基本构成要素有哪些?

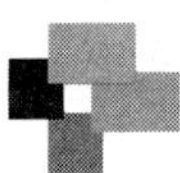

7.试析影响幼儿选择游戏主题的因素。

8.如何选择和编制规则游戏?

9.结合实例,分析角色游戏的指导要点。

10.结合实例,谈谈如何指导幼儿的表演游戏。

11.试述结构游戏的指导要点。

12.结合幼儿园实际,谈谈如何设计与指导音乐游戏。

13.结合幼儿园教育内容,编制一则智力游戏。

14.结合大班幼儿健康教育内容,编制一则运动游戏

【拓展阅读】

尼尔·本内特,利兹·伍德,休·罗格斯.通过游戏来教——教师观念与课堂实践[M].刘焱,刘峰峰,译.北京:北京师范大学出版社,2010.

该书实际上是一份探讨幼儿教师的游戏理论与实践行动的研究报告。该书的第一章和第二章综述了游戏的各种观点和理论上的变化以及有关教师观念与行动方面的相关研究,提出了研究目的与意义。第三章采用"概念图"的方法描述了教师关于游戏的观念。第四章则分析了教师观念与行动之间的关系。第五章则通过案例说明了这些关系。作者提出"通过游戏来教",要求教师为幼儿提供"高质量的、有目的的游戏"和"有价值的活动",强调为幼儿设计与提供以游戏为突出特征、学习内容广泛且平衡的课程的重要性,对幼儿工作者理解教师、理解幼儿园游戏的现实不无启发。

第九章　幼儿园游戏评价

【本章导航】

游戏评价，就是按照一定的教育目标和游戏观，对教育过程中的游戏活动的效果以及游戏的质量和发展水平所进行的价值判断过程，它是幼儿园游戏实践的重要内容。本章首先探讨幼儿园游戏评价的基本问题，主要包括评价的目的、评价的范围以及评价的主体，通俗来讲就是"为什么评""评什么""谁来评"等问题，其次解决的是幼儿园游戏评价如何组织实施的问题，即"怎么评"，其中包括确定幼儿园游戏评价的目的、制定幼儿园游戏评价的方案、收集幼儿园游戏评价资料的方法途径、对收集到的幼儿园游戏评价资料的统计与分析以及幼儿园游戏评价结果的报告等。

【学习目标】

1.掌握幼儿园游戏评价的概念。

2.掌握幼儿园游戏评价的范围。

3.领会幼儿园游戏评价的目的。

4.能够阐明幼儿园游戏评价组织的程序，并能够了解确定幼儿园游戏评价目的的目的和方法。

5.了解幼儿园游戏评价方案的特点、作用、主要内容和制定的基本步骤。

6.了解幼儿园游戏评价资料的主要来源和收集的主要方法，了解幼儿园游戏评价资料的分类与整理以及统计与分析。

7.了解幼儿园游戏评价的结果报告的作用、特点和要求以及主要内容。

第一节 幼儿园游戏评价概述

在幼儿教育实践中，对幼儿园游戏进行评价也是实施游戏的一项重要任务。所谓幼儿园游戏评价，就是按照一定的教育目标和游戏观，对教育过程中的游戏活动的效果以及游戏的质量和发展水平所进行的价值判断过程。本节主要就幼儿园游戏评价中“为什么评”“评什么”“谁来评”“根据什么来评”等基本的问题进行探讨。

一、幼儿园游戏教育评价的目的

为什么要对幼儿园的游戏进行评价，其目的是什么，这是首先要解决的问题。评价幼儿园游戏的目的主要有四个方面。

(一)改进游戏指导方法，提高游戏的教育效果

游戏常常被看作是幼儿身心发展的一面镜子，通过对游戏的观察与评价，可以真实地了解到幼儿在智力、体力、知识经验和社会性等各方面的发展状况和特点，通过评价幼儿游戏行为可以为教师指导游戏提供客观依据，使得指导更具有针对性，更能激发幼儿产生新的需要，不断提高游戏指导的水平，提高游戏的教育效果。同时通过游戏评价也可以使教师认识到自己的游戏活动指导工作，可以依据评价标准指导自身的教育行为，从而促进自身水平的不断提高。

(二)树立科学的游戏观、教育观

幼儿园管理者和教师的游戏观和教育观如何，是决定能否真正落实幼儿园以游戏为基本活动，是游戏成为对幼儿进行全面发展教育的重要内容和途径的关键。教育者的行为受其观念的影响，目前幼儿园里仍存在“重教学，轻游戏”的现象，主要是由于游戏观的偏差，教师并未从心底接纳游戏是幼儿园的基本活动，通过游戏评价确立科学的评价标准，有利于端正教育者的游戏观和教育观。

(三)促进幼教改革，提高幼教质量

正确的游戏观指导下的游戏评价标准对游戏活动的开展有直接的导向作用，促进对游戏的指导方法的改进，有益于克服成人化和小学化倾向，注重游戏的个别化教育，使得教育更加符合幼儿发展特点和学习规律，因而可以促进保教质量的提高和幼儿教育目标的实现，为幼儿教育的发展与改革提供正确的指引。

(四)促进对游戏的科学研究

要评价游戏,就需要确定评价的标准,需要制定和建立一套科学合理的评价指标体系,这就要求在评价实践中不断进行理论探讨和实践探索。在游戏评价中会出现许多值得研究的课题和领域,在不断地研究探索中,促进游戏评价的深入。

总之,游戏评价的根本目的是要全面地、最大限度地促进每位幼儿健康和谐的发展,在一切可能的教育方式中进行选择、发现以至创造出最适合于幼儿的教育。

二、幼儿园游戏评价的范围

幼儿园游戏评价的对象简而言之,就是幼儿园里幼儿游戏活动的评价,这种评价一般从两个视角上来进行。一是从教师的视角对游戏环境创设及游戏材料提供的评价、游戏计划制订的评价、游戏时间安排的评价、游戏开展与指导中保教质量的评价等;二是从幼儿的视角出发,对幼儿的游戏行为本身的评价,如评价幼儿在游戏中的情绪状况、兴趣爱好、认知和经验水平、使用操作材料的情况、语言水平、社会性的表现以及游戏的自主性、创造性等。

游戏评价的范围可以分为幼儿的游戏行为评价、教师的游戏计划和指导评价以及游戏环境创设评价三个方面。

(一)对幼儿游戏发展水平的评价

对幼儿游戏发展水平的评价,可以了解儿童身心整体发展的一般状况,还可以间接反映教育者组织和指导游戏的水平和效果。如评价幼儿在游戏中的情绪状况、兴趣、认知水平和经验、社会性的表现等。

(二)对教师游戏计划和指导工作的评价

教师能否制订可行的游戏计划,是否积极参与幼儿游戏并给予适当的指导,能否重视幼儿游戏环境的创设,游戏环境创设是否符合幼儿发展的规律,能否有效激发幼儿与环境的积极相互作用等。

(三)对幼儿园游戏环境创设的评价

评价幼儿园游戏环境主要是对场地、时间安排、材料提供以及各个因素能否合理组织发挥整体动态的效能。既要对室内游戏环境进行评价,也要对室外环境进行评价;既要评价物质环境的创设,也不能忽视心理环境的评价;既要对单项的游戏环境进行评价,也要对游戏环境的整体效能做出判断。

三、游戏评价的主体

游戏评价的主体,是指由谁来做游戏评价。根据幼儿园教育的实际情况,我们认为,游戏评价的主体,应是能够根据评价的过程和结果,就改善今后游戏

活动及其效果,采取某些措施的人。因此,对幼儿园游戏进行评价的主体主要是教师、幼儿和管理者。

(一)幼儿园教师

教师是幼儿游戏活动的组织者与指导者,也是教育活动的直接责任者。教师不仅要为幼儿的游戏创设适宜的条件,指导和促进幼儿游戏的发展,更重要的是要实现教育目标,使幼儿在体智德美几方面都得到全面、和谐的发展。要改善幼儿园游戏活动的质量,真正实现让幼儿在游戏中学习,在游戏中发展的理想,教师必须从各个方面去把握游戏活动的现状并进行评价,从评价中获得改进组织与指导方式方法的有关信息,增强工作的自觉性、目的性,减少盲目性。因此,进行游戏评价是幼儿园教师义不容辞的责任。

(二)幼儿

幼儿是游戏活动的主体,是游戏活动的直接参加者。他们的兴趣、努力与表现直接影响游戏活动的效果。他们对游戏活动的体验与感受、见解与评价可以反映教师工作的效果与质量。尽管幼儿年龄小,评价能力有限,但是他们也应当是游戏评价的主体之一。

(三)幼儿教育的管理者、指导者

园、所领导和主管部门的领导、教育专家等都有权对幼儿园的工作进行评价和指导。评价是指导、决策的基础。要搞好幼儿园的游戏活动,真正体现寓教育于游戏之中的原则,幼儿园领导和教育行政部门必须重视与加强对幼儿园游戏活动的评价工作,改变过去那种只查“大纲”是否完成,只重视上课或教学评价的做法。要把游戏活动的评价列入工作范畴。

在上述三种评价主体中,幼儿园教师的评价对于提高幼儿游戏水平和游戏活动质量最具有实际意义。

第二节 幼儿园游戏评价的组织与实施

对于游戏评价的探讨一直是围绕着“为什么评、评什么、谁来评、怎么评”这四个基本问题进行的。在这四个基本问题当中,“为什么评”“评什么”和“谁来评”是评价的前提和基础,“怎么评”是评价的关键。“怎么评”的问题就是本节要阐述的重点——幼儿园游戏的组织与实施的问题。幼儿园游戏评价的组织是一个多因素、多变量的复杂系统,包括确定评价目的、制定评价方案、收集评价资料、对评价资料进行统计与分析以及评价结果的报告等诸多方面。

一、明确幼儿园游戏评价的组织

(一)确定评价的目的

"目的作为行动的直接动机指引和调整着各种行为,并作为支配人的意志的内在规律贯穿在人的实践中。"[1]人们做任何事都有目的,任何一种行动都受一定的目的所支配,无目的的行动是不存在的。评价活动,同其他活动一样,都有着明确的目的,评价的目的,所指的是进行评价的理由,所回答的是为什么要进行评价。因此,评价目的的确定,就评价组织的顺序而言,它应该是评价组织运作过程的第一步;就其运作的逻辑而言,它应该是评价组织运作过程的前提。评价的参照系统是以评价目的为核心的,是评价的具体化的评价图式。可以说,评价的目的制约着评价的参照系统,评价的参照系统制约着整个评价活动。如果评价的目的是明晰的、稳定的,评价的参照系统是充分体现这一评价目的的,而评价的整个过程在逻辑上是遵循着这一参照系统展开的,那么这一评价才有可能是合理的。但是具体的评价活动会由于解决的问题不同、评价的对象不同而呈现出不同的形态,所以需要针对具体的评价活动确定具体的评价目的。

怎么来确定幼儿园游戏评价的目的?这个问题也是我们在确立幼儿园游戏评价目的过程中必须要思考和解决的问题。确定幼儿园游戏评价目的的方法通常有以下几种:(1)评价人员集体审定法。这是幼儿园游戏评价中常用的一种最简单、最古老的方法。这种方法是把幼儿园游戏评价者的意见汇总在一起,得出折中的意见。(2)成本效益分析法。这一方法就是寻求成本和效益的最佳比率,即找出代价最小、成本最低,但所获收益最大的目的。(3)风险分析法。风险分析法就是对所选择的评价目的面临的风险大小和性质做出估计,从而确定评价目的。(4)优选法。这是确定一项评价活动目的最常用的方法,对于幼儿园游戏评价目的的确定也同样适用。其一般包括以下几个步骤:收集各种有关的建议并陈述各种目的;对各种目的的价值进行分析,通常要针对目的是否重要和有效进行排序;进行现实性分析,包括根据游戏规律和游戏理论,对游戏的合理性进行分析,根据政策规定、资金、设备、人员、技术和管理等可以获取的资源,对实现评价目的进行可能性和可操作性分析;综合以上结果,确定目的,这是幼儿园游戏评价目的确定最好和最适用的方法。

(二)制定评价方案

幼儿园游戏评价方案就是幼儿园游戏评价工作的计划,它是幼儿园游戏评

〔1〕弗罗洛夫著:《哲学辞典》,广东人民出版社1989年版,第104页;转引自沈玉顺主编:《现代教育评价》,华东师范大学出版社2002年版,第11页。

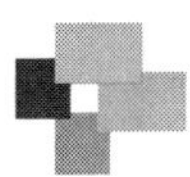

价工作展开以前预先拟定的具体内容和步骤，是评价工作的纲领性文件。陈玉琨在其所著的《教育评价学》中指出："评价方案是评价活动的先行组织者，它是依据一定的评价目的，根据游戏活动和评价活动的一般规律，对评价的内容、范围、方法、手段和程序等方面加以规范的基本文件。"[1]

1.幼儿园游戏评价方案的特点

(1)目的性。幼儿园游戏评价的方案必须体现评价目的，并从各个方面保证评价目的的实现，这就是幼儿园游戏评价方案的目的性。

(2)规范性。所谓规范性就是幼儿园游戏评价方案具有一定程序，它要求评价人员严格按照它所规定的程序、准则、标准对所有的评价对象进行评价。

(3)可操作性。幼儿园游戏评价方案作为幼儿园游戏评价活动的具体指导文件，它必然要求可以实施。为使幼儿园游戏评价活动能够顺利开展，评价方案必须是具体的、可操作的。

(4)可接受性。幼儿园游戏评价方案必须以评价活动的组织者、评价者和被评价者等的接受性为中心。幼儿园游戏评价工作的作用发挥得如何，在很大程度上是看评价结果是否客观、准确，使人信服。

2.幼儿园游戏评价方案的作用

(1)导向作用。幼儿园游戏评价方案制定完成以后，被评价者或被评价对象的直接利益相关者为了得到好的评价结果，必须积极地按照评价方案的要求去努力，此时，幼儿园游戏评价方案就像一根"指挥棒"，起着导向作用。在制定幼儿园游戏评价方案时，既要考虑社会发展的需要，又要注意满足被评价者或被评价对象的直接利益相关者的需求，把人们引导到既符合社会发展规律，又能满足个体需求的目标上去。

(2)指导作用。幼儿园游戏评价方案是幼儿园游戏评价工作的纲领性文件，指导着整个评价工作。评价工作的始终必须按照评价方案的要求去做，不得随意违背，只有这样才能保证评价工作的质量。

(3)保证作用。幼儿园游戏评价工作的高质量需要幼儿园游戏评价的方案做保证，如果没有幼儿园游戏评价方案，评价工作中不可避免存在的评价者的主观随意性就得不到有效控制，由此产生评价结果的不可信和无效。

3.幼儿园游戏评价方案的主要内容

(1)评价目的。幼儿园游戏评价方案首先必须明确幼儿园游戏评价的目的。它指出本方案适用于何种目的的评价，依据本方案进行评价及其可达到何

〔1〕陈玉琨著:《教育评价学》，人民教育出版社1999年版，第32页。

种结果。

(2)评价对象。对幼儿园游戏评价对象做全面评价,还是做某一方面的评价,是评价这些因素还是评价那些因素,这一问题不解决,评价活动就无法进行。

(3)评价标准。具体包括幼儿园游戏评价活动的指标体系和评定标准。它规定评价的方面和内容,也就是说它规定评什么,不评什么。在这里还应该有评价标准的背景描述等,使评价活动的组织者、评价者和被评价者等能准确理解和全面掌握评价标准,有利于对评价方案的实施。

(4)组织实施。它包括幼儿园游戏评价活动的组织形式和组织方法,评价者的基本素质要求和评价过程中评价活动的组织者、评价者和被评价者等必须共同遵守的纪律规定等等。

(5)评价方法。它主要包括信息的搜索方法和处理方法等。在幼儿园游戏评价过程中,对于相同的评价信息源,由于搜集信息方法的不同,所得到的评价信息可能不一样;由于处理评价信息的方法不同,对于相同的信息,可能得出不同的结论。

(6)实施期限。幼儿园游戏评价是价值判断,它的标准就是幼儿园游戏价值的具体体现,因此具有极强的时效性,即评价标准只是在一定的时间内有效。这就要求幼儿园游戏评价有一定的实施期限。

(7)评价报告完成时间。由于幼儿园游戏评价结果具有强烈的时效性,评价报告应该按时完成,因此,评价报告的完成时间应该明确。

(8)评价报告的接受单位、部门或个人。事先应明确幼儿园游戏评价报告的接受者,便于及时反馈,使评价报告的接受单位、部门或个人能及早做出决策和改进工作的计划,以保证和提高评价工作的效益。

此外,根据实际的需要,人们可以增加必要的内容或删去某些部分。如有时可以在评价方案中加上对评价活动的预算以及一些需要的相关表格。

4.制定评价方案的基本步骤

制定幼儿园游戏评价方案一般有以下几个步骤:

(1)确定与表述评价的目的。不同目的的评价需要不同的评价准则,有不同的评价方法。因此,评价目的准确无误的表述,有助于科学地规范评价方案和规定评价方案的适用范围。

(2)根据特定的评价目的设计评价准则。评价准则是评价方案的核心部分。幼儿园游戏评价准则是用来衡量幼儿园游戏活动和发展水平的具体规定,其要求具有先进性、方向性、可行性和群众性。幼儿园游戏评价标准的制定原

则是:能量化的尽量量化;不能量化的则定性描述,要做到具体化、行为化和可操作化。

(3)按照各准则之间的内在逻辑形成分级系统,并依据他们的相对重要性,对各准则赋予相应的权重。

(4)确定测定的量表和评价标准,为测量和评价提供作为参考系统的尺度。

(5)设计为收集各种信息的表格。表格的设计要本着方便适用的原则,力求精练、简明、统一。

(三)收集评价资料

有了评价的方案和标准,就有一个如何依照评价方案和标准搜集评价信息的问题。所谓评价信息搜索,就是评价者运用科学方法,按照评价方案和标准,系统地、全面地和准确地搜集信息的过程。这些信息将作为分析评价对象的主要素材。要搜集评价信息,首先,要明确评价信息源。其次,要确定搜集评价信息的方法。

1.幼儿园游戏评价信息的主要来源

幼儿园游戏评价的信息源与幼儿园游戏评价的目的、评价对象有密切的关系,评价目的和评价对象不同,评价信息源也可能不一样。一般来说,幼儿园游戏评价的信息源有自我评价、群众评价、同行评价、领导评价、社会评价以及有关的各种资料和数据。

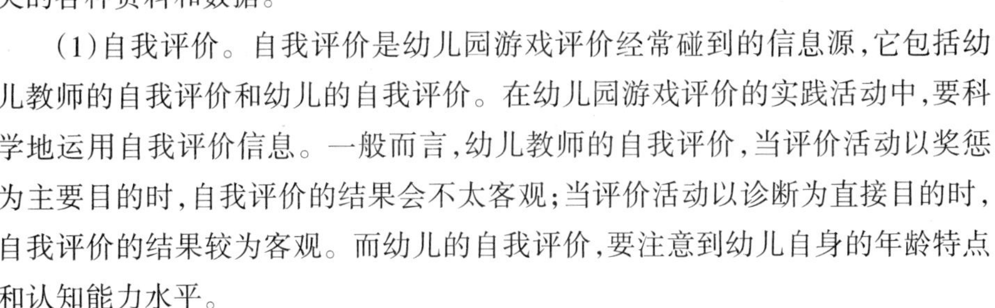

(1)自我评价。自我评价是幼儿园游戏评价经常碰到的信息源,它包括幼儿教师的自我评价和幼儿的自我评价。在幼儿园游戏评价的实践活动中,要科学地运用自我评价信息。一般而言,幼儿教师的自我评价,当评价活动以奖惩为主要目的时,自我评价的结果会不太客观;当评价活动以诊断为直接目的时,自我评价的结果较为客观。而幼儿的自我评价,要注意到幼儿自身的年龄特点和认知能力水平。

(2)同行评价。在幼儿园中,同行有两方面的含义:一是指单位内的同行,二是指单位外的同行。一般来说,在各种评价信息源中,同行评价的信度和效度较高。这是由于同行较为熟悉本行情况、工作和发展方向,评价失真度小。

(3)领导评价。领导评价在评价活动中分为两个层次:一是指上级管理部门与社会力量结合的评价组织的评价;二是指单位内部领导对本单位的评价。目前,在幼儿园游戏的评价中,领导评价具有相当的权威性。

(4)社会评价。社会评价是幼儿园游戏评价中较为重要的外部评价,这种评价的信息较为客观和公正。就目前我国幼儿园游戏评价发展水平来说,社会评价是较为重要的信息源,值得高度重视。

(5)有关的各种资料和数据。各种与幼儿园游戏评价对象有关的资料和数据也是重要的评价信息源。譬如,对一个幼儿游戏行为观察的记录等。在搜集幼儿园游戏评价的信息时,一定要全面考虑各种评价信息源,有效搜集评价信息。

2.收集幼儿园游戏评价资料的主要方法

幼儿园游戏评价信息的可靠度直接影响到评价结果的信度和效度。要使搜集到的评价信息符合评价对象实际和评价标准,评价者必须熟练地掌握常用的幼儿园游戏评价信息的搜集方法。这些方法主要有测量法、问卷法、访谈法、观察法、文献法和网络法。这些方法在教育等领域会经常用到,在其他领域已被多次提及,所以在这里不做详细的介绍。

(四)评价资料的统计与分析

幼儿园游戏评价资料搜集以后,存在着如何处理搜集到的评价资料的问题。所谓评价资料的处理,就是用科学的方法,对搜集得到的评价信息进行整理、分类、统计和分析,使评价信息能系统而完整地反映评价对象的基本特征,进而得出有充分说服力的评价结论,并提出建议。

1.评价资料的分类和整理

(1)评价资料的分类

在幼儿园游戏评价中获得的不同的原始资料,可以分为非数据型资料和数据型资料两类。这些资料在未经整理之前是不系统的和零乱的,我们必须对这些原始数据进行分组、归纳、概括,并通过这样的初步整理使数据可以通过统计分析的方法来说明问题,达到幼儿园游戏评价的目的。

非数据型资料包括文字型资料和非文字型资料。文字型资料指的是教师的游戏计划、家长的意见、教师对幼儿游戏行为的记录等书面材料;非文字型数据如幼儿的美工绘画作品、录音录像资料等等。对于这些资料,幼儿园游戏评价者可以直接对它们进行分析评判,如通过教师对幼儿进入各个游戏区角的人数的统计分析幼儿对各游戏区的喜爱,也可以从中抽取部分资料来进行分析归纳。

数据型资料可以分为数值型数据和非数值型数据。

数值型数据按来源可以分为两大类:一类是点计数据,指的是通过计算个数获得的数据,如参加游戏的幼儿数、某一类型的游戏材料的个数等;另一类是测量数据,指的是使用一定工具或依据一定的标准进行测量而获得的数据。

非数值型数据是指那些说明事物之间不同属性和类别的数据。幼儿的性别,男与女之间只能区分相同与不相同,而无法判定其大小的关系。另外如民

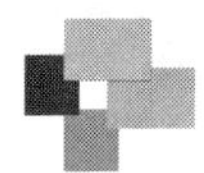

族、文化程度等等都可以视为非数值型数据。

(2)评价资料的整理

利用幼儿园游戏评价技术所获得的各类资料并不都是可以直接利用的，对已获得的幼儿园游戏评价的数据资料，我们必须经过整理才能进行分析处理。

不仅数据型资料需要整理，非数据型资料也需要整理，而且，从某种意义上说，非数据型资料的整理在幼儿园游戏评价资料的整理中占有非常重要的位置。例如，评价幼儿的角色游戏水平时，可以将单纯模仿定为1分，物品替代定为2分，动作与情景替代定为3分，这样就可以使难以量化的资料变成具体的数据，应用于分析处理之中。

在整理数据时应当注意，由于设计疏忽或某些困难，有些项目的数据未被收集，或是某些收集到的数据对于评价作用不大，会使数据出现一些缺损值。一般来说，对于重要数据，应当补充收集，对于缺损值，应该用计算机软件按评价的规定予以修正。由于客观条件造成一些数据难以收齐，那么在数据整理过程中就应对此进行反复考虑，对因此可能产生的误差的方面，给予及时妥善处置。

2.评价资料的统计与分析

对评价资料进行统计与分析，就是对搜集到的评价信息进行处理。一般而言，运用幼儿园游戏评价的技术方法搜集到的评价信息资料有两种：一是定性评价资料；二是定量评价资料。对于不同的评价资料，应该采用不同的方法来处理，因此，处理幼儿园游戏评价资料的基本方法也有两种：一是定性处理方法；二是定量处理方法。当然，按照评价的发展趋势来看，应该把定性处理方法和定量处理方法有机地结合起来。

(1)定性处理方法

所谓评价信息资料的定性处理方法，就是指在处理评价信息中不采用数学的方法。其处理对象是不能定量化的评价信息，或者是评价信息定量化之前的定性分析和描述，或者是对评价信息定量处理结果的定性分析和解释。具体说来，如对评价对象优缺点的详细描述；对典型个案的深入研究；评价对象内隐的观念和意识分析等。在处理评价信息的过程中，往往运用思辨的方法对评价信息进行分析、归纳、概括、综合和推断，用语言形式表述评价结果。

(2)定量处理方法

所谓评价信息的定量处理方法，就是指在处理评价信息中采用数学的方法。其处理对象是能定量化的评价信息。它的特点是：一是受分析者主观影响相对较少，客观性强，处理结果有说服力；二是可借助计算机等现代化手段完成分析,效率较高,便于普及。

(五)评价报告

评价信息处理完成以后,必须编写评价报告,这是评价工作自身规律所决定的。幼儿园游戏评价结果的报告,换一种说法就是幼儿园游戏评价工作的总结,就是相关的人员把在幼儿园游戏评价工作实践中经历、感受到的片断以及分散的、零碎的资料集中起来,上升到理性认识,结合评价信息的处理结果,找出规律性的东西,肯定成绩,明确问题,得出经验教训,并用文字记录下来。就目前幼儿园游戏评价工作的现状来看,这是一个经常被忽略的环节,必须引起我们的重视。

1.评价结果报告的主要内容

(1)封面

为了提高评价结果报告的传递效率,封面需要提供下列信息。

① 评价方案名称;

② 评价目的;

③ 评价的组织者或评价者的姓名或名称;

④ 评价报告接收单位、部门或个人的名称或姓名;

⑤评价方案实施和完成的时间;

⑥呈送报告的日期;

⑦建议做出决策或制订改进工作计划的期限。

(2)正文

正文主要包含以下内容。

① 评价方案实施过程的描述。

② 结果与结果分析。介绍各种搜集到的、与评价有关的信息,包括原始数据和记录的事件、证据等等,以及处理这些信息所得到的结果,并且对该结果进行必要的分析。

③ 结论与建议。对处理评价信息所得到的结果进行推断,得出结论,并且提出相关建议。

2.评价结果报告的特点和要求

幼儿园游戏评价的结果报告,有一定的特点和要求,主要表现在以下三个方面。

① 准确。在幼儿园游戏评价的结果报告中,对所评价的问题判断要准确,推理要严密,不能含糊不清。程度估计也要准确,"基本如此"还是"全部如此","主要是"还是"基本是",都要用得有分寸。

② 简明。在幼儿园游戏评价结果报告中的语言要简明扼要，材料要真实具体，切忌冗长空乏、华而不实。报告中的情况说明或材料介绍，不宜铺陈或做过细的渲染、描绘。

③ 严谨。幼儿园游戏评价结果的报告要真实地反映所评价的事物，不能言过其实，语言要朴实严谨，不随意使用夸张的手法和奇怪的比喻，避免烦琐的叙述和描绘。

二、幼儿园游戏评价的实施

对于幼儿园游戏评价的实施，应该从幼儿园游戏教育功能评价、幼儿园游戏环境评价、游戏中幼儿游戏行为评价和游戏中教师行为评价四个方面来进行。

（一）幼儿园游戏教育功能的评价

评价幼儿园游戏对儿童发展的教育功能是否得以实现，或儿童通过游戏是否得到教育，是评价幼儿园游戏是否成功的关键。但是，从某种意义上讲，幼儿园游戏教育功能的评价是不能直接进行的，需要通过幼儿在游戏中的表现以及长期的跟踪调查才能发现。所以，笔者认为，评价幼儿园游戏教育功能是否得到了发挥，就要看幼儿园游戏是否成功。因为成功的幼儿园游戏必然会发挥出幼儿园游戏的教育功能和价值，促进幼儿和幼儿园游戏的发展。而评价幼儿园游戏的成功与否，根本的出发点就是游戏中幼儿的表现以及游戏的一些客观条件。因为对一个幼儿园游戏的评价和判断，总是要通过幼儿的各种外在的表现来进行的。具体来讲，评价幼儿园游戏教育功能的发挥或者说幼儿园游戏的成功应该从以下几个方面来进行。

(1)儿童按自己的意愿做游戏，在游戏中感到轻松、愉快，发挥了创造性。幼儿园游戏教育的最基本的功能就是保证幼儿身心健康的发展，游戏本身大多的时候具有活动性的特点，在游戏活动中，幼儿的身体素质，如大肌肉能力、小肌肉能力等会得到锻炼和发展。而幼儿在游戏中感到轻松愉快，就会保持积极的情绪，幼儿的心理健康就会得到发展。

(2)儿童做游戏很认真，能克服困难，能遵守游戏规则，游戏有较强的组织性和独立性。在游戏中，儿童出于对游戏的极大兴趣，能克服困难坚持游戏，在这样的游戏中就能够遵守规则，表现出一定的组织性和独立性。游戏本身就能促进幼儿的自主性、独立性以及人际关系的发展，幼儿有了上述的表现，就说明幼儿园游戏发展幼儿自主性、独立性以及人际关系的教育作用得到了很好的发展。

(3)会正确创造性地使用玩具并爱护玩具。成功的幼儿园游戏中，幼儿不仅能正确地使用玩具,而且能创造性地使用玩具。在游戏过程和结束后,不争抢玩具,能正确地收放玩具,爱护玩具。

(4)在游戏中对同伴友爱、谦让,能与同伴合作并不妨碍他人游戏的进行。无论是独自游戏还是合作游戏,在游戏中都存在与同伴的关系问题。成功的幼儿游戏中的幼儿能与同伴友好合作,能正确处理玩具、场地、角色等问题,并有组织地分工合作开展游戏。

(5)游戏内容丰富、积极向上,有益于儿童身心发展。成功的游戏中,儿童游戏内容丰富,能广泛地、创造性地反映他们对周围世界的认识,且内容健康向上,有利于儿童身体、智力、品德的全面发展。

以上五项评价标准更多的是评价游戏是否是成功的,但是正如前边所说的,成功的幼儿园有其教育功能也必然会得到最大最好的发挥。由于各年龄班幼儿游戏水平有差异,各类游戏特点不同,因此在具体地评价某班某种幼儿园游戏的教育功能时,应结合儿童游戏水平和特点以及不同种类游戏的教育功能特点进行。此外,上述的标准,都是从幼儿游戏的现场观察角度来进行的,是间接的,对时效要求比较短的评价方案比较合适。对于幼儿园游戏教育功能的评价,也可以有设计时效比较长久的评价方案。那样就可以从幼儿的更多的更具体的方面直接地对幼儿园游戏的教育功能实施评价,评价的结果也就更具有可靠性和说服力。但那样操作起来会比较困难,对各方面的条件要求也会比较高。

(二)幼儿园游戏环境评价

幼儿园游戏环境包括物理环境和精神环境,物理环境包括游戏空间、游戏场地和游戏材料等。精神环境主要指游戏气氛、同伴关系、师生关系、文化背景等。为幼儿园儿童创设良好的环境是科学、全面开展各类游戏活动的前提和基础。实施和开展幼儿园游戏,首先要考虑游戏环境的创设问题。只有具备良好的环境,儿童才能积极主动地参与到各项游戏活动,幼儿园游戏活动的开展才更加丰富多彩、活泼生动,从而更好地发挥游戏的教育作用,实现学前教育全面发展的目标。

对幼儿园游戏环境的评价是幼儿园游戏评价的重要组成部分,是园所教养管理的内容和手段,并能够促使教师和幼儿园增强游戏环境创设的目的性和针对性,提高环境与人的意识和技能水平。评价幼儿园游戏环境分物理环境的评价和精神环境的评价。前者主要是对幼儿园游戏场地、游戏空间、游戏材料等的评价,后者主要是对幼儿园游戏中的游戏气氛、人际关系等的评价。可以先就某一具体的领域如物理环境或是物理环境中的游戏材料的投放等分别进行

评价，然后综合地对幼儿园游戏环境的整体效果进行评价。

对于幼儿园游戏环境的具体评价的实施和标准可以参照下列两个评价量表(表9-1、表9-2)。

表9-1　游戏环境创设的整体效果评价量表[1]

肯定评价	5	4	3	2	1	否定评价
1.活动区的设置有利于促进幼儿身心全面发展，类型与数量适宜						1.活动区的设置类型单一、不足或过多
2.各活动区位置适宜						2.位置不当，如图书角设在楼道
3.各活动区提供的材料、种类、数量适当						3.材料不足或过多，未体现教育意图
4.活动区的设置与幼儿年龄特点和实际水平相适应						4.活动区的设置与幼儿年龄不符
5.能依计划投放和更换材料，变换玩法，激发幼儿新需要						5.材料投放一次性，无变换
6.各活动区之间关系协调						6.各活动区关系不当，相互干扰
7.因地制宜充分利用场地						7.场地利用率低，未依需要加以调整
8.幼儿有机会参与环境创设						8.环境创设由教师包办，幼儿无参与机会
9.结合游戏规则的建立，增强环境中的自治因素						9.环境中无自治因素，儿童游戏混乱
10.自选游戏与集体教学适当联系，相互配合促进						10.自选游戏孤立进行，未注意与正规教育教学的配合
11.保证集中游戏时间，并充分利用零散时间						11.时间安排不足或游戏时间无保证

〔1〕引自陈帼眉主编：《学前儿童发展与教育评价手册》，北京师范大学出版社1994年版。

表9-2 幼儿游戏环境评价表[1]

项目号	名称	指标内容	等第	备注
1	柔和性和冷硬性	环境各因素所引起人的生理或心理的感应性	A.柔和性为主 B.柔和性和冷硬性平衡 C.冷硬性为主	如地毯、草坪 如铁质器械
2	开放性和封闭性	游戏材料的存放和教师行为对幼儿所做的限制程度	A.开放性较强 B.开放性和封闭性平衡 C.封闭性较强	如幼儿自由选择 如不开放玩具架
3	复杂性和简单性	游戏材料在使用方式方法上的变化程度	A.超级材料组合 B.复杂材料组合 C.简单材料组合	如三种材料组合 如两种材料组合 如一种材料
4	干预性和隐蔽性	环境因素所暗示的人与人、人与物的互动量	A.过多介入 B.适当介入 C.较少介入	如新异刺激太多 如新异刺激太少
5	高活动性和低活动性	环境中所能提供或暗示的大小肌肉活动的程度	A.大肌肉活动为主 B.大小肌肉活动均衡 C.小肌肉活动为主	如走平衡木 如绘画、绣花

(三)游戏中幼儿行为评价

幼儿是游戏的主体,幼儿园游戏的最终目的就是为了促进幼儿全面和谐的发展。幼儿在游戏中的行为表现,反映着游戏的发展水平、幼儿的游戏水平,是评价幼儿园游戏的重要依据。因此,对幼儿园游戏中幼儿的表现行为进行评价就显得极为重要。由于幼儿的年龄特点和认知能力水平的限制,幼儿在幼儿园游戏中表现出来的行为是复杂和多样的。正确地评价幼儿在幼儿园游戏中的行为表现,可以正确地了解幼儿现有的游戏发展水平,可以更科学地指导幼儿园的游戏,促进幼儿游戏水平的不断提高,从而达到全面而和谐的发展。

对儿童的不同种类的游戏发展水平的评价,往往具有不同的标准,但有一

[1]引自丁海东著:《学前游戏论》,山东人民出版社2001年版。

点是相同的，那就是评价幼儿园游戏发展水平，必须根据儿童在幼儿园游戏中的行为表现来制定评价标准。从这个角度讲，幼儿园游戏发展水平的评价也是幼儿游戏行为表现的评价。综合儿童的各种游戏的活动状况，可以对儿童游戏的一般性发展水平做出评价。而对幼儿游戏一般性发展评价的实施可以参照表9-3。

表9-3　儿童游戏一般性发展评价表[1]

项目	评价标准	评分
1.自选情况	不能自选 自选游戏玩具 自选活动及玩具	
2.主题目的性	无意识行为 主题不确定，易受他人影响而改变 自定主题，能很快进入游戏情境 共商确定主题，主题稳定	
3.材料使用	不会用或简单重复 正确熟练常规玩法 材料运用充分玩法多样复杂	
4.常规	行为有序/基本遵守规则/行为混乱，不守规则轻拿轻放，爱护玩具/基本爱护/不爱护，乱丢玩具及时收放，认真整理/部分做到/不能整理	
5.社会参与性	独自玩 平行活动 联合游戏 协作游戏	
6.伙伴交往	积极交往：互助谦让、轮流合作、协商解决问题 一般友好交往：交谈、请求咨询、追随模仿 消极交往：独占排斥、干扰破坏、攻击对抗	
7.持续情况	变换频繁（记录次数） 有一定坚持性，完成一项活动后再变换 始终持续一项活动	
8.其他	是否参与环境创设，与教师交往情况以及能否正确评价游戏	
总体印象		

〔1〕引自丁海东著：《学前游戏论》，山东人民出版社2001年版。

评价儿童的一般性发展，可以了解儿童的身心整体发展的一般状况，特别是了解儿童个性和社会性发展的特点。通过评价儿童游戏一般性发展，还可以检验教育者组织和指导游戏的效果。

作为幼儿园游戏中幼儿行为表现的评价指标一般可以从以下一些方面进行罗列。游戏的情感体验：自主程度（是否内在动机，有无内部控制力），参与程度（专注性如何，持久性如何），愉悦程度（成功或失败的体验，兴趣性，需要的满足度）；游戏的认知表现：经验（知识的正误，原有经验，是否扩展新经验），规则（有无规则意识，规则他律，规则自律），语言（语言多少，表达是否流畅，自言自语还是沟通语言），解决问题（独立解决，参与解决，放弃），转换替代（模拟替代，相似替代，抽象替代），装扮（主题范围，角色类型，角色意识，角色认知，逼真性，非角色行为）；游戏的社会性发展：游戏群体（独自游戏，平行游戏，联合游戏，合作游戏），交往合作（有无交往，交往技能，主动还是被动，成功或失败）；游戏的动作技能：粗大动作（基本动作的协调性、灵活性），精细动作（操作技能的复杂性，眼手的协调性）。

（四）游戏中教师行为评价

在幼儿园的游戏中，教师是游戏环境的创设者、游戏过程的观察者和游戏进展的支持者。教师在幼儿游戏过程中的表现对于幼儿园游戏教育以及幼儿游戏水平的发展有极大的影响。评价幼儿园游戏，必然要对教师在游戏中的行为表现做出合理科学的评价。

对幼儿教师在幼儿园游戏进程中的表现行为的评价内容可以参考以下一些方面：

1.引导游戏的进程

引导幼儿选择活动开始游戏，如教师介绍游戏材料，建议活动方式，提出行为要求等，启发引导幼儿自选活动；参与幼儿的游戏进程，激励启发幼儿的操作与实践及交往，促进幼儿与周围环境的相互作用；依照幼儿的不同需要给予适当的帮助；游戏结束时引导幼儿简评游戏。

2.教师自身与幼儿的相互作用

教师在与幼儿交往时，应注意多运用积极肯定的态度，尽量减少否定性交往接触。注意以自己饱满积极的情绪参与游戏，影响感染幼儿。

3.教师指导的对象和范围

应注意重点与一般相结合，在照顾全体的同时，特别注重对幼儿个体的指导，针对幼儿的不同特点，给予具体的帮助。还应注意逐渐增加对幼儿活动小组的指导，从而激发小组内幼儿之间的积极的相互作用的影响。避免单一性的

集体指导和整齐划一的要求。

4.探索和运用多样化的指导游戏的方法

教师应注意在教育实践中,探索多样化的指导方法,如及时呈现适宜材料、建议、提问、启发和丰富的知识经验,提供范例、共同参与、行为示范,教授或指导具体技能,利用幼儿之间相互影响互教互学等,从而促进游戏的不断深入。教师要根据具体情况,采用适当的指导方法,并注意综合运用多种方法指导游戏,才能发挥良好的效果。

5.激励式指导方式或类型

教师应在尊重幼儿的基础上,运用启发激励式指导方式,创造一种民主平等的心理环境和气氛,激励幼儿积极活动,鼓励幼儿探索创造。另外,教师在具体指导游戏的过程中,还应注意发挥常规的作用,使幼儿通过执行游戏常规,逐渐形成行为自律和自我管理能力。教师还应注意全面指导幼儿行为,从而促进幼儿在游戏中身心和谐发展。

表9-4 教师对游戏过程指导情况的评价表[1]

项目	内容	评分
1.引导游戏过程	依游戏计划引导游戏的整个过程(开始、中间、结束),使游戏顺利开展	
2.教师与幼儿相互作用	教师积极参与游戏,增加与幼儿的接触交往,多运用肯定互动,减少否定性接触。	
3.指导的对象与范围	重点与一般结合,游戏过程中以面向个人的指导为主,逐渐增加对小组的指导,班级教师均参与指导	
4.指导方法的运用	能结合幼儿年龄和各类游戏的特点,选择适宜的指导方式,并注意综合,能运用多样化的指导方法(如及时提供材料/建议、提问/启发、提供范例/共同参与/行为示范/指导技能/利用幼儿之间相互影响等)	
5.指导类型或方式	指导方式为激励式(非旁观或被动反应式,又非控制导演式),注意引导幼儿发现和学习,促进幼儿游戏的深入和活动质量的提高	
6.游戏常规的建立	依幼儿不同年龄,引导幼儿在活动中建立必要的游戏常规,结合环境中的自治因素,引导和督促幼儿执行常规,逐渐培养幼儿在行为方面自律、自治	

〔1〕引自丁海东著:《学前游戏论》,山东人民出版社2001年版。

总之，对幼儿园游戏进行评价，既可以是针对儿童游戏本身的，也可以是针对儿童游戏教育实施方面的，既可以有侧重的单项评价，也可以是全面的综合评价。它可以为学前教育和幼儿园游戏的实施提供科学的参照和依据，并和游戏环境条件创设、组织、指导等环节共同构建幼儿园游戏教育实施的完整过程。

小结

幼儿园游戏评价的组织与实施解决的是幼儿园游戏评价"为何评""评什么""谁来评""怎么评"的问题。幼儿园游戏评价的目的是评价者在对幼儿园游戏评价活动开始之前设想或规定的幼儿园游戏评价活动所欲达到的效果或结果。它是幼儿园游戏评价进行的前提和基础，统摄着整个幼儿园游戏评价过程，制约着价值主体、评价视角、评价视阈和评价标准的确立，决定了幼儿园游戏评价的发展方向。

幼儿园游戏评价的主体有幼儿园教师、幼儿以及管理者三类。游戏评价的范围可以分为幼儿的游戏行为评价、教师的游戏计划和指导评价以及游戏环境创设评价三个方面。

幼儿园游戏评价的方案是幼儿园游戏评价工作的计划，是幼儿园游戏评价工作开展之前预先拟定的评价具体内容和步骤，是评价工作的纲领性文件。幼儿园游戏评价方案有目的性、规范性、可操作性和可接受性等特点，其作用在于导向、指导和保证。

幼儿园游戏评价资料可以分为数据型资料和非数据型资料，幼儿园游戏评价资料的统计与分析主要有定性与定量两种方法。

幼儿园游戏评价结果的报告就是相关的人员把在幼儿园游戏评价工作实践中经历、感受到的片断及分散的、零碎的资料集中起来，上升到理性认识，结合评价信息的处理结果，找出规律性的东西，肯定成绩，明确问题，得出经验教训，并用文字记录下来。其作用在于便于及时而有效地反馈、能尽早地发现评价工作中存在的问题，为以后的评价工作提供宝贵的资料、为实践检验评价标准和评价结果做保证。

【思考与练习】

1.试述幼儿园游戏评价组织的程序。

2.试述幼儿园游戏评价组织与实施的意义。

3.试述确定幼儿园游戏评价目的的目的和方法。

4.试述幼儿园游戏评价方案的主要内容。

5.试述幼儿园游戏评价的资料的主要来源和收集的主要方法。

6.试述幼儿园游戏评价资料的种类以及整理、统计和分析的方法。

7.简述幼儿园游戏评价结果报告的作用、特点和要求及其主要内容。

8.结合实际和自身的体会，试分析现实中幼儿园游戏评价组织与实施的实际，并提出自己的建议。

9.选择一个具体的游戏活动，设计一个具体的评价方案。

【拓展阅读】

陈帼眉.学前儿童发展与教育评价手册[M].北京：北京师范大学出版社，1994.

本书是为适应幼儿教育事业改革的新高潮，为加强幼儿园的科学管理，提高幼儿园的保育和教育质量而编制的，既可供幼儿园教师、园长、管理人员参考，又可供幼儿教育和科学研究人员检索和使用的一本中型工具书。

这本书分为三篇：上篇是学前教育评价的基本理论，说明学前教育评价的基本概念、原则、标准、模式、方法等；中篇是儿童发展与教育评价，编写了有关评价幼儿身心发展和相应保教工作的内容，包括幼儿身体发展、动作发展、智力发展、言语发展、社会性发展以及有关的教育工作的评价；下篇是从幼儿园工作的角度介绍幼儿教育评价工作的有关资料，包括幼儿园工作评价的概念、教师队伍评价、园长评价、教养工作评价等，其中在教养工作评价中详细介绍了游戏评价的理念与实践，对如何评价活动区、游戏时间、游戏计划、教师的游戏指导、幼儿游戏水平等多个方面提供了大量的资料。

本书是一本具有尝试性、开创性、全面性的工具书，可以为不同类型的学前教育工作者所使用。

第十章　玩具与游戏材料

【本章导航】

玩具是幼儿游戏活动的物质载体和精神支柱，也是幼儿游戏的“专用工具”。对幼儿来说，他们周围的每一件物品都可以成为他们的玩具。最初的玩具并不是人们为了游戏和娱乐的目的而制造出来的。作为生产工具的模拟物，它最初是为了帮助年幼的儿童练习实用的生产和生活技能；作为祭祀物品的模拟物，它最初的功能是祀神和娱神；作为民间习俗的载体，它最初寄托着人们祈福避邪的愿望。

随着社会生产水平的提高，传统玩具逐渐隐退，现代玩具成了玩具消费市场的主流。现代玩具就其模拟的对象来看五花八门，涵盖着人类社会生活的所有内容；从它的取材来看，一般是当下的流行文化和社会热点话题；从它的演变来看，从由原始的棍棒、石头到较为复杂的、科技含量高的材料制作而成，其制作技术也越来越复杂；它的消费方式也逐渐趋于商业化，玩具制造商为了刺激儿童消费，在玩具的设计上彰显个性特征。玩具虽然是幼儿的玩物，但当成人送给他们时总是赋予其特殊意义，即用它来帮助你的学习。人们在最早制造玩具时，其目的不仅为了让幼儿“玩”，而且是为了帮助他们学习和掌握生产和生活的实用技能。因此，玩具本身就蕴含着教育意义。

对幼儿来说，同一种玩具到不同的幼儿那里会有不同的意义，因此，对玩具进行具体分类并无实际意义。但是人们为了了解和研究玩具的功能和类型，一般根据其特点、活动目的及结构性程度对其进行划分。通过对各类玩具的了解，我们可根据幼儿身心发展的特点及规律，为其选择与投放适当的玩具。

【学习目标】

1.能够阐述玩具的起源和历史发展，并能分析传统玩具与现代玩具之间存在的差异。

2.能够记住玩具和游戏材料的作用，并能结合实际进行分析。

3.能够记住以功能及特点、活动目的、结构性程度为依据对玩具的划分。

4.能够根据幼儿年龄特征和身心发展阶段选择安全卫生并富有教育意义的玩具。

玩具是儿童游戏活动的物质载体，也是儿童游戏的"专用工具"，要研究儿童的游戏不能不研究儿童的玩具。对于幼儿来说，身边的每一件物品都可以成为他们的玩具，并且他们可以把周围的每一件物品都变成各种可玩的"玩具"。通常我们所指的玩具是成人专门为幼儿制作的、供儿童游戏用的物品。在生活中也有许多自然的、非专门制作的"游戏材料"供幼儿游戏。

第一节　玩具与游戏材料的功能

一、玩具的起源与历史发展

（一）玩具的起源[1]

"玩具"一词，在中国始见于宋吴自牧《梦粱录》卷十三中："杭州大街，买卖昼夜不绝……四时玩具，沙戏儿。"关于逗小孩玩的东西，最早见记于汉朝王符《潜夫论·浮侈篇》中："或做泥车，瓦狗，诸戏弄之具，以巧诈小儿……"[2]可见，玩具的首要作用是"逗乐"；其次，它源于人类社会生活。玩具作为实际生活的模拟物，帮助儿童练习和掌握使用工具的基本技能，它的出现与社会生产劳动有

〔1〕刘焱：《儿童游戏通论》，北京师范大学出版社2004年版，第54页。

〔2〕倪宝诚：《民间玩具概说》，载《寻根》2002年第6期。

着密切的关系。

现代玩具则伴随着工业革命的脚步诞生,反映着现代社会的文化、科学和技术的进步和发展(参见图10-1)。现代玩具具有模拟对象广泛、科技含量高、富有个性特征及浓厚的商业色彩等特点,它是作为教育者出现在儿童面前的。

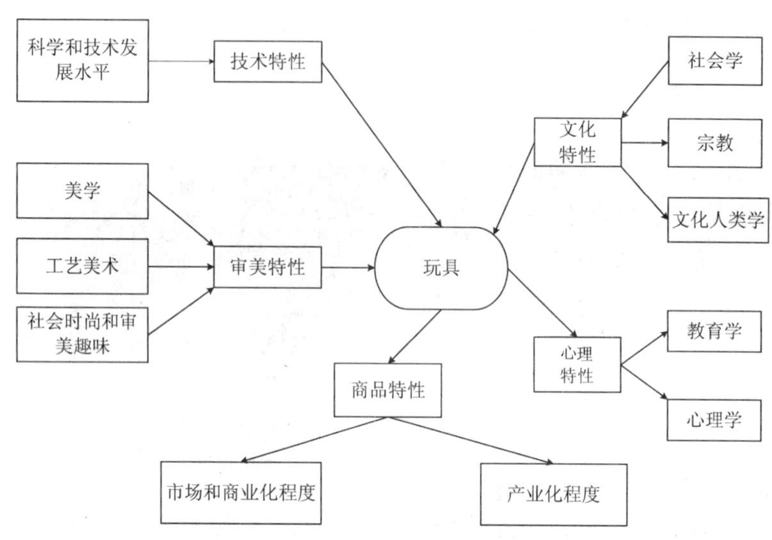

图10—1 现代玩具的特性[1]

(二)教育性玩具的发展

玩具一开始就被人们当作教育和训练的工具。人们在最早制造玩具时,其目的不仅为了让幼儿"玩",而且是为了帮助他们学习和掌握生产和生活的实用技能。[2]因此,玩具承载着社会和人类的教育目的以及对儿童的期望。英国思想家洛克(1632—1704)被认为是较早尝试把玩具引入教育过程中的人。为了使玩具变成对儿童具有教育意义的材料,他亲自动手改造玩具,制作了一套帮助儿童识字的积木。

把教育性玩具系统地运用于幼儿园教育实践中的首创者是德国幼儿教育家福禄贝尔(1782—1852)。"恩物"是福禄贝尔专门为幼儿制作的教育性玩具。福禄贝尔在正式公布恩物体系时明显提到八种。第一种是装在一个小木盒子里的颜色各异的用羊绒做成的6个小球,分成红、黄、蓝、绿、紫和白6种颜色。每个小球上系有2条线供玩耍时使用,小球的直径为4厘米。福禄贝尔认

〔1〕刘焱:《儿童游戏通论》,北京师范大学出版社2004年版,第58页。

〔2〕刘焱:《儿童游戏通论》,北京师范大学出版社2004年版,第61页。

为它们能帮助儿童辨别各种基本颜色、锻炼肌肉、训练感觉，培养他们的注意力和独立活动的能力，还能发展儿童的语言，帮助他们理解一些抽象概念如时间、空间、有、无。经过他的观察和试验，共设计出50余种玩法以训练儿童的各种能力。第二种恩物是木质的球体、立方体和圆柱体。后两者有穿孔，并附有木棒与细绳。[1]它们能帮助儿童认识物体的各种形状和各种几何形体。第三种恩物是一个沿各向对开一下的大立方体，可分为8块小立方体。它们不仅可以帮助儿童认识部分和整体的关系，还能被用作建造材料。第四种恩物是一个沿纵向切成许多平板的立方体，它们能帮助儿童明了算术的基本道理，掌握加、减、乘、除的基本规则，并能很容易地写出算术符号和数字。第五种恩物也是一个立方体，可分成27块体积相等的小立方体。其中3块小立方体再沿对角线2分，另3块沿对角线4分，利用该恩物能进行大量的几何教学。第六至第八种恩物也是一些可分为更多块小立方体的大立方体。它们不仅为建造工作提供了更多的练习机会，而且能发展儿童的想象力和创造力，并进一步使儿童理解部分和整体的概念。[2]

在福禄贝尔之后，意大利教育家蒙台梭利(1870—1952)也对玩具做了系统的改造。感觉教育在蒙台梭利教育体系中占有重要的地位，她强调感觉训练必须由儿童自己控制某些玩教具，为此，她制作了许多一整套进行各种感官训练的玩教具。如她为训练儿童的触觉制作的一套玩教具是一块分成两个相等长方形的木板，一个长方形贴上光滑的纸，或者把木板面打磨得很光滑；另一个长方形则贴上砂纸。另外，还有一块与上面相同的木板，用光滑的纸和砂纸纸条相间蒙在上面。[3]镶块是蒙台梭利专门训练儿童视感知能力的一套玩教具。这套玩教具是由长55厘米、宽8厘

〔1〕邵清华:《福禄贝尔学前教育思想探析》，载《胜利油田师范专科学校学报》2001年第3期。

〔2〕周采、杨汉麟:《外国学前教育史》，北师大出版社1999年版，第198页。

〔3〕蒙台梭利:《蒙台梭利幼儿教育科学方法》，任代文主译，人民教育出版社2001年版，第182页。

米、厚6厘米的3块木块组成,每块又包括10个嵌在相应大小孔里的圆柱体木块。在利用这套玩教具进行训练时,要求儿童能正确地把混杂在一起的各个圆柱体放入相应的孔中,最终至少会留下一个圆柱体放不进某一个孔里。儿童通过反复运用这套玩教具进行练习,不断比较判断,不断纠正视感知控制的错误,其视感知能力的精确性和敏锐性就会得到训练和提高。

二、玩具与游戏材料的作用

从字面意思来理解玩具的含义,就是供幼儿玩的工具。实际上,玩具不仅仅意味着玩,它是文化传承和传播的重要工具,而且是供幼儿学习和操作的主要工具。玩具不仅可以为幼儿提供学习的机会,而且还可以给幼儿带来快乐。幼儿可以通过玩具认识自己和周围的世界,表达自己的观点和想法,从而获得真实的实践体验和感受。

(一)玩具是文化传承和传播的途径之一

玩具是人类社会现实生活的模拟品,它凝聚着人类社会生活中的各种文化内涵。当幼儿在成人的指导下了解玩具的名称、作用和用途时,他们已经在学习人类社会所赋予玩具的文化历史经验。人类社会在制作和生产玩具时,已经经历了对生活中所有物品进行筛选和鉴别的过程,从而选择出最重要和最本质的东西作为制作玩具的标准体系。当人们确定这一标准后,会对其进行鉴定,并赋予其一定的文化意义。幼儿在这一标准的指导下,对玩具进行学习和掌握,从而对其内在的文化意义进行了解和掌握。

学前儿童主要通过操作来学习,因此,玩具是他们掌握社会文化经验的途径之一。玩具是对现实生活中的实际物品的模拟、提炼和加工,因此,玩具的感觉特性往往是现实中物品的典型写照。颜色、形状逼真的玩具可以帮助幼儿丰富人类社会所特有的社会文化经验。幼儿除了对玩具的颜色、形状进行了解和掌握以外,还要了解玩具所模拟的社会生活生产的用途。从这个角度来分析,玩具为幼儿提供了掌握社会文化的机会和途径,同时也是幼儿学习如何使用人类特有“工具”的重要方法之一。玩具的文化传承作用,不仅表现在它可以帮助幼儿学习和掌握凝结在玩具中的人类社会的文化历史经验,而且也表现在它可以传递一定的价值观念上。

玩具作为一种模拟物总是具有一定的文化品性,传递着人类社会的价值观念。儿童在运用和操作玩具的同时也赋予玩具一定的价值观念,因此,玩具不仅仅只是儿童的“玩物”,它也是传承和传播文化的重要工具之一。

(二)玩具是幼儿学习的“课本”、操作的“工具”

人类文明的传承和传播需要一定的载体和工具,玩具是传承文化的载体之

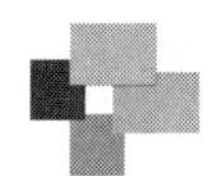

一。因此，玩具的教育价值是不言而喻的。随着社会的发展，人们越来越重视对孩子的教育，因而玩具的教育价值也将发挥得淋漓尽致。人们通过各种途径设计促进幼儿身心发展，开发幼儿智力，刺激幼儿感官和动作发展的玩具和游戏材料。玩具的设计也是在心理学和教育学发展的同时逐渐注重其适合婴幼儿身心发展的特点，并且符合对幼儿的教育需求。玩具不仅是传承文化的工具，也是幼儿进行学习和游戏的工具。

操作学习是幼儿学习的基本特点，幼儿对周围世界的认识依赖于他们与事物的直接接触和操作。玩具具有形象性和可操作性的特征，因此，玩具是幼儿学习的“课本”、操作的“工具”。手的操作活动可以促进大脑的积极活动，具体的操作活动可以帮助幼儿更好地认识和理解事物。因此，玩具可以给幼儿提供动手操作、直接观察和体验的机会和条件。玩具作为“课本”是区别于学生所用的文字材料的。学生用的课本是确定的事实和信息，而玩具是一种开放式的“课本”，它为学习者留下了较大的自主建构和想象的空间。因此，幼儿可以通过操作玩具和游戏材料来获得所需的经验，并促进其身心的发展。

总的来说，游戏为幼儿提供了一个表达自己情绪情感、释放焦虑、处理紧张和冲动、理解现实与想象之间的界限与关系的机会，而玩具和游戏材料则是他们表现和表达他们情绪情感、想象和释放焦虑的适宜工具或手段。因此，玩具和游戏材料也就成了教师了解和理解幼儿的“读本”。通过幼儿操作玩具和游戏材料来分析幼儿内心的冲突与所面临的问题与困难。

三、玩具与游戏的关系

玩具是幼儿游戏的物质载体，幼儿游戏离不开玩具，因此，玩具是幼儿游戏的一个很重要的影响因素。可以说，玩具直接影响并控制着幼儿游戏的整个过程，对玩具的投放方式的不同会引发不同的游戏效果。本节主要从对玩具投放的不同维度出发探讨玩具与游戏的关系。

（一）玩具的数量对幼儿游戏行为的影响

玩具和游戏材料的数量是制约幼儿游戏行为的影响因素之一。玩具的数量增多时，幼儿之间不会因争夺玩具而发生纠纷，但如果玩具数量足够幼儿进行游戏，则会阻碍幼儿之间的交往，其社会性得不到应有的发展。当玩具数量不够时，争夺玩具的事件会经常发生，有时候会助长幼儿的攻击性行为。一般情况下，同一种玩具投放较少，在年龄较小的幼儿那里容易引起纠纷，但在年龄较大的幼儿那里则易引发社会性的装扮游戏或角色游戏。他们可以通过协商和交往共同作用于这个玩具，而且可以通过协商赋予该玩具各种玩法。

（二）玩具的种类与搭配对幼儿游戏行为的影响

我国学者刘焱认为，不同种类和数量的玩具放在一起构成一定的知觉场，从而影响幼儿游戏的性质和主题。[1]例如，给幼儿一个娃娃和给他几个娃娃的效果是不同的。如果眼前只有一个娃娃时，他或许倾向于玩“娃娃家”，而有几个娃娃时，他很有可能玩“幼儿园”或“上课”等游戏。刘焱在研究中发现，如果只给幼儿用具玩具，如餐具、炊具等，而不给“娃娃”，那么幼儿在游戏中占据主要地位的是使用这些物品的游戏动作，他们感兴趣的是成人使用这些物品的方法，游戏中很少有角色的出现。但是，当出现“娃娃”后，使用“工具”的动作将居于次要位置，角色与角色之间的社会性交往成为游戏的中心，而使用餐具和炊具仅仅是为了“做饭”，是为游戏中的角色来服务的，幼儿在游戏中模仿成人的态度，关心“家人”、体贴“孩子”，游戏从无角色变成了有角色扮演的游戏。

玩具的种类与搭配同样要考虑到幼儿的年龄特征。年龄较小的幼儿宜于用模拟实物的玩具来游戏，教师应提供适当少量的半成品或废旧物品，让他们以物代物。同时，给年龄较小的幼儿投放玩具时种类不易繁多，但数量要多，这样可以引发年幼儿童进行平行游戏。中、大班幼儿应有意识地培养他们使用代替物游戏的能力和自制玩具的能力，并促进其创造力和想象力的发展。因此，半成品或废旧物品的投放数量应相对提高。[2]

玩具和游戏材料的种类对幼儿游戏的具体选择确实有着某种定向的功能。有的材料更多引发非社会性的游戏，如用黏土、颜色、沙水进行的多为独自和平行游戏；有的材料更多引发建构游戏，如积木和插塑等；而模拟实物材料更多引发想象性游戏。因此，游戏材料的提供，某种意义上是对儿童起着暗示游戏的作用。例如，当一套炊具与结构元件搭配在一起时，结构元件便成了食品，引发幼儿的装扮性游戏。还有，如果一套结构材料中有小人的形象与无小人的形象会引发幼儿不同的玩法，如有小人形象幼儿进行的是装扮游戏，无小人形象幼儿进行的是建构游戏。玩具和游戏材料的搭配对幼儿游戏产生的原因在于，当把玩具进行不同种类的搭配后，对儿童便构成了新的知觉定式。因此，不把玩具的类别分得过细，可使儿童对多种材料进行多种组合，以便创造出更多的知觉趋向，从而获得更多的游戏经验。[3]

（三）玩具的特征对幼儿游戏行为的影响

玩具和游戏材料的新异程度对幼儿游戏行为也是有影响的。完全新异陌

〔1〕刘焱：《儿童游戏的当代理论与研究》，四川教育出版社1988年版，第202页。

〔2〕刘焱：《幼儿游戏评价》，希望出版社1998年版，第61页。

〔3〕华爱华：《幼儿游戏理论》，上海教育出版社1998年版，第192—194页。

生的游戏材料将引起幼儿更多的探索性行为；新的玩具与游戏材料可以引起幼儿的兴趣和好奇；完全熟悉，没有任何新颖性的游戏材料不能引起幼儿对游戏活动的兴趣；中等熟悉和复杂程度的游戏材料比较容易引发幼儿象征性游戏和练习性游戏行为的发生。因此，应有目的有计划地投放材料，定期更换和逐步增加游戏材料，也可以把玩具收起来，隔一段时间后再拿出来给幼儿玩，这样不仅让幼儿重新体验到“新”的感觉，而且还让幼儿有种“重逢故友”的欣喜。

专门化玩具与非专门化玩具的投放对幼儿游戏行为也是有影响的。幼儿年龄越小，对游戏材料的依赖性越强。最好给他们提供专门化玩具，并适当搭配少量的非专门化玩具。随着幼儿年龄的增长和游戏水平的提高，游戏活动从容易受玩具的影响逐渐转为受游戏目的的支配，这时候可以为幼儿提供较多的非专门化玩具。幼儿可以通过自己的意图寻找游戏材料。专门化玩具和非专门化玩具各有其独特作用，教师在投放这两种玩具时应注意相互搭配。

（四）玩具材料的不同对幼儿游戏的影响

制作玩具的材料包括自然界随处可见的自然材料，如石子、树叶、贝壳、木片、果核等；还有日常生活中的废旧物品，如线轴、塑料盖、塑料瓶、废旧纸盒、易拉罐等；同时还有通过高科技制成的现代玩具。但我们发现，幼儿对现代高档玩具并不感冒，他们经常会从外面捡一些瓶瓶罐罐、石子、树叶等废旧物品带回家。由此我们可以看出，不同的玩具材料对幼儿游戏也是有一定的影响的。

幼儿对自然材料和废旧物品的“情有独钟”充分体现了其探索自然界的欲望。他们对自然界的一无所知引发了其对自然界的强烈探索欲和好奇心，在这种欲望的驱使下，使得他们对自然界的游戏材料和废旧物品怀有特殊的感情。虽然幼儿出生在现代文明的社会里，被富于现代气息的玩具所包围，但他们仍然有种认识大自然的欲望，并通过“驾驭”大自然中的游戏材料来“征服”自然界。他们在操作和制作玩具时是充满成就感的，并且经过他们自制的玩具都形象逼真，丰富多彩。幼儿在自制玩具的过程中充分发挥他们的积极性、主动性和创造性，虽然他们自制的玩具没有现代玩具精致，但制作玩具的过程是让他们充满喜悦和快乐的。

综上所述，玩具作为游戏的物质载体与幼儿游戏行为有着密不可分的关系，我们在组织实施幼儿游戏时不但要考虑幼儿的年龄特征，同时也应考虑玩具的数量、性质、材料、种类以及搭配。充分利用各种玩具来丰富幼儿的游戏活动，让幼儿自由驾驭游戏活动。

第二节 玩具与游戏材料的分类与配置

对于幼儿来说玩具就是他们进行“工作”的工具，同时也是他们进行游戏的物质载体和精神支柱。同一种玩具在不同的幼儿那里会有不同的用法，或者说幼儿可以在不同的情境下根据玩具的典型特征赋予其特殊的意义。

一、玩具与游戏材料的分类

对玩具进行分类或许对幼儿游戏来说并无实际的意义。但是，为了使人们更加细致地研究和了解玩具的功能，我们对玩具进行如下划分。

（一）以功能及特点为依据的分类

根据玩具所模拟的对象和玩具的功能，我们可以把玩具分为以下几类。

1.表征性玩具

又称形象玩具，是以社会和自然环境中的真实事物为模拟对象，其形状类似于真实的物体。这类玩具又可分为模拟实物的玩具（以人类社会生活用品和工具为模拟对象的玩具）和拟人化玩具（以人和动物为模拟对象的玩具）。其主要模拟日常生活中的物品、动物及人物，如娃娃玩具、动物玩具、交通玩具、医院玩具等。这种玩具既有普通的玩具，如杯子、衣物、沙发等，也有带科学性质的玩具，如电动火车、遥控车、机枪等带有技术性质的玩具，它们是借助发条、惯性、物理原理等来活动的玩具。这些玩具不仅形象逼真，而且可以引发幼儿的好奇心，激发他们对其进一步探究的兴趣。

表征性玩具根据其模拟对象的有无生命又可以分为角色玩具和用具玩具两类。如娃娃、小熊、小狗、大灰狼等都属于角色玩具，一般情况下，这种角色玩具充当幼儿游戏中被动的一方。用具玩具包括勺子、碗、炊具、电话、沙发、电视等，在游戏中一般被幼儿充当角色行为的动作工具。这些玩具大多制作精美、形象逼真、色彩鲜艳，可以充分发挥幼儿的想象力和表演欲，因此这类玩具在象征性游戏的角色扮演中占有重要地位。

2.教育性玩具

又称智力玩具。它可以帮助幼儿学习某种特殊的概念或技能，并侧重于促进幼儿智力的发展，如镶嵌板、拼板、魔方、棋类玩具、纸牌等等。这类玩具通常包含着特定的学习任务，在设计上通常采用拼图、配对、组合等形式，对操作方式与方法也有一定的要求。

3.建构性玩具

又称结构造型玩具。它是可以让幼儿自己进行建构活动的材料,如积木、积塑、沙水、橡皮泥等,其玩具的材料既有人造的,也有天然的。这类材料或玩具的玩法有较大的个体自由想象和发挥的空间,可以充分发挥幼儿的想象力和创造力。例如,对积木的运用来说,年龄较大的幼儿可以用许多积木来建造“火车”,年龄较小的幼儿也可以用一块积木假装当“火车”玩。积塑多为多片式,用积塑可以组合成许多不同的东西(如车、船、飞机等),组合好的东西也可以拆掉重新组合成别的东西。与积木一样,它也有不同的大小、形状和规格以及片数。一般随着幼儿年龄的增长,所用片数或块数增多,所组合的物品也越来越复杂。积塑的可组合性非常强,可建构的范围也非常广。它有不同的接插的方式(如接口拼插型、磁铁型、螺丝接插型等等),可根据积塑的大小和操作方式的复杂程度的不同,为不同年龄的幼儿选择不同类型的积塑,以适宜幼儿智力和身心的发展。除了建构的功能以外,积木和积塑也是帮助幼儿学习和了解数学、物理知识和空间关系的很好材料。

4.运动性玩具

主要是指在体育活动中所使用的各种设备、器械、材料等。按形体大小可分为大型体育活动设备(如荡船、滑梯、攀爬设备、大型转椅等)、中型体育玩具(如秋千、木马、平衡木、滑板、脚蹬三轮车等)、小型体育玩具(如皮球、跳绳、毽子、沙包等小型器械)等。这类玩具有助于发展幼儿的基本动作和运动技能,增强幼儿体质,促进其身体生长发育。

5.娱乐性玩具

包括音乐玩具与模拟动物和人的滑稽造型和动作的玩具。音乐玩具是指能够发出乐音的玩具。如各种模拟乐器(小铃铛、小钢琴、铃鼓、木琴、木梆、小喇叭、锣、沙锤、小鼓等)及各种能够发出乐曲声或歌曲声的娃娃、动物等。这些玩具有助于培养幼儿辨别不同乐器声,区别强弱、远近等听觉感受性。模拟动物和人的滑稽造型的玩具有鸡生蛋、小熊照相、变形脸、猴爬绳等玩具。其造型动作滑稽搞笑,可逗幼儿开心,使其产生愉快情绪,从而使大脑得到充分的放松。

(二)以活动目的为依据的分类

以活动目的为依据对玩具进行分类是指向游戏者提出任务,也是游戏者通过游戏过程所要获得的结果。根据对游戏者提出的任务的性质,我们可以把玩具分为以下三种类型。

1.动作技能型玩具

这种玩具主要帮助幼儿学会操作和使用各种实际生活用品及工具，练习各种动作和技能，使其基本动作协调发展。

2.智力技能型玩具

这种玩具主要帮助幼儿形成智力活动的基本方法，如比较、排序、分类等，有助于促进幼儿智力的发展。

3.创造性玩具

这种玩具主要帮助幼儿展开想象，创造性地反映自己的生活经验。

(三)以结构性程度为依据的分类

根据玩具或游戏材料的游戏功能的结构化程度，我们还可以把玩具分为专门化玩具和非专门化玩具，也称高结构性玩具和低结构性玩具。专门化玩具主要指表征性玩具、教育性玩具、运动性玩具等。这些玩具的功能不仅确定，而且玩具本身也包含着一定的玩法或规则，属于结构性程度较高的玩具。幼儿对专门化玩具所模拟的事物，熟知它的较为固定的社会用途，一般不会违背社会生活原则对其进行使用。非专门化玩具是指玩具或材料的游戏功能相对不确定，结构性程度相对较低，游戏者可以根据自己的想法和想象自由地使用它们的游戏材料，例如建构性玩具或材料，废旧物品如纸盒、线轴、冰棍棍、破皮球等等。这类材料为游戏者留下的个人想象的空间较大，儿童可以在特定的场景下根据角色扮演的需要赋予这些玩具以特有的用途。研究表明，非专门化玩具或材料可以促进幼儿在游戏中的想象和发散性思维。例如，幼儿可以把半个皮球当作娃娃的帽子、碗、洗澡盆、电话、乌龟等多种物品，把冰棍棍当作针管、擀面杖、筷子等物品。

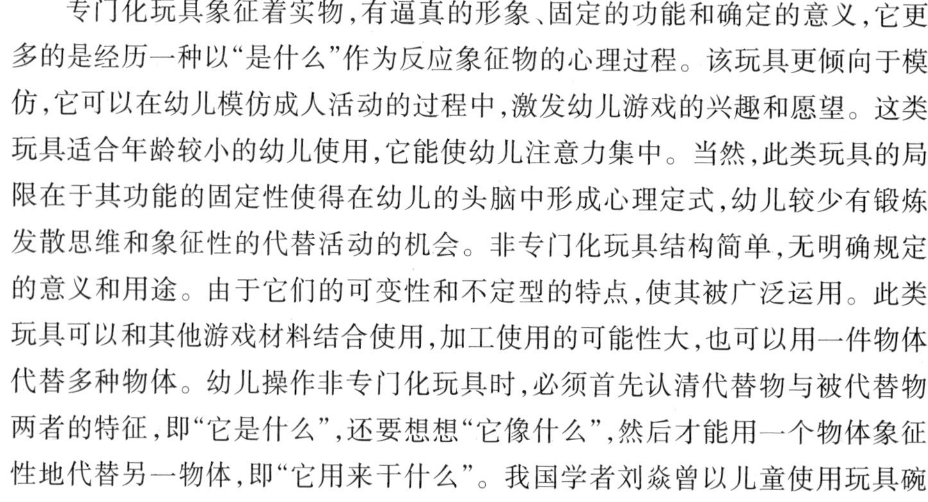

专门化玩具象征着实物，有逼真的形象、固定的功能和确定的意义，它更多的是经历一种以“是什么”作为反应象征物的心理过程。该玩具更倾向于模仿，它可以在幼儿模仿成人活动的过程中，激发幼儿游戏的兴趣和愿望。这类玩具适合年龄较小的幼儿使用，它能使幼儿注意力集中。当然，此类玩具的局限在于其功能的固定性使得在幼儿的头脑中形成心理定式，幼儿较少有锻炼发散思维和象征性的代替活动的机会。非专门化玩具结构简单，无明确规定的意义和用途。由于它们的可变性和不定型的特点，使其被广泛运用。此类玩具可以和其他游戏材料结合使用，加工使用的可能性大，也可以用一件物体代替多种物体。幼儿操作非专门化玩具时，必须首先认清代替物与被代替物两者的特征，即“它是什么”，还要想想“它像什么”，然后才能用一个物体象征性地代替另一物体，即“它用来干什么”。我国学者刘焱曾以儿童使用玩具碗(专门化玩具)和半个皮球(非专门化玩具)为例进行了比较，并对这种差异进

行了具体分析和说明。[1]

当幼儿看到玩具碗时，首先做出“这是什么”的反应，这主要源于对当前刺激物的辨别和认知的过程。当幼儿对碗这一刺激物辨别清楚时，就会与过去已形成的与“碗”有关的经验或联系被激活，即“碗”是用来吃饭（进餐）或喝水的，于是幼儿在动作表象的作用下用玩具碗自然地做出“喝”“吃”等象征性的进餐动作。如图10－2所示，在对当前刺激物的认知与做出游戏动作之间的联系是直接的，不存在中介环节。用非专门化玩具（如半个皮球）来游戏，仅仅再认出当前刺激物是不够的，还必须经过改造，将其视为“碗”或“帽子”等象征物，也就是说，它要进行一个以“它像什么”为标志的心理活动。半个皮球被想象成碗或帽子都是这一心理活动的结果。这一心理过程就是对当前刺激物的认知和用它来进行象征性游戏的中介或联系环节。这个环节实际上是幼儿根据自己对当前刺激物的感知分析和游戏的实际需要，对它的多方面的特征进行综合和取舍，并用它来代替不同的物品进行更富有创造性的想象过程。

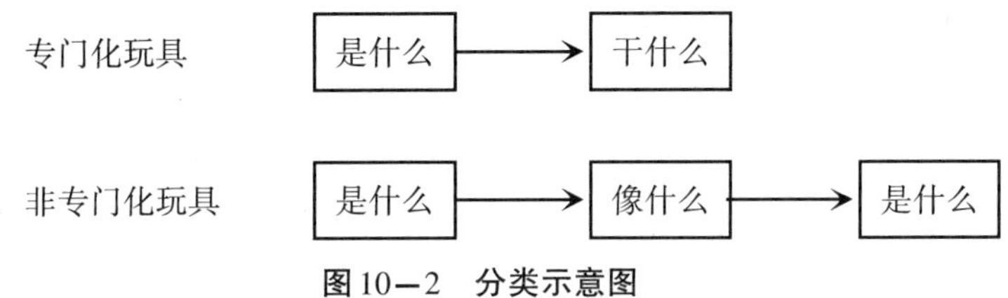

图10—2　分类示意图

因此，用专门化玩具进行游戏，由于缺少一个以“它像什么”的反应为标志的心理活动环节，即建构象征的心理活动过程，它所要求幼儿进行的心理活动要简单一些，对于幼儿智力发展的作用不如非专门化玩具。

非专门化玩具适合年龄较大的幼儿使用，幼儿通过各种方式操作玩具，探究出不同的玩法，引发其丰富的想象，因而他们会乐此不疲地玩下去。另外，我们还应鼓励年龄较大的幼儿按自己的意图主动搜集材料，自制所需玩具，以便更好地促进游戏的进行。

两类玩具在促进幼儿游戏的发展中起着不同的作用。根据我国学者卢乐山的调查表明，专门化玩具在不同年龄组出现同样的情节的人数较多，内容比较集中，并有一定的连贯性。非专门化玩具出现的情节在数量上高于专门化玩具，情节较丰富，幼儿之间的差别也较大，出现了很多不同的内容；在不同年龄组只出现一次情节的数量都超过专门化玩具，但也说明它影响到情节的多变和不稳定性。

除上述玩具和游戏材料的分类以外，还有其他学者对玩具和游戏材料的不

〔1〕刘焱：《儿童游戏的当代理论与研究》，四川教育出版社1988年版，第200—201页。

同分类:[1]

华夫刚和菲尔普斯(Wolfgang & Phelps)根据玩具和游戏材料的性质和功用把玩具和游戏材料分为三种类型:①流体性的:这类玩具或游戏材料的外形可以被游戏者任意改变,如黏土、沙水、颜料等;②结构性的:这类玩具或游戏材料可以被用来创造或建构出其他物体或物品,例如积木、拼图等;③象征性的:这类玩具或游戏材料主要被用于象征性游戏中。黑维特和卢姆特(Hewitt & Roomet)根据玩具的游戏功能把玩具或游戏材料分为四类:①感觉运动玩具:可以让幼儿反复摆弄、产生某种效果的玩具或游戏材料,例如拨浪鼓、球等。这种玩具或游戏材料可以支持幼儿的感觉运动游戏,促进幼儿感觉运动能力的发展。②表征性玩具:这类玩具是实际生活物品的模拟物,可以支持幼儿的象征性游戏,如家事玩具、医疗玩具等。③建构性玩具:可以被用来创造或建构出其他物体或物品的玩具和游戏材料,例如积木、积塑等。④移行玩具:可供幼儿进行骑、滑等运动的玩具或游戏材料,例如滑板、单轮车、双轮车、三轮车、四轮车等。

二、玩具与游戏材料的配置

我国幼儿园玩具的配置是以《幼儿园玩教具配备目录》(1992年修订本)为指导和参照依据的。它是一个具有指导性的文件,该文件详细规定了幼儿园应具备的基本玩具的品种及其数量。按照幼儿活动的内容和玩具的功能,一般将其划分为体育类,角色表演类,构造类,科学启蒙类,音乐类,美工类,图书、挂图与卡片类,电教类,劳动工具类等九大类。[2]

1.体育类

主要包括室内外大型活动器械和体育活动器材,共配备23种体育器材,基本上能满足幼儿园体育活动的需要,供幼儿练习走、跑、跳、跃、爬、攀登、投掷和平衡。

2.构造类

主要包括各类积木,接插构造玩具,螺旋玩具,穿编玩具等6种,这类玩具可以锻炼幼儿堆积、接、插、拼、搭、穿、编等动作发展。

3.角色表演类

主要包括各种角色游戏玩具,桌面表演游戏玩具,木偶,头饰,模型等6

〔1〕刘焱:《儿童游戏通论》,北京师范大学出版社2004年版,第619页。

〔2〕丁海东:《学前游戏论》,辽宁师范大学出版社2003年版,第281页。

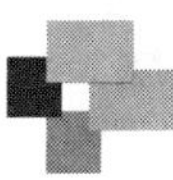

种。这类玩具可供幼儿在游戏中学习、模仿各种事物，发展语言能力，增加幼儿间的情感交流，以促进其社会性的发展。

4.科学启蒙类

这类玩具的主要作用是通过幼儿亲自动手操作来演示力、重心，观察光和电等自然现象。还有磁性和齿轮玩具，观察和饲养用具；供幼儿掌握空间、时间、形体、10以内加减法运算，逻辑思维能力的训练等玩教具共29种。这些玩具主要给幼儿介绍一些粗浅的科学启蒙知识，以丰富认知内容，激发幼儿对事物探索的兴趣。

5.音乐类

主要包括钢琴、木琴、鼓、锣、钹、木鱼、三角铁、铃鼓等供教师和幼儿使用的乐器15种。每种乐器的配备件数是按能够完成一首打击乐器而配置的。

6.美工类

主要包括小剪刀、泥工板、调色盒、小画板、水彩笔、油画棒等供幼儿进行剪、贴、粘、捏、画的用具共7种。

7.图书、挂图与卡片

主要包括幼儿读物、教育挂图、各类卡片等以保证幼儿园完成教育任务的辅助教材共5种。

8.电教类

主要包括电化教育的软件、硬件，如电视机、收录机、幻灯机、投影仪、录像机、录像带等7种各园所需基本的电化教育设备。

9.劳动工具类

主要包括喷壶、小桶、儿童铁锹、小铲子、小锤子等工具共6种，通过幼儿自己动手进行种植、观察、饲养等活动，培养他们从小热爱劳动的好习惯。

《幼儿园玩教具配备目录》作为我国幼儿园配备玩教具的指导性文件是从我国国情出发，根据幼儿园教育活动，特别是游戏活动的需要来构建的一套较为完整的玩具分类系统，其基本体现了德、智、体、美全面发展的教育目标，具有一定的科学性和规范性。当然，每个幼儿园的实际情况不同，《幼儿园玩教具配备目录》的制定不能涵盖所有幼儿园的特点。例如，上海市教委根据该市的实际情况制定了《上海市幼儿园装备标准（试行）》（1998），该标准列出了卫生保健设备、生活用品设备、教育教学设备、行政设备、寄宿制设备等五部分基本装备设施，其中教育教学设备就是对幼儿园玩教具的配备依据，其划分了体育类，游戏类，艺术类，视听、图书设备，科学设备，生活劳动设备，电教设备等七大类。与《幼儿园玩教具配备目录》相比较，这七大类更为集中地对幼儿园玩教具的配备进行归类。因此，各类幼儿园在进行玩教具的配置时，要结合本园的特色和经济条件，充分利用当地的天然地理环境，做到因地制宜。

第三节　玩具和游戏材料的选择与投放

玩具和游戏材料是游戏活动的载体，也是幼儿学习和游戏的工具。选择适当的玩具与游戏材料可以促进幼儿身心健康发展，也可以为幼儿提供良好的教育机会。因此，为幼儿选择适宜的玩具是家长和教师们十分关注的问题之一。表10-1提供了选择玩具和游戏材料时可供参考的分析框架。

表10—1　分析和选择玩具和游戏材料的基本框架[1]

结构因素	特征
大小	总体特征(包括重量、厚度、长度、宽度等是否容易把握)
	总体的特征(包括大小、数量等)
	总体的结构和可移动性
材料质地	材料的种类(质地、软/硬、颜色/对比/纯正)
	可清洗性
	视听觉效果的年龄和个体适宜性
复杂性	感知觉与概念的复杂性
	与生活的接近性、客观性、逼真性
	开放性/封闭性
发展适宜性	操作所要求的动作的精细、协调性水平
	可能引起的兴趣性、注意力、坚持性
	挑战性
文化适宜性	具有文化适宜性
	尊重人类和文化的多样性
	无刻板化的观念、偏见和歧视
安全性	是否有年龄和安全(或警告)标志
	易碎性/牢固性
	边缘、点、角的锐利性
	是否有可能让婴幼儿吞咽下去的过于细小的部分
	不含有毒物质
	含铅量
	电动、机械玩具的完全性
	带线玩具的长度
	适宜于游戏者的大、小肌肉的运动能力

〔1〕刘焱:《儿童游戏通论》,北京师范大学出版社2004年版,第621页。

1.要选择与投放安全卫生的玩具与游戏材料

玩具和游戏材料的安全卫生是选购玩具的最基本的标准。好的玩具可以给幼儿带来快乐和美感，但劣质的玩具也可能成为“杀手”，给幼儿带来伤害。时常会有一些幼儿因玩劣质玩具而遭受意外伤害。在玩具伤害中，常见的是被玩具的锋利边缘所割伤，被玩具武器（如玩具枪、弹弓等）打伤或从玩具（如木马、跷跷板）上跌落下来，吞食或把玩具的小零件或小玩具塞入鼻中或耳中而窒息或受到意外伤害。玩具和游戏材料是幼儿直接接触、摆弄的物品，为了预防玩具和游戏材料可能对幼儿造成的伤害，在选择玩具时，应注意玩具的安全与卫生。以下几个问题有助于我们在选择玩具时注意玩具的安全卫生：

（1）玩具不应含有有毒的物质。在购买表面涂有色彩鲜艳的颜料的玩具（如木质玩具等）时应注意查看是否经过重金属（如铅、镉等）含量的检验，同时检查涂料是否易脱落。

（2）玩具不能有太过锋利的角或边缘。在购买金属玩具时要注意检查是否有可能割伤或刺伤幼儿皮肤或眼睛的尖锐的角、锋利的边缘，或是否有可能夹住幼儿手指、头发或皮肤的裂缝。电动玩具要防止漏电，机械部分安置于玩具腔体中，在任何时候或位置都不会因打开而掉出来。

（3）玩具不应由过多、过小的零配件组成。为3岁以下的幼儿购买玩具时，要注意玩具（包括零配件，例如玩偶的眼睛、鼻子、扣子，汽车的轮子等）的体积不能过小，零配件不易松脱，不能带有长线（长度不超过30厘米），以免幼儿因吞食而窒息，或因把玩具塞入耳、鼻中和因长线缠住脖子、绊倒而造成意外伤害。

（4）在购买填充玩具时应注意它的材料和制作工艺。购买时应选择不易破裂的、所用材质较好的填充玩具，以免因玩具破裂而造成填充物被幼儿误食。购买长毛绒玩具时应选择不易掉毛的，以免被幼儿吸入造成伤害。

（5）购买骑乘玩具时应注意它的结实牢固性，要适合幼儿身材高度。如选择学步车、自行车等骑乘玩具时应考虑到它的结识性和牢固性，要注意重心不要太高，要适合幼儿的身材高度，此外，链条处要有防护设施。

（6）尽量减少和避免游戏过程中的不安全问题。一些玩具或游戏材料也许在幼儿独自玩时是安全的，但如果幼儿在一起玩时可能会产生安全问题。因此，选择玩具或游戏材料要考虑小组活动的可能性和相应的规则要求。

教师和家长可以采取以下措施来减少和避免游戏过程中的不安全问题：

① 向婴幼儿说明使用玩具和游戏材料的适宜的方法；

② 制定必要的取放玩具的规则和小组活动的规则；

③ 定期检查玩具是否破损，是否有潜在的危险，如有破损，立即修补或扔掉；

④ 检查存放玩具的柜子或架子是否安全；

⑤ 不能让婴幼儿拿到的玩具或材料放在他们拿不到的地方。

玩具的安全性一方面取决于玩具本身，另一方面则取决于儿童的发展水平和知识经验。因此，成人不仅要确保玩具的安全卫生，也要让儿童正确使用玩具并照护儿童等。

专栏1

关于幼儿家长对玩具的态度及运用状况的调查研究

(一)绝大多数家长认识到玩具在幼儿发展中的重要性，但缺乏必要的玩具知识

调查中90%的家长认为玩具对幼儿的发展"很重要"。在对"看书"与"玩玩具"哪个更适合幼儿的选择中，83.6%的家长认为"二者都可以，只要孩子喜欢"。部分家长对玩具的具体作用还认识不清，他们往往凭借经验而不是从孩子及玩具的特点选择玩具。

(二)家长在选购玩具时存在一定的误区

1.价格及家长的喜好很大程度上影响到玩具的选购

调查发现，对于"孩子喜欢而价格较贵的玩具"，家长"肯定会购买""有时会购买""不会购买"的比例分别为13.6%、80%、6.4%；而对于"孩子喜欢而家长不喜欢的玩具"，三项的比例分别为26.4%、60.9%、13.7%。

2.安全问题在家长选购玩具时还未引起足够重视

由于幼儿年龄小没有危险意识，他们在玩玩具的过程中，不仅看和听，还要摸、闻、咬、敲打，这就对玩具的安全性提出了很高的要求，不能存在安全隐患。而在"除价格及自己的喜好因素外，选购玩具时你最先考虑什么"的问题上，家长选择"玩具的使用价值""玩具的新颖性""玩具的安全程度"的比例为43%、33.6%、23.4%。

3.家长对购买玩具的态度与家中玩具数量过多的矛盾

调查中发现，除12.5%的家长未表达自己的观点外，只有12%的家长认为孩子的玩具越多越好，75.5%的家长持反对意见。但有意思的是，有将近一半(48.2%)的家长认为自己家的玩具太多了。这说明

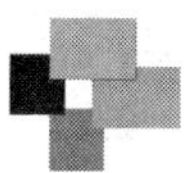

不少家长认识和行动不一致。

4.家长对自制玩具和替代玩具重视不够

调查中77.6%的家长承认“孩子大部分玩具是在市场上购买的”，14.2%的家长称“孩子的玩具没有一样是自己做的”。由此可见，现在城市家庭自制玩具和替代玩具在玩具中的比例与过去相比小多了。

（三）家长愿与孩子一起玩玩具但亲子游戏时间较短

调查中有45.1%和54.1%（合计99.2%）的家长认为只要自己有时间都“很喜欢”或“喜欢”与孩子一起玩。但当问及“你经常和孩子一起玩玩具吗”，选择“经常”的家长只有12.2%，选择“有时”的家长达56.0%，另有28.8%的家长承认自己“很少”和孩子一起玩玩具。

（四）家长在幼儿玩玩具过程中的教育指导不恰当

在调查中，我们发现家长对幼儿玩玩具的指导不是有意识的，指导的方法存在很大不足。当孩子对某一新玩具不会玩时，66.4%的家长选择“看说明书，然后教孩子怎样玩”；4.9%的家长认为可以“让其他会玩的孩子教他”，1.2%的家长选择了“不管”，只有27.5%的家长认为应该“和孩子一起探索、研究”。由此可见，多数家长在教孩子玩玩具时采取了一种随便应付、缺乏创造性的方式。而当孩子不按说明书要求玩新玩具时，28.3%的家长会“让孩子按说明书上的指示重新玩”；36.4%的家长“随便孩子”；30.8%的家长认为应该“称赞孩子，并按孩子的方法和他一起玩”；另有4.5%的家长“不知道”怎么办。

【资料来源】吴玲、王童娟：《关于幼儿家长对玩具的态度及运用状况的调查研究》，载《学前教育研究》2005年7—8期。

2.要选择与投放适宜婴幼儿身心发展特点的玩具与游戏材料

不同年龄阶段的幼儿由于其生理和心理发展水平的不同，需要也不同，应为他们提供适合其身心发展特点和需要的各种玩具，以促进其身心健康发展和游戏活动的顺利开展。所谓玩具的发展适宜性就是指玩具要适合婴幼儿的身心发展的特点，包括年龄特点和个体特点。玩具或游戏材料的大小、结构、外观、复杂性和幼儿年龄、经验、能力之间有着相互制约的关系。玩具或游戏材料的设计与结构的复杂性，以及它们所用的材料、牢固性、易把握性等都可以影响幼儿游戏和探索的兴趣以及活动的安全性。因此，在选择玩具时，应注意幼儿的年龄和个体适应性。例如，2岁以内的婴幼儿正处于各种感觉器官迅速发展的重要时期，他们主要通过看、听、摸、抓握等感觉运动来认识事物，因而成人应为他们提供发展感觉运动的玩具，如各种彩球、彩带、塑料娃娃、塑料动物等有助于其发展视觉和触摸觉器官的玩具；能发声的摇铃、拨浪鼓等有助于发展其听觉器官的玩具。3～4岁的幼儿是形象思维能力形成和发展时期，应为他们选择较丰富的形象玩具。如娃娃玩具、动物玩具、餐具、茶具以及能活动的、能拆拼的玩具，有助于发展幼儿的思维和想象力。5～6岁的幼儿抽象思维能力开始发展，运动机能也更加成熟，因此，成人应较多地为他们提供更为复杂的、活动性强的、能组合的各种大小玩具，特别是智力活动成分较多的结构玩具、智力玩具、电动玩具等。这些玩具不仅能发展幼儿的思维能力，也能发展幼儿的精细动作，培养其动手动脑的能力和探究意识。另外，也有部分玩具可以一物多用，相同的玩具在不同的幼儿那里会有不同的用法，不同年龄阶段的幼儿对同一种玩具的玩法也不一样。表10－2概括了适合不同年龄幼儿玩的娃娃的特征。

表10—2　适合不同年龄幼儿的玩具娃娃的特征[1]

幼儿年龄	玩具娃娃特征
出生至12个月	抓握玩具：大小、柔软程度易于婴儿抓握、探索，摇动可发出的声响
	塑胶制成的，每一处都很软，轻
	长度不超过20～33厘米
	设计简单，包括简单的面部特征（例如压模的头发、不动的眼珠）；整体制成，没有任何附带性的东西（例如衣服），胳膊、腿不能拆卸；颜色明亮；脸部轮廓分明
	可经常、彻底清洗
12～24个月	抓握玩具
	最初的象征性游戏玩具：可配娃娃用的小毯子、奶瓶、杯子等；不同肤色、人种的娃娃
	结构简单，不要植入式的头发和会动的眼睛，衣服要简单，不需要可穿脱
	便于幼儿用一只手拿着
2～3岁	象征性游戏所用的玩具：形象逼真；带有附属材料，例如易于穿脱的简单衣服
	可以让幼儿自己清洗
	幼儿喜欢种植的头发、会动的眼睛。但这种娃娃不易清洗，易损坏，不适宜于托幼机构使用
3～5岁	象征性游戏所用的玩具：不同年龄的婴幼儿形象的娃娃；吃奶的小婴儿娃娃；年龄与幼儿相仿的，衣服可穿脱、换的娃娃。时装娃娃不适合托幼机构
	娃娃形象逼真，四肢会动。增加附属材料的数量
	适合幼儿抱
6～8岁	主题角色游戏娃娃： 各种职业的娃娃，如警察、医生、消防队员、宇航员等 各种年龄的娃娃，如老人、婴儿等 家庭成员娃娃，如爸爸、妈妈、女孩、男孩等 文学作品角色娃娃，如小红帽、白雪公主、七个小矮人等

〔1〕刘焱：《儿童游戏通论》，北京师范大学出版社2004年版，第623页。

以下几个问题有助于我们在选择玩具时把握玩具适宜于婴幼儿身心发展的特点：

（1）玩具的大小、易把握性和零件数量的多少。幼儿大、小肌肉动作技能和手眼协调的能力发展状况影响幼儿对玩具的操作和摆弄。玩具和游戏材料本身的大小（包括重量、体积、长度、宽度等）会影响年龄较小的幼儿拿取、把握的方便和难易程度。玩具或游戏材料要适合幼儿的身体活动能力。

在选择玩具或游戏材料时要考虑玩具或游戏材料的大小和重量等。玩具的大小以适合幼儿把握为宜。过分细小和过重的玩具不适合给年龄较小的幼儿玩。年龄较小的幼儿适宜于玩零件数量较少的玩具，年龄较大的幼儿适合玩零件数量较多的玩具。

（2）玩具和游戏材料的逼真性程度。年龄较小的幼儿适宜于玩逼真性程度较高的、模拟实物的玩具；年龄较大的幼儿适合玩逼真性程度较低、开放性程度较高的玩具或游戏材料。

（3）玩具和游戏材料所包含的任务的难易程度。玩具或游戏材料所包含的任务的复杂、难易程度构成对于幼儿的认知和动作技能的挑战。

在选择玩具或游戏材料时，要考虑玩具和游戏材料所包含的任务难度、复杂程度的适当性，以任务难度、复杂程度适中为好。既构成一定的挑战又可以在成人的帮助下，通过幼儿自己努力完成任务。除了年龄特点以外，在选择玩具时还要注意幼儿的个别特点，包括幼儿的能力、兴趣和发展速度方面的差异等。

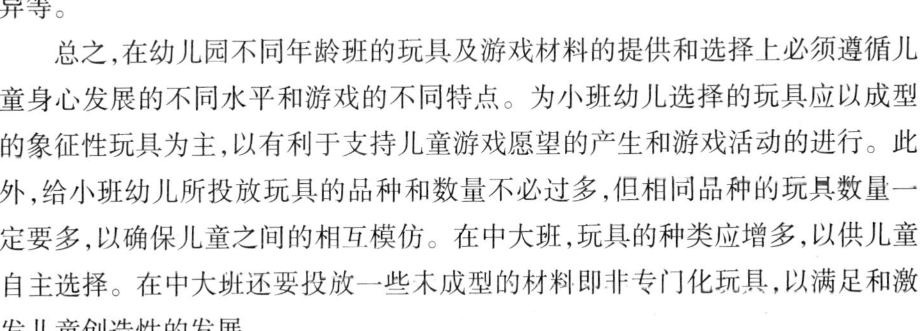

总之，在幼儿园不同年龄班的玩具及游戏材料的提供和选择上必须遵循儿童身心发展的不同水平和游戏的不同特点。为小班幼儿选择的玩具应以成型的象征性玩具为主，以有利于支持儿童游戏愿望的产生和游戏活动的进行。此外，给小班幼儿所投放玩具的品种和数量不必过多，但相同品种的玩具数量一定要多，以确保儿童之间的相互模仿。在中大班，玩具的种类应增多，以供儿童自主选择。在中大班还要投放一些未成型的材料即非专门化玩具，以满足和激发儿童创造性的发展。

3.要选择和投放富有教育意义的玩具和游戏材料

我们在前面提到玩具是幼儿学习的“课本”、操作的“工具”。玩具有着传承文化和教育的功能，不论幼儿如何操作玩具，它都是在教幼儿如何学习。我们选择怎样的玩具反映着我们的教育价值观念和价值取向。好的玩具不仅给幼儿以精神享受，而且能给幼儿提供丰富的感知觉刺激和社会文化历史经验，帮助他们认识和掌握玩具所模拟的社会生活用品的用途和使用方法，发展他们的思维、想象和创造性。一物多用、富于变化的玩具或游戏材料，往往会使幼儿久玩不厌，能促进幼儿积极主动地动手、动脑，使幼儿在玩中学，并在玩中获得发展。如结构游戏材料，能拆装的玩具等。玩具的教育性并不取决于玩具的复杂程度，也不能注重其外观是否漂亮，价钱是否昂贵来判断有无教育价值。在我们的生活中，有许多自然成品可供幼儿游戏，如沙、水、土等，虽然很普通，但可以充分发挥幼儿的创造性和想象力，而且幼儿会乐此不疲地游戏下去。从根本上讲，玩具的教育价值的发挥，一方面取决于玩具本身，另一方面取决于儿童的身心发展水平。因此，在选择玩具时应注意在教育和心理学方面的合理设计。

专栏2

沙戏活动蕴含的价值

1.认知方面

当幼儿玩沙时，有机会探索事物的变化过程。例如，了解干燥的和潮湿的沙子的差异，也可以通过这种途径了解沙子的特性。他们能够体验到：沙子干的时候，摸上去是什么感受；当沙子变得潮湿的时候，摸上去是什么感觉；与干沙子相比，潮湿的沙子为什么更容易保持形状，它们为什么会包裹得更紧，以及为什么感觉到更加凉爽。

幼儿玩沙时，也体验了皮亚杰式的物质守恒操作。例如，当他们把不同型号的容器运用到沙戏活动中时，他们会发现“多于”“少于”“相等”等概念。玩沙的过程还有益于增加幼儿的词汇量和提高他们的语言技能。在玩沙活动中，通过为幼儿提供一系列型号和形状不同的量匙、量杯和容器，以及天平和计数用的小玩具，有利于促进幼儿数概念及更多/更少、多/少、高/矮和重/轻等数量观念的发展。

此外，鼓励幼儿在沙戏活动中创造性地使用符号，如让幼儿在沙子上作“沙画”、印字母、画图画、写出他们的名字，或者讲述一个有关他们游戏的故事，写一首“沙”诗，把沙戏与其他教育活动结合起来，不仅会进一步激发幼儿对沙戏活动的兴趣，也有利于促进幼儿的整体发展。

2.身体方面

在玩沙的过程中，经常伴有倒、灌、筛、过滤、测量、磨光、摹拓等动作，在所有这些活动过程中，幼儿精细的小肌肉动作得到了锻炼。从简单的灌注沙子到精心建构城堡，在精细的肌肉知觉活动中，幼儿的

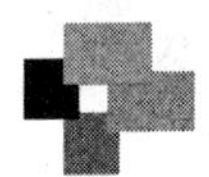

手眼协调能力也得到了发展。

在室外沙戏活动中，幼儿挖沙、灌沙、筛沙，用刷子和畚箕清扫溢在地面上的沙子，把一桶沙子从一个地方拎到另一个地方，这都是有助于促进幼儿大肌肉的发育的活动。如果为幼儿提供的沙箱足够大，而且天气很热，幼儿还能用沙子覆盖他们赤裸的腿和脚，这是他们体验另一种触觉的机会。

3.社会性、情感方面

沙戏活动有助于促进幼儿社会技能的发展。在沙戏活动时，幼儿会面临诸如分享、妥协、折中和谈判等问题。沙戏是一项与幼儿发展相适宜的、能促进其社会性发展的活动，即便是旁观，也为幼儿提供了模仿他人游戏的机会，幼儿从中也学到了探索和建构的新方法。当然，要充分发挥沙戏蕴含的价值，离不开良好的沙戏运作环境，这就需要幼儿园教师创设一个自由与保护性高度结合的玩沙情境：安全的环境、可接受的纪律、高度的自由性、充裕的物质支持、适宜的方案探究、恰当的指导、必要的示范等。

【资料来源】刘丹、王成刚：《“沙戏”活动蕴含的价值探析》，载《早期教育》2005年4期。

以下问题可以帮助我们在选择玩具时注意玩具的教育功能：

（1）玩具的颜色、形状、各个组成部分的关系以及玩法是否恰当，是否能很好、正确地表现所要传递给幼儿的概念。

（2）是否能够“无偏见”和“无歧视”地反映人类、人类社会和文化的多样性。在选择玩具时不要过于强调玩具的性别特点，以免把成人关于性别的刻板化的观点和印象传递给幼儿。

（3）是否有助于发展幼儿的思维、想象和创造性。

（4）是否有助于促进幼儿人际交往技能的学习和发展。

（5）是否符合幼儿的年龄特点和审美心理。

4.要选择和投放形象逼真、色彩鲜艳，能够激发婴幼儿快乐和美感的玩具和游戏材料

玩具的形象和色彩要符合艺术的要求，要能激发婴幼儿快乐和喜爱的情感，培养幼儿的美感，有助于发展幼儿的审美能力。玩具要能反映民族风格和现代艺术及民间艺术的特点，如风筝、布老虎、花灯等富有民间艺术特色的玩具。这些玩具不仅形象逼真、色彩鲜艳，而且可以陶冶幼儿的审美情趣。另外，

这些玩具还可以让幼儿自己制作，培养幼儿自己动手操作的能力。

小结

早在距今六千至一万年的新石器时期，在中国这块土地上已经出现了原始的玩具。有关研究表明，游戏与人类的生活、生产劳动之间存在着密切的关系，因此，最早的玩具也和人类的生活、生产密不可分。现代玩具具有模拟对象广泛、科技含量高、富有个性特征及浓厚的商业色彩等特点，它是被作为教育者出现在儿童面前的。

把教育性玩具系统地运用于幼儿园教育实践中的首创者是德国幼儿教育家福禄贝尔。“恩物”是福禄贝尔专门为幼儿制作的教育性玩具。

意大利教育家蒙台梭利也对玩具做了系统的改造。感觉教育在蒙台梭利教育体系中占有重要的地位，她强调感觉训练必须由儿童自己控制某些玩教具，为此，她制作了一整套进行各种感官训练的玩教具。

根据玩具所模拟的对象和玩具的功能，我们可以把它分为表征性玩具、教育性玩具、建构性玩具、运动性玩具和娱乐性玩具。根据对游戏者提出的任务，将玩具分为动作技能型玩具、智力技能型玩具、创造性玩具。根据玩具和游戏材料的结构性程度将其分为专门化玩具和非专门化玩具。成人可以根据幼儿的需要，结合玩具的各种类型，为幼儿选择适合他们的玩具。

为幼儿选择适当的玩具与游戏材料不但可以促进幼儿身心健康发展，也可以为幼儿提供良好的教育机会。成人在为幼儿选择玩具时首先应该考虑它的安全卫生问题，以防选用劣质玩具带来的意外伤害。其次要考虑幼儿身心发展特点。不同年龄阶段的幼儿由于其身心发展水平的不同，需要也不同，成人应选择促进其身心健康发展。要选择富有教育意义的玩具，不能注重华丽的外表和价钱的昂贵。玩具应富有变化、一物多用，充分发挥幼儿的想象力和创造力。除此之外，形象逼真、色彩鲜艳的玩具可以激发幼儿美的感受，培养他们审美的能力。

【思考与练习】

1.名词解释：玩具、专门化玩具、教育性玩具。

2.试述玩具的起源以及发展演变过程。

3.谈谈你自己对玩具和游戏材料作用的认识。

4.简述依据玩具的功能及特点对它进行的分类。

5.简述专门化玩具和非专门化玩具的区别和特点。

6.如何选择适合幼儿身心发展的玩具？请结合教育实践谈谈你的看法。

7.请你结合教育实践谈谈现代玩具的利与弊。

【拓展阅读】

姚伟.幼儿游戏与玩具[M].北京:中央广播电视大学出版社,2011.

该书在借鉴国内外有关游戏研究的先进理论与实践研究的基础上,结合广播电视大学现代远程开放教育的特点,注重理论与实践的紧密结合,努力帮助学生理解知识、获得能力,实现专业成长。全书共分六章,每章之前有学习目标和重难点提示,结尾部分又对本章重点内容进行了总结。

参考文献

著作

顾明远.教育大词典 [M].上海:教育出版社,1990.

中国大百科全书 [M]. 北京:中国大百科全书出版社,1985.

马克思恩格斯选集[M]. 北京:人民出版社,1972.

马克思,恩格斯.费尔巴哈[M]. 北京:人民出版社,1988.

马克思.1844年经济学哲学手稿[M]. 北京:人民出版社,1956.

列宁选集[M]. 北京:人民出版社,1959.

张焕庭.西方资产阶级论著选[M]. 北京:人民教育出版社,1979.

修毅.人的活动哲学[M]. 北京:中国大百科全书出版社,1994.

王守仁,刘伯颂,等.中国古代教育文选[M]. 北京:人民教育出版社,1979.

杨汉磷,周采.外国幼儿教育史[M].南宁:广西教育出版社,1993.

陈鹤琴,屠哲梅.儿童游戏新法[M].上海:上海儿童书店,1936.

陈帼眉.学前心理学[M].北京:人民教育出版社,1989.

陈帼眉,沈德立.幼儿心理学[M].石家庄:河北人民出版社,1979.

黄人颂.学前教育学[M]. 北京:人民教育出版社,1989.

陈帼眉,刘焱.学前教育新论[M].北京:北京师范大学出版社,2000.

朱智贤,林崇德.思维发展心理学[M]. 北京:北京师范大学出版社,1998.

陈帼眉.学前儿童发展与教育评价手册[M]. 北京:北京师范大学出版社,1994.

王策三.教学论稿[M]. 北京:人民教育出版社,1985.

李秉德.教学论[M]. 北京:人民教育出版社,1991.

张楚廷.教学论纲[M].北京:高等教育出版社,1999.

石中英.教育学的文化性格[M].太原:山西教育出版社,2000.

邵瑞珍.教育心理学[M].上海:上海教育出版社,2002.

刘焱.儿童游戏的当代理论与研究[M].成都:四川教育出版社,1988.

刘焱.幼儿游戏教学论[M].北京:中国社会出版社,2003.

丁海东.学前游戏论[M].济南:山东人民出版社,2001.

华爱华.幼儿游戏理论[M].上海:上海教育出版社,1998.

刘晓东.儿童教育新论[M].南京:江苏教育出版社,1998.

彭海蕾.幼儿园游戏教学研究[M].兰州:兰州大学出版社,2005.

许政涛.幼儿园游戏与玩具[M]. 北京:北京师范大学出版社,2001.

李淑贤,姚伟.幼儿游戏理论与指导[M].上海:华东师范大学出版社,1995.

左任侠,李其维.皮亚杰发生认识论文选[M].上海:华东师范大学出版社,1991.

车文博.心理学原理[M].哈尔滨:黑龙江人民出版社,1986.

普通心理学[M].西安:陕西人民教育出版社,1982.

吴杰.教学论——教学理论的历史发展[M].北京:教育科学出版社,1986.

陈侠.课程论[M].北京:人民教育出版社,1989.

廖哲勋.课程学[M].武汉:华中师范大学出版社,1991.

童庆炳.现代心理美学[M].北京:中国社会科学出版社,1993.

腾守尧.审美心理描述[M].北京:中国社会科学出版社,1987.

胡伊青加.游戏者[M].成究,译.贵阳:贵州人民出版社,1998.

加达摩尔.哲学解释学[M].夏镇平,等,译.上海:上海译文出版社,1994.

杜.舒尔茨.现代心理学史[M].杨立能,等,译.北京:人民教育出版社,1982.

布鲁纳.教育过程[M].邵瑞珍,译.北京:文化教育出版社,1982.

任宝祥.母语学校[M].西南师范学院教育系,1981.

马斯洛.人的潜能与价值[M].北京:华夏出版社,1987.

瞿葆奎.教育学文集 [M].北京:人民教育出版社,1989.

陈玉琨.教育评价学[M].北京:人民教育出版社,1999.

李生兰.学前教育学[M].上海:华东师范大学出版社,1997.

霍力岩.学前教育评价[M].北京:北京师范大学出版社,2000.

冯平.评价论[M].北京:东方出版社,1995.

刘本固.教育评价的理论与实践[M].杭州:浙江教育出版社,2000.

刘俐敏.幼儿发展评价研究[M].北京:人民教育出版社,2004.

白爱宝.幼儿发展评价手册[M].北京:教育科学出版社,1999.

蒙台梭利.蒙台梭利幼儿教育科学方法[M].任代文,译.北京:人民教育出版

社,2001.

周采,杨汉麟.外国学前教育史[M].北京:北京师范大学出版社,1999.

卢乐山.学前教育原理[M].北京:北京师范大学出版社,1991.

多尔.后现代课程观[M].王红宇,译.北京:教育科学出版社,2000.

钟启泉.现代课程论[M].上海:上海教育出版社,1989.

约翰逊,等.游戏与儿童早期发展[M].华爱华,等,译.上海:华东师范大学出版社,2006.

约翰·尼莫,伊丽莎白·琼斯.生成课程[M].周欣,等,译.上海:华东师范大学出版社,2004

屠美如.儿童的一百种语言[M].北京:教育科学出版社,2002.

刘晓东.解放儿童[M].北京:新华出版社,2002.

朱家雄.幼儿园课程新华出版社[M].上海:华东师范大学出版社,2003.

汤志民.幼儿学习环境设计[M],台北:五南图书出版有限公司,1990.

玛丽·霍曼,伯纳德·班纳,戴维·韦卡特.活动中的幼儿——幼儿认知发展课程[M].郝和平,周欣,译.北京:人民教育出版社,1991.

李季湄.回到基本元素去——走进新《纲要》[M].北京:北京师范大学出版社,2006.

陈帼眉,学前儿童发展与教育评价手册[M].北京:北京师范大学出版社,1994.

王国元.玩具教育[M].北京:商务印书馆,1993.

陈济云.玩具与教育[M].北京:中华书局,1933.

期刊

王小英,等.近十年来国外游戏研究新进展[J].心理科学,2004(5):187-189.

曹中平,等.游戏功能的再认识[J].学前教育研究,2005(21):33-36.

丁海东.儿童游戏的生活本质[J].山东师范大学学报:人文社会科学版,2003(3):107-111.

郑育敏.论游戏与幼儿创造力的培养[J].学前教育研究,2003(10):19-20.

张建伟,陈琦.从认知主义到建构主义[J].北京师范大学学报:社科版,1996(4):75-108.

李静.心理学的实践观——关于心理与活动理论问题[J].心理学报,1981(3):249-256.

李臣之.马克思关于人的本质及实现机制新论[J].西南师范大学学报:哲社

版,1995(1):50-53.

李慰昌.活动理论及其教学论的意义[J].华东师范大学学报,1987(1):8-16.

朱家雄.游戏与教学之间的关系刍议[J].幼教园地,1998(3):4-5.

李臣之.试论活动课程的本质[J].课程·教材·教法,1995(12):9-16.

郝德永.关于课程本质内涵的探讨[J]. 课程·教材·教法,1997(8):5-10.

冯晓霞.以活动理论为基础建构幼儿园课程的思考与尝试[J].学前教育研究,1997(4): 22-26.

施良方.试论北美教学理论的形成与发展[J].教育研究,1993(1):8-10.

金生鈜.超越主客体:对师生关系的阐释[J].西南师范大学学报:社科版,1995(1):40-42.

李瑾瑜.关于师生关系本质的认识[J].教育评论,1998(4):34-36.

张博.论儿童的学习方式[J].学前教育研究,2001(1):11-13.

冯晓霞.以活动理论为基础建构幼儿园课程的思考与尝试[J].学前教育研究,1997(4).

虞永平.试论幼儿园课程及其特质[J].早期教育,2001(1).

白乙拉.幼儿园游戏课程的基本理论和心理学基础[J].内蒙古师范大学学报:教育科学版,2004(10).

谢丹.论游戏与教学的整合[J].学前教育研究,2006(3).

朱家雄.从教学的视角谈游戏和教学之间的关系——浅谈幼儿园教学的有效性[J].幼儿教育,2010(3).

王小英.学前儿童的游戏与学习:内在的连接性[J].学前教育研究,2014(7).

刘焱.幼儿园以游戏为基本活动的现代教育原理[J].学前教育研究,1995(3).

杨晓萍.儿童游戏的本质——基于文化哲学的视角[J].学前教育研究,2009(10).

吴航.学前儿童游戏研究的新趋势:从分类学到生态学[J].学前教育研究,2008(6).

赵兴民.儿童游戏与自我效能感的发展[J].学前教育研究,2007(3).

冯季林.加达默尔的游戏观对儿童游戏教育的启示[J].文本师大学报,2008(4).

杨大年.中国传统玩具与现代玩具的比较研究[J].江南大学学报:人文社会科学版,2004(8):122-125.

吕秀英.教师介入幼儿游戏的方式和方法[J].山东教育,2004(4):38-39.